Hendrik Unger, Christine Henning, Anne Unger

Play!

Das Handbuch für YouTuber

W0330902

Rheinwerk
Computing

Auf einen Blick

Wir hoffen, dass Sie Freude an diesem Buch haben und sich Ihre Erwartungen erfüllen. Ihre Anregungen und Kommentare sind uns jederzeit willkommen. Bitte bewerten Sie doch das Buch auf unserer Website unter **www.rheinwerk-verlag.de/feedback**.

An diesem Buch haben viele mitgewirkt, insbesondere:

Lektorat Stephan Mattescheck, Patricia Schiewald
Korrektorat Sibylle Feldmann, Düsseldorf
Herstellung Nadine Preyl
Typografie und Layout Vera Brauner, Maxi Beithe
Einbandgestaltung Silke Braun
Coverbilder Shutterstock: 722931097 © Africa Studio; iStock: 533277281 © swissmediavision
Satz III-Satz, Husby
Druck mediaprint solutions, Paderborn

Dieses Buch wurde gesetzt aus der Linotype Syntax (9,25/13,25 pt) in FrameMaker.
Gedruckt wurde es auf chlorfrei gebleichtem Offsetpapier (90 g/m²).
Hergestellt in Deutschland.

Das vorliegende Werk ist in all seinen Teilen urheberrechtlich geschützt. Alle Rechte vorbehalten, insbesondere das Recht der Übersetzung, des Vortrags, der Reproduktion, der Vervielfältigung auf fotomechanischen oder anderen Wegen und der Speicherung in elektronischen Medien.

Ungeachtet der Sorgfalt, die auf die Erstellung von Text, Abbildungen und Programmen verwendet wurde, können weder Verlag noch Autor, Herausgeber oder Übersetzer für mögliche Fehler und deren Folgen eine juristische Verantwortung oder irgendeine Haftung übernehmen.

Die in diesem Werk wiedergegebenen Gebrauchsnamen, Handelsnamen, Warenbezeichnungen usw. können auch ohne besondere Kennzeichnung Marken sein und als solche den gesetzlichen Bestimmungen unterliegen.

Bibliografische Information der Deutschen Nationalbibliothek:
Die Deutsche Nationalbibliothek verzeichnet diese Publikation in der Deutschen Nationalbibliografie; detaillierte bibliografische Daten sind im Internet über *http://dnb.d-nb.de* abrufbar.

ISBN 978-3-8362-6623-9

2., aktualisierte Auflage 2019, 1. Nachdruck 2020
© Rheinwerk Verlag, Bonn 2019

Informationen zu unserem Verlag und Kontaktmöglichkeiten finden Sie auf unserer Verlagswebsite **www.rheinwerk-verlag.de**. Dort können Sie sich auch umfassend über unser aktuelles Programm informieren und unsere Bücher und E-Books bestellen.

Inhalt

Vorwort

YouTube ist verrückt, bunt und eine Videoplattform voller Emotionen! Viele reden über YouTube, aber nur wenige trauen sich an einen eigenen Channel heran. Wir helfen dir, deine Träume zu verwirklichen, sozusagen »geilen Shit« anzubieten, auf den andere Leute abfahren. Videos, die anderen Menschen etwas beibringen oder einfach nur unterhalten. Jetzt ist die richtige Zeit, denn »Video« ist momentan das schnellste und beste Kommunikationsmittel im Netz!

Wir alle sind längst im YouTube-Zeitalter angekommen. Warum machst du eigentlich noch nicht mit? Es wird höchste Zeit, deine Talente mit der Community zu teilen. Mit diesem Buch erhältst du einen Leitfaden und das nötige Grundwissen für deinen Weg zum Erfolg. Lass dich mitnehmen auf eine Reise durch den YouTube-Kosmos und tauche ein in das schöne, aber manchmal auch harte Leben eines YouTubers. Vielleicht bist du ja morgen schon selbst so bekannt wie LeFloid oder Dagi Bee? Deiner Kreativität sind keine Grenzen gesetzt. Fang an!

Wir sind Anne, Christine und Hendrik und arbeiten in unserer Kölner Kreativagentur 36grad täglich an spannenden Design- und Marketingprojekten. Hierbei beraten wir bekannte YouTuber, Promis, Nationalspieler und natürlich auch Unternehmen bei allen Fragen zu Social Media. Als deine Partner auf der Reise durch die YouTube-Landschaft schreiben wir drei in der Ichform, weil wir in diesem Buch in einer Bündelung all unseres Wissens an deiner Seite mitlaufen und dich unterstützen. Wir widmen dieses Buch also denjenigen unter euch, die den Biss haben, es durchzuziehen und ihre Träume bzw. Videos zu verwirklichen. Packt es an! Der Zeitpunkt war nie besser!

Besonderen Dank gilt den Jungs der Produktionsfirma Scarlito, dem Anwalt Niklas Plutte und dem YouTube-Netzwerk HitchOn für die Unterstützung durch ihr Fachwissen.

Herzlichen Dank an unsere Kollegen, Freunde, Familien und unser Netzwerk für den Support und den grundsätzlichen Glauben an uns. Ihr seid der Hammer, ihr alle habt dem Team von 36grad den Rücken freigehalten. Merci!

Und hier auch direkt unser erster Tipp, treu nach unserem tropischen Agentur-Feeling:

»Be like a pineapple: stand tall, wear a crown and be sweet from the inside.«

In diesem Sinne wünschen wir dir viel Erfolg!

Aloha! **Anne**, **Christine** und **Hendrik**

1 Mit welcher Idee werde ich ein YouTube-Star?

»The world belongs to those who think and act with it, who keep a finger on its pulse!«
»Die Welt liegt in den Händen der Menschen, die in ihr denken und handeln, derjenigen, die den Finger am Puls der Zeit haben.«
– William R. Inge

Erst kürzlich habe ich einen Nachbarsjungen gefragt, was er denn eines Tages mal werden möchte. Er antwortete: »Das Gleiche wie der Papa, dann noch Autohändler und auf jeden Fall YouTube-Star.« Auf meine Frage, womit er denn YouTube-Star werden wolle, was er seinen Zuschauern zeigen möchte, meinte er: »Keine Ahnung, Hauptsache YouTube-Star sein!« Aber mit welcher Idee, lautet hier die Frage.

Willkommen im YouTube-Kosmos, dem großen Rätsel, von dem alle denken, es sei sehr einfach zu lösen. Theoretisch ist es das auch, man muss nur wissen, welche Knöpfe man drücken muss. Es hat mittlerweile den Anschein, als würden alle großen deutschen YouTuber zusammen in einem Haus wohnen und/oder arbeiten und auf jeden Fall stets zusammen Spaß haben und als ob so quasi aus Versehen geile Videos entstehen – wie zum Beispiel bei CrispyRob, Falco, Felipe und Jimmy, die in einer WG in Köln zusammen leben und auch oft zusammen Videos drehen (Abbildung 1.1).

Abbildung 1.1 Video von CrispyRob, Falco und Jimmy (www.youtube.com/watch?v=KuMV4ngpHYw)

Wenn ihnen nichts mehr einfällt, können sie sich gegenseitig aus Spaß dissen und pranken und somit ständig neue Ideen für Videos entwickeln. Die ganzen YouTube-Crews, so wie CrispyRobs »Teambro«, feiern sich gegenseitig – natürlich auch mit ihren Fans – online und verdienen ganz nebenbei auf diese Weise Geld. Völlig easy!

Aufgepasst – so einfach ist das nicht! Wäre ja auch zu schön. Dahinter steckt richtig harte Arbeit und vor allen Dingen auch immer ein Ziel. Dieses Buch wird dir helfen, dein eigenes Ziel zu finden und deine ersten Schritte auf YouTube zu gehen, und zwar basierend auf deiner Persönlichkeit, deinen Leidenschaften und deinem Leben. So findest du auch deine individuelle Idee, um auf YouTube ein Star zu werden und einen erfolgreichen Channel aufzubauen.

1.1 Was sind eigentlich meine Chancen auf YouTube?

Fragst du dich auch manchmal, warum alle immer so einen Hype um YouTube machen? Ganz einfach, es ist eine der größten Onlinevideoplattformen, die es gibt. Mit knapp zwei Milliarden Zuschauern pro Monat erreicht YouTube ein riesiges Publikum und ist zudem nach Google die zweitgrößte Suchmaschine der ganzen Welt (Abbildung 1.2).

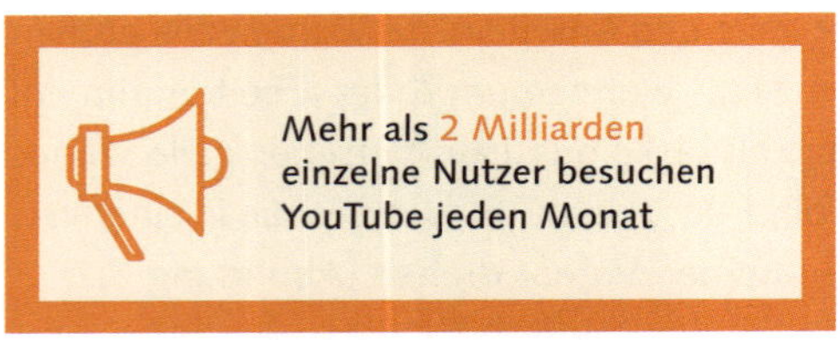

Abbildung 1.2 Stand der Dinge auf YouTube weltweit

Vor 14 Jahren (2005) wurde YouTube gegründet und ist mittlerweile die größte Videoplattform der Welt – das gilt natürlich auch für Deutschland. Wenn man YouTube als eigenes Land sähe und seine Zuschauer als seine Einwohner, wäre es allein aufgrund der hohen Einwohnerzahl tatsächlich das größte Land vor China und Indien. Und das ist erst der Anfang: »Täglich werden auf YouTube eine Milliarde Stunden Videomaterial und somit mehrere Milliarden Videos angeschaut.« Das muss man sich mal vorstellen! Kein einziger Mensch könnte jemals alle Videos auf YouTube in seinem Leben schauen. Und die Nutzung von YouTube über mobile Geräte wie Smartphones geschieht heute schon zu mehr als 50 %. Das heißt, dass die Hälfte aller YouTube-Nutzer, das entspricht ca. 20 Millionen in Deutschland, mindestens einmal im Monat mobil auf der Plattform surft und auf der Suche nach coolen Inhalten ist. Genau da liegt auch die Chance bei YouTube.

Viele Menschen träumen davon, ein erfolgreicher YouTube-Star zu werden und so beliebt zu sein wie beispielsweise die Nummer eins im deutschen YouTube-Kosmos: Bianca Heinicke mit ihrem Kanal »BibisBeautyPalace«. Sie hat es bereits geschafft und erhielt sogar besondere Auszeichnungen als Videobloggerin (Abbildung 1.3).

Abbildung 1.3 Heinicke ist bereits eine YouTube-Legende (www.instagram.com/p/BJSl9bgjfBI/?taken-by=bibisbeautypalace&hl=de).

Viele denken, dass es erst einmal »nur« eine zündende Idee braucht, damit man anfangen kann, aber so ist es nicht. Es ist eigentlich ein Gesamtkonstrukt aus jeder Menge kleinen Teilen. Viele Faktoren kommen zusammen, in erster Linie die eigene

Persönlichkeit. In diesem Buch zeige ich dir die ersten Schritte, die du gehen musst. Wie wird man zum YouTuber und schafft es, von mehreren Tausend Menschen gesehen zu werden? Das gelingt nur, wenn man sein Handwerk täglich ausübt und es schließlich aus dem Effeff beherrscht.

Ein bekannter YouTuber ist noch kein YouTube-Star. Das schaffen nur die wenigsten. Die Stars und Sternchen sind lediglich die Spitze des Eisbergs und spielen in der höchsten Liga mit, ähnlich wie im Musik- oder Schauspielbusiness schaffen es nicht alle, einen A-Promi-Status zu erreichen. Und mittlerweile hat sich der einstige Mikrokosmos YouTube zu einer vielfältigen Welt entwickelt. Der Sprung der Bekanntheit über die Grenzen des YouTube-Universums hinaus ist geglückt. Heute treten YouTube-Stars auf dem roten Teppich und auf den Bühnen dieser Welt auf, eine einst nur online bekannte Gruppe ist nun auch offline bekannt. In Deutschland beispielsweise touren mittlerweile viele YouTuber musikalisch durch die Gegend, auch wenn sie nicht rein musikalisch angefangen haben – das gehört heute irgendwie dazu und sorgt für eine noch größere Fanbase (Abbildung 1.4). Positiv betrachtet, fördert dies massiv die deutsche Musikkultur, denn so wird heutzutage Musikbusiness gemacht. Für alle, die eher eine musikalische Natur haben, eine gute Nachricht.

Abbildung 1.4 Die 1LIVE-Wahnsinn-Tour in NRW mit ApeCrime, Kayef, Lara Loft, Moritz Garth und Sierra Kidd (http://tubenow.de/1live-wahnsinn-5-youtube-musiker-touren-gemeinsam-durch-nrw/1769/)

Kennst du Justin Bieber? Klar, wer kennt ihn nicht! Er ist als kleiner Junge auch bloß über YouTube bekannt geworden. Nur mit der Absicht, ein paar Songs aufzunehmen und auf YouTube hochzuladen. Mehr wollte er eigentlich nicht. Er hat mit seinen ersten Videos 2008 erst ein paar Hundert, dann Tausende, dann Zehntausende Klicks erhalten und machte dann einfach weiter.

Auf Abbildung 1.5 siehst du Justin als Zwölfjährigen einen Song von Chris Brown performen, was sich 51 Millionen Menschen angeschaut haben.

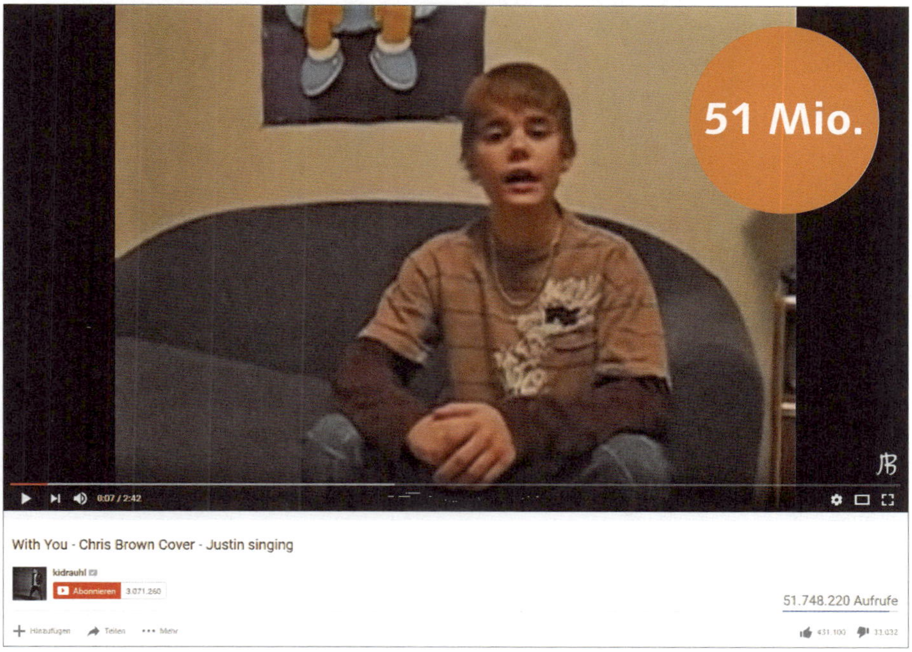

Abbildung 1.5 Justin Bieber als Zwölfjähriger mit einem »Homemade Video«, das seine Karriere ins Rollen brachte (www.youtube.com/watch?v=eQOFRZ1wNLw)

Er zeigt in diesem Video seine Leidenschaft für Musik und dass er sich traut, für andere Menschen zu singen. Das deutsche Pendant zu dieser musikalischen Erfolgsstory ist wohl CRO, der mit seinem Hit »Easy« 49 Millionen Menschen spontan begeistert hat, wodurch seine Karriere als Musiker enorm gepusht wurde (Abbildung 1.6).

Selbst CRO sagt dazu, dass er nicht weiß, warum der Song so groß wurde: »Schönes Video, schöner Song, dann hat sich das hochgeschaukelt.« Toll, wenn das so einfach funktioniert.

Abbildung 1.6 Alles »Easy« auf YouTube gelaufen für CRO (www.youtube.com/watch?v=4wOoLLDXbDY)

Um hier mal abzugrenzen: Ein bekannter YouTuber ist also noch kein YouTube-Star, das ist man nur, wenn man es durch Fleiß schafft, die meisten Views oder Abonnenten in dem jeweiligen Land oder weltweit zu generieren – und nicht, wenn man lediglich ein Video besitzt, das ein viraler Durchschlag war. Heißt in diesem Fall, dass CRO eher eine erfolgreiche Eintagsfliege auf YouTube war und Justin Bieber schon eher ein »echter« YouTuber, da er langfristig viele Videos hochgeladen hat und es auch heute noch tut – mit seinem Spezialthema Musik.

Aber der bekannteste wahre YouTuber weltweit ist auf jeden Fall PewDiePie, und der bietet auf seinem Kanal viel mehr an als »nur« Musik. Zu seinem Repertoire gehören vor allem Games und Comedy. Mit »Let's Plays« für das Computerspiel »Amnesia: The Dark Descent« hat er angefangen und ist damit berühmt geworden. Auch sein komödiantisches Talent hat er dabei untergebracht, indem er zum Beispiel in seinem Video mit seiner Stimme arbeitet und diese in verschiedenen Lagen einsetzt. So hatte er in kurzer Zeit viele Abonnenten und konnte seinen Channel zusätzlich als *Vlog* (Wortneuschöpfung aus Video und Blog) etablieren (Abbildung 1.7).

Mittlerweile produziert der gebürtige Schwede und Mega-YouTuber für seine 69 Millionen Abonnenten verschiedenste Inhalte in englischer Sprache, wie etwa Challenges, also Herausforderungen an andere oder an sich selbst, Comedy und natürlich nach wie vor seine Meinung zu den neuesten Games. Mach dir selbst ein Bild auf seinem Kanal!

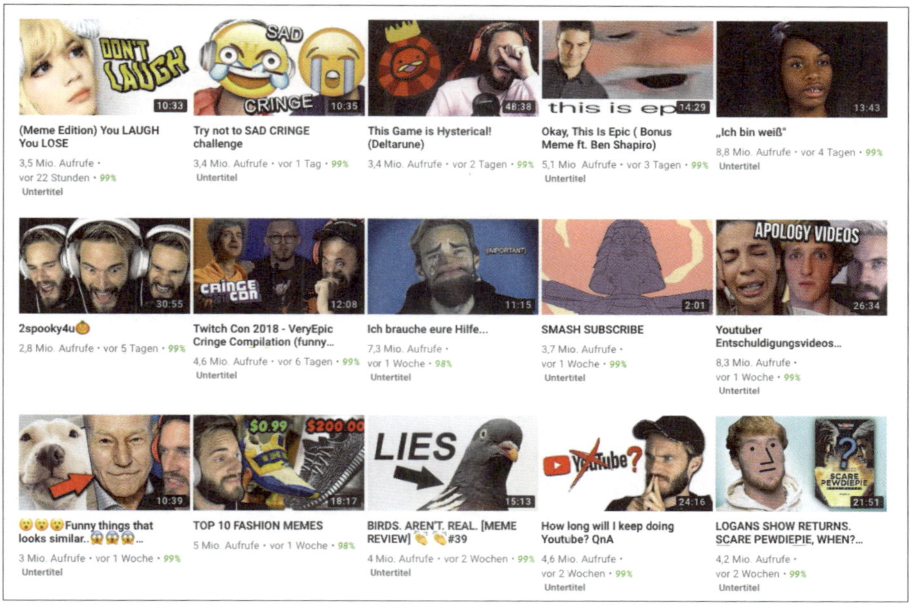

Abbildung 1.7 YouTube-Channel von PewDiePie (www.youtube.com/channel/UC-lHJZR3Gqxm24_Vd_AJ5Yw)

PewDiePie hat sich also mittlerweile eine weltweite Meinungsführerschaft aufgebaut, und seine Fans interessieren sich für sein komplettes Leben. Er ist ein YouTube-Promi geworden, allerdings trägt man damit auch eine sehr große Verantwortung. In 2016 flog er damit auf, dass er sich für *Product Placement* (Produktplatzierung) bezahlen ließ, ohne es in seinen Videos zu kennzeichnen. Damit löste er einen seiner ersten Skandale aus und verbreitete schlechte Stimmung in seiner Community, denn schließlich halten seine Fans große Stücke auf seine Meinung und Beurteilung von Games oder Filmen. Aber er steht einfach drüber, auch über weiteren Skandalen, die er ausgelöst hat – und seine Fans anscheinend auch.

Sollte man sich also an ihm orientieren? Schwierige Frage, da für jeden Geschmack auf YouTube etwas dabei ist und auch in jeglicher Qualität. Der richtige Typ, der authentisch rüberkommt, kann durchaus über Nacht auf YouTube bekannt werden. Man muss aber zur richtigen Zeit mit relevanten Themen eine passende Zielgruppe auf YouTube finden und regelmäßig bedienen, dann könnte es klappen. Wie das Ganze aussehen kann, siehst du hier: Der stärkste deutsche Newcomer der letzten zwei Jahre ist Julien Bam, denn er ist quasi von null mittlerweile auf Platz zwei im deutschen YouTube-Ranking aufgestiegen.

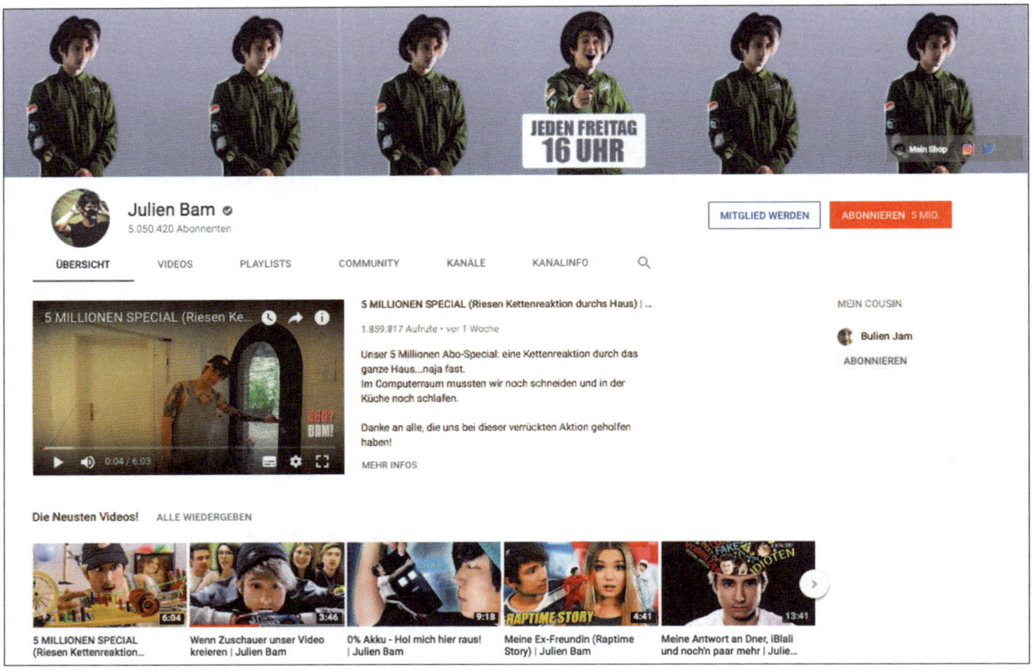

Abbildung 1.8 YouTube-Channel von Newcomer Julien Bam (www.youtube.com/user/julienBam)

Julien hat bereits in 2016 schon 2,7 Millionen deutsche Abonnenten von seinem Channel überzeugt, und innerhalb eines Jahres (2017) konnte er seine Abonnentenzahl auf 4,5 Millionen User steigern. Mittlerweile hat er 5 Millionen Abonnenten (Abbildung 1.8) – Glückwunsch! Warum ist das so? Er hat eben sehr viele Talente, die er kombiniert:

Zunächst mal ist er sehr authentisch und – für einen jungen Typ – sehr professionell. Kein Wunder, denn der in Deutschland aufgewachsene YouTuber mit singapurischen Wurzeln ist eine bunte Mischung: Er spricht Englisch, Deutsch und Mandarin (Hochchinesisch) und macht Videos als Tänzer, Sänger, Filmemacher, Fotograf und Regisseur. Er kann Klavier, Gitarre und Geige spielen – alles in allem: Es läuft für ihn. Daran siehst du, dass eine Bündelung von Disziplinen oder Talenten sehr hilfreich sein kann, um sich einen Namen zu machen und sein eigenes Profil zu schärfen. Natürlich spricht nichts gegen ein Monotalent, wenn man es durchzieht und sich als Spezialist dafür positioniert.

Das Beispiel Julien hat die Messlatte ja schon ziemlich hochgelegt, aber das ist alles immer noch nichts gegen Miss Number One in Deutschland mit 5,4 Millionen Abonnenten: BibisBeautyPalace! Auf ihrem Channel dreht sich alles rund um Beauty,

Lifestyle und Fashion und mittlerweile auch um alle Themen rund um Babys, da sie selbst Mutter geworden ist. Bekannt geworden ist Bibi mit ihren »10 Arten von«-Aufzählungen zu allen möglichen Alltagsthemen. Außerdem zeigt sie sehr viele Einblicke in ihr Privatleben mit ihrem Freund Julienco, der ebenfalls YouTuber ist (Abbildung 1.9).

Abbildung 1.9 Bibi und Julienco in gemeinsamen Videos (www.youtube.com/user/BibisBeautyPalace/videos)

Und wie viel Geld verdient eigentlich die deutsche Nummer eins? Monatlich nimmt sie schätzungsweise mindestens 30.000 bis 50.000 € durch Klicks auf ihre Videos ein, durch Merchandise und Werbedeals legt sie sogar noch eine Schippe drauf. Wenn nun einer behauptet, mit YouTube könne man kein Geld verdienen, dann wäre das damit entkräftet. Natürlich gehören auch eine ordentliche Portion Glück und Fleiß dazu – ich gebe es ja zu. Bis dahin ist es ein langer Weg, und es gibt noch nicht mal eine Garantie. Deswegen kommt dieses Buch jetzt ins Spiel! Es geht um die Planung einer eigenen YouTube-Strategie und wie man alle wichtigen Faktoren vorher bedenken kann, um mit Videos auf YouTube erfolgreich zu sein. Aber was muss ein wirklicher YouTuber nun so draufhaben?

Gehen wir mal die bisher genannten YouTuber durch: Alle haben mindestens ein Talent oder eine thematische Richtung für sich gefunden, alle sind sehr professionell unterwegs, laden sogar mehrmals wöchentlich Videos hoch, und das in guter Qualität, sie trauen sich alle vor die Kamera und plappern einfach drauflos – alle sind sie auf jeden Fall authentisch. Und sie verdienen alle gutes Geld damit! Der

»heutige« YouTuber ähnelt eher einem Videoblogger, der viele verschiedene Themen bedient, die er seinem Alltag entnimmt.

Hier solltest du dich nun selbst überprüfen und schauen, ob du alle diese Faktoren erfüllen kannst. Was sind deine Themen, was deine Visionen, was ist dir wichtig, was berührt dich? Was hast du an Equipment? Hast du es drauf, zu drehen und zu schneiden? Und traust du dir das alles überhaupt zu?

Als Ideen- oder Themensprungbrett kann im Grunde alles fungieren, vom Haustier über ein spezielles Hobby bis hin zu den eigenen Talenten. Auch über die Vernetzung mit bekannten YouTubern zieht man schnell Leute auf seinen eigenen Kanal. Gerade die vermeintlich unentdeckten Talente haben auf YouTube übrigens eine große Chance! Je spezieller, desto besser.

Tipp
Authentizität ist der Türöffner!

1.2 Welche Themen gibt es im YouTube-Kosmos?

Aber wie sieht eigentlich die Welt aus Sicht von YouTube aus, wie ordnet YouTube die Videos an, und welche Channels oder Clips werden von YouTube empfohlen bzw. promotet? Wenn du auf YouTube links oben auf die Hauptmenüleiste klickst, findest du die aktuellen Trends und die Videos oder Kanäle, die von YouTube hervorgehoben werden. Mit Stand Januar 2019 sind es folgende Oberthemen: MUSIK, GAMING, NACHRICHTEN, FILME. Das lässt darauf schließen, dass diese Themen besonders interessant sind und dass YouTube sie pushen möchte, sonst würde der Titel nicht DAS BESTE AUF YOUTUBE ② lauten. Außerdem findest du dort die Buttons TRENDS ①, über den du dich inspirieren lassen kannst, und KANÄLE FINDEN ③, über den du gezielt nach Kanälen zu einem bestimmten Thema suchen kannst (Abbildung 1.10).

Falls du auf den ersten Blick nicht direkt »deine« passenden Themen findest, keine Sorge – natürlich gibt es zu fast allen Aspekten des Lebens ein Video auf YouTube, und wenn du eingeloggt und schon länger auf YouTube unterwegs bist, werden dir auch mehr Videos nach deinem Geschmack vorgeschlagen. Es gibt grundsätzlich unglaublich viele Möglichkeiten und Themenrichtungen, über die du deine Videos auf YouTube prominent platzieren kannst. Jetzt musst du nur noch herausfinden, was zu dir passt!

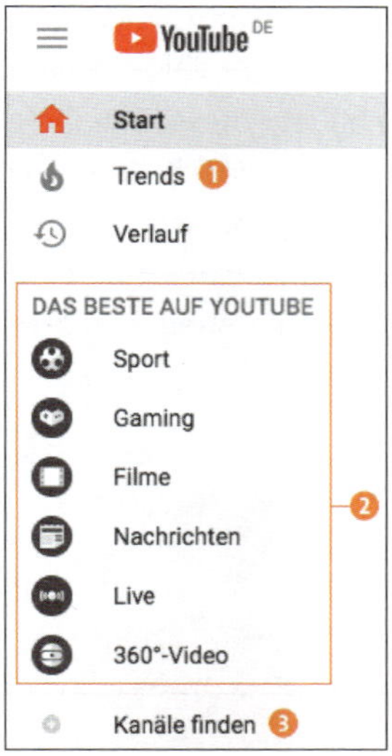

Abbildung 1.10 YouTube-Startmenü: »Trends« und »DAS BESTE AUF YOUTUBE«

Wirf ruhig mal einen Blick in die TRENDS, damit du überhaupt weißt, was gerade die angesagtesten Videos auf YouTube sind (Abbildung 1.11). Schau, wie diese gestaltet sind, und untersuche, welche Inhalte die YouTuber wie rüberbringen, denn auch wenn der Inhalt dir nicht zusagt, kann die Machart durchaus ein Indiz dafür sein, was momentan gut bei den Usern ankommt. Zum Beispiel wird mittlerweile sehr natürlich und frei heraus drauflosgeplappert, das Ganze durchaus auch mit Fehlern oder harten Schnitten, dabei aber möglichst schnell und knackig.

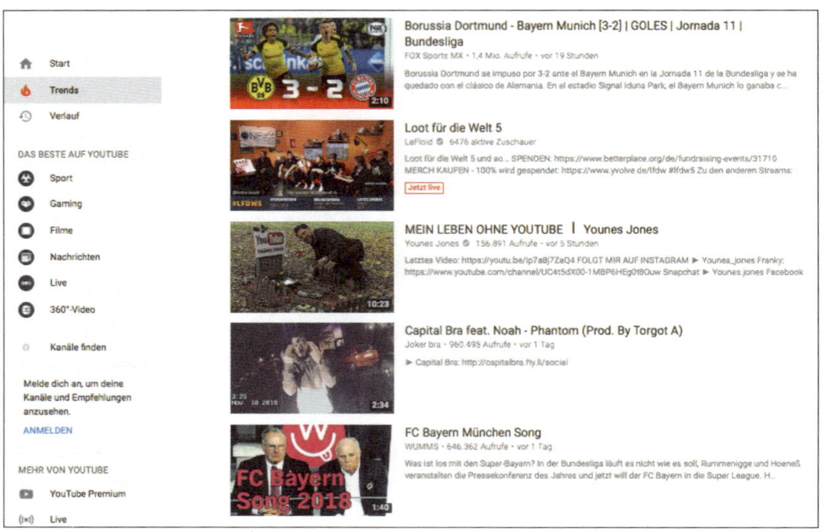

Abbildung 1.11 Videotrends auf YouTube

Gibt es noch mehr Themen auf YouTube, die du recherchieren kannst? Welche kommen besonders gut an? Abbildung 1.12 zeigt genau diese Inhalte. Das sind die themenrelevantesten YouTube-Kanäle der deutschen Zuschauer, die somit viele Tausend bis Millionen Surfer begeistern. Das Bild zeigt eine grob nach Relevanz geordnete Themenwolke (Tag-Cloud) der Themen, die auf YouTube schon lange begeisterte Anhänger finden. An der Größe der Punkte siehst du, welcher Inhalt am relevantesten ist und welche Inhalte weniger die breite Masse bedienen, sondern eher gezielt interessierte Zuschauer ansprechen.

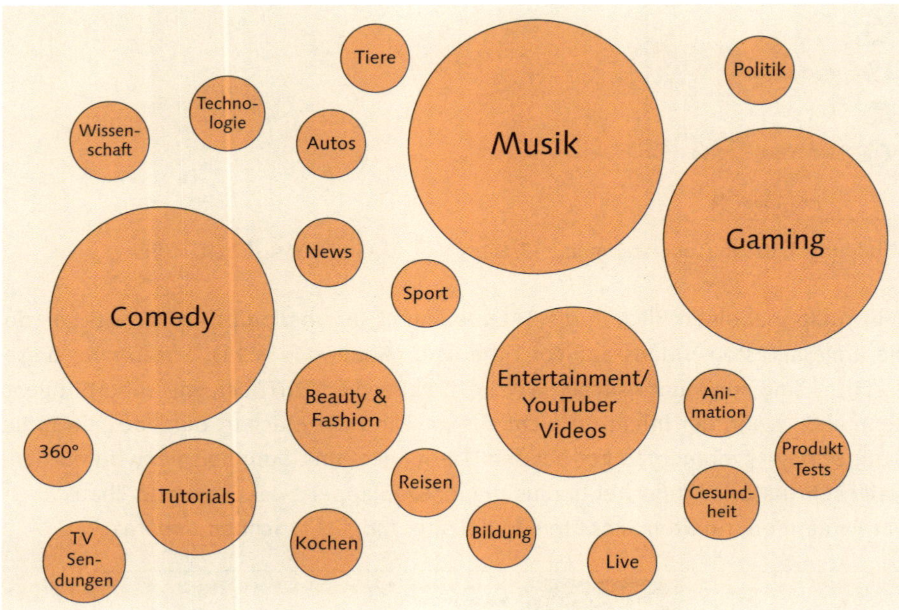

Abbildung 1.12 Ganz grobe Themenrelevanz auf YouTube in Deutschland

Da gibt es schon ungemein viele Möglichkeiten, und es sind bestimmt noch nicht alle – und jetzt überleg mal, dass es auf YouTube eigentlich nichts gibt, was es nicht gibt! Eins steht fest: Comedy-Inhalte sowie Games, Musik, Filme und alles rund um die Themen Schönheit und Styling kommen gut bei den Deutschen an. Nicht zu vergessen die Vlogs, die sich ja schließlich auch mit diesen Themen befassen und darüber oder sogar über mehrere Themen gleichzeitig berichten. Auf dem deutschen Markt sind also ähnlich wie auf dem weltweiten Markt Comedians, Gamer, Musiker, Cineasten oder Beauty-Experten gefragt.

Aber Achtung: Eine Nische kann genauso reizvoll sein wie, die Masse zu bedienen. Die Menschen suchen nach Videos zu allem, was man sich vorstellen kann. Deshalb kannst du wunderbar ein Thema besetzen, das vielleicht nicht so stark bedient wird – etwa Angeln –, anstatt dich mit den vielen anderen YouTubern um den ersten

Platz beim Thema Beauty zu streiten. Es geht in der Hauptsache immer um pure Begeisterung und Leidenschaft, denn davon leben die Videos, deswegen entwickelt sich Zuschauertreue. Oder warum schaust du dir Sachen im Netz an? Aus Interesse oder aus Spaß? Eben! Jetzt geh in dich und denk nach! Welche Hobbys, Leidenschaften, Ticks usw. hast du? Welches Thema passt am besten zu dir?

Tipp

Den Schlüssel zum Erfolg findest du immer über die Analyse deines eigenen Potenzials.

Jetzt geht es an die Eigenrecherche! Schau dich auf YouTube um. Welche Videos gefallen dir persönlich am besten? Weil die Person cool ist oder weil dir der Look gefällt? Lass dich gerne unterhalten, während du dir einen Kanal anschaust, wie er beispielsweise unter dem Thema 360°-VIDEO angeboten wird. Aber behalte ab jetzt immer im Hinterkopf, ob du selbst für so eine Art von Video infrage kommen könntest und vor allem wie du selbst es besser oder anders machen würdest und was du selbst am liebsten der Welt da draußen sagen oder zeigen möchtest. Du kannst auch gezielt nach Inhalten suchen, natürlich über die Sucheingabe, aber auch nach Kanälen mit ganz bestimmten Inhalten. Wenn du zum Beispiel einen Koch-Channel planst, schau dir deine bisherige Konkurrenz an und klicke dafür auf KANÄLE FINDEN. Dieser Button befindet sich unter den aktuellen Trends, und dort kannst du gezielt nach Channels recherchieren. Oder geh mal auf die Website *www.channelcrawler.com/deu*, die dir ebenfalls weiterhelfen könnte, und such dort gezielt nach Kategorien (Abbildung 1.13).

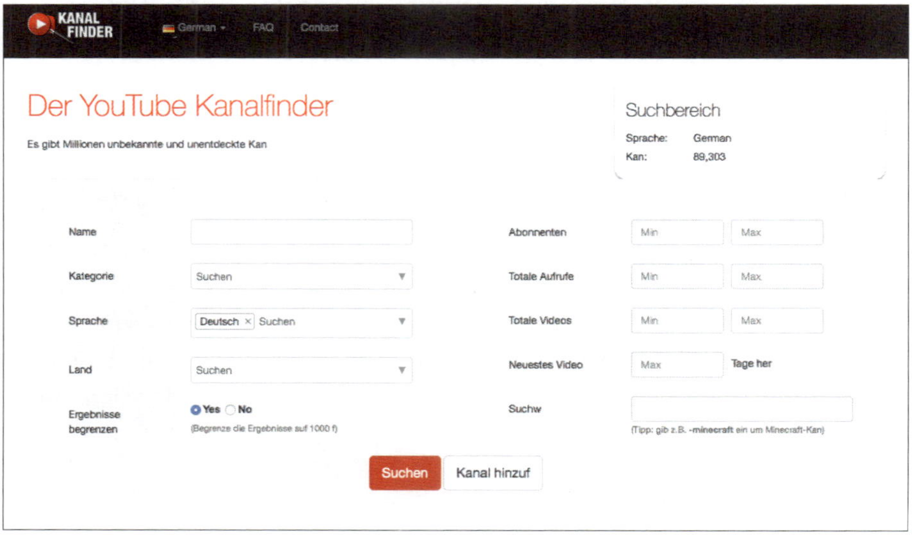

Abbildung 1.13 Kanäle auf YouTube finden

Aktuelle Trends für deine eigene Recherche findest du übrigens auch hier:

- *www.youtube.com/user/YouTube*
- *http://youtube-trends.blogspot.de*
- *www.youtube.com/trendsdashboard*
- *https://youtube.googleblog.com*

Du solltest dir erst mal einen Überblick verschaffen, indem du schaust, ob es in Richtung deiner Talente, Leidenschaften oder geschäftlichen Themen bereits gute Videos gibt und wie diese gemacht sind. Dann weißt du, wo du stehst, was du dir bei deinen Mitbewerbern abschauen oder ob du es an anderen Stellen noch viel besser machen kannst.

Diese Fragen könnten dir bei deiner Mini-Konkurrenzanalyse helfen:

- Was gibt es in diesem Themenbereich?
- Welche Channels sind die erfolgreichsten?
- Welche Spezialisierung haben sie innerhalb des Themas?
- Welche Kanäle kommen deiner Vorstellung am nächsten?
- Welche Kanäle findest du besonders gelungen?
- Was hat diese/r YouTuber/-in gemacht, damit es so eine runde Sache wird?

Tipp

Betreibe eigene Recherche und lerne den YouTube-Kosmos zu verstehen.

Als leidenschaftlicher Koch filtere ich zum Beispiel unter allen Kochvideos nach den coolsten Kanälen mit der höchsten Relevanz, und dann schaue ich, ob sie sich auf Backen oder Kochen oder Pasta oder vegane Nahrung usw. spezialisiert haben (Abbildung 1.14).

Dann schaue ich mir ein paar Videos auf den jeweiligen Channels an und entscheide, welche Channels und welche Videos ich davon am allerbesten finde. Zum Thema »Kochen« fand ich beispielsweise den Channel von Hannah am besten, da sie sympathisch und authentisch ist und die Rezepte sehr schön erklärt sind (Abbildung 1.15).

Abbildung 1.14 Suche nach Kochkanälen auf YouTube (www.youtube.com/results?search_query=kochen&sp=CAASAhAC)

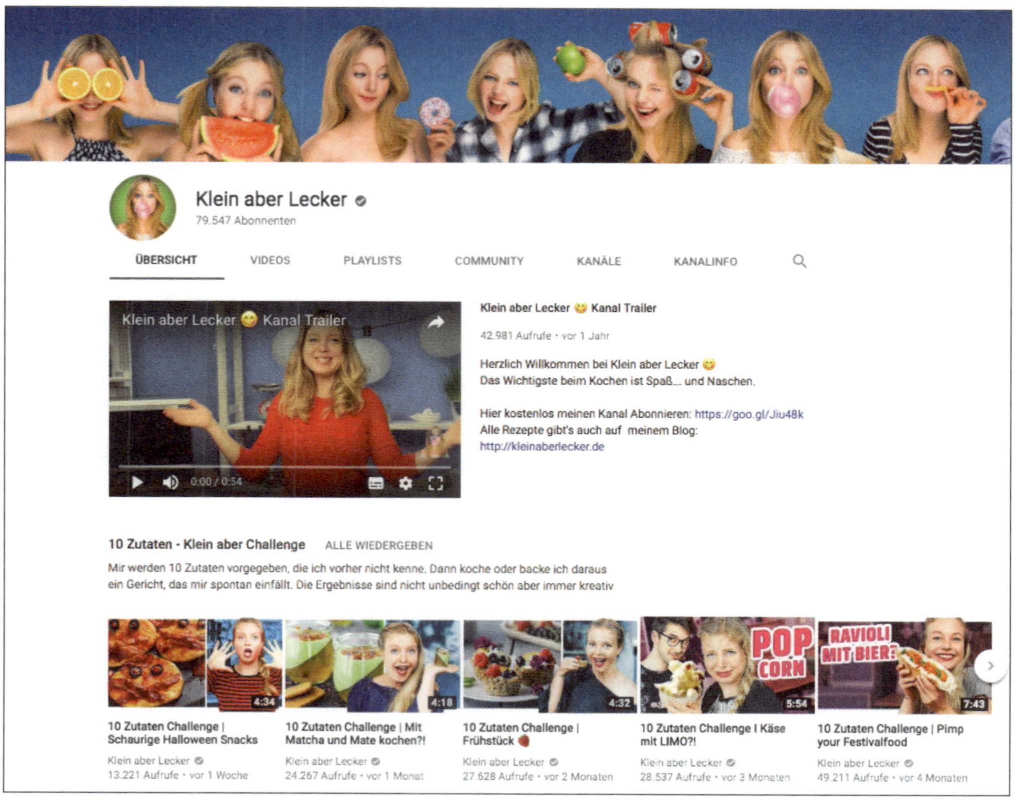

Abbildung 1.15 Der YouTube-Kochkanal »Klein aber lecker« (www.youtube.com/user/hannahkocht)

Schreibe dein persönliches Ergebnis auf oder speichere dir die Links ab. So, deine stärksten Konkurrenten kennst du jetzt und weißt, in welchem Teich du mitschwimmen möchtest. Jetzt gilt es zu versuchen, es besser zu machen, natürlich Schritt für Schritt.

Tipp

Tu nicht so, als ob du keine Lust hättest, sondern nimm die Herausforderung an!

In diesem Buch bekommst du zunächst einen Überblick über die möglichen Themen und Kategorien, die auf YouTube funktionieren. Wir gehen dann gemeinsam immer mehr ins Detail, bis du am Ende des Buchs deinen persönlichen Masterplan hast und eine Idee von einem Format, mit dem du auf YouTube Erfolg haben könntest. Jetzt mach dir erst mal gründlich Gedanken und recherchiere zu deinen Lieblingsthemen. In Kapitel 2, »Wie baue ich meine eigene Marke auf?«, erfährst du dann, wie du selbst eine Marke aufbauen kannst.

2 Wie baue ich meine eigene Marke auf?

Stell dir vor, du lädst eigene Videos auf YouTube hoch und bist so erfolgreich, dass du von Tausenden Menschen am Tag gesehen wirst. Das kannst du schaffen, indem du dein Talent zeigst, unterhaltsame Inhalte bietest und damit die Massen begeisterst. Dieses Kapitel zeigt dir den Weg, auf dem es dir gelingt, mit YouTube-Videos eine Bekanntheit im Internet zu werden. Der Rest ist dann nur noch deine Sache ...

Es spielt keine Rolle, ob man Videos macht, um damit Geld zu verdienen, oder ob man eine Botschaft verbreiten oder einfach nur andere Leute unterhalten möchte. Du musst auf jeden Fall authentisch sein und leidenschaftlich für deine Sache brennen. Deine Talente und Interessen entscheiden über den Aufbau deiner Marke. Das betrifft den Charakter, die Darstellung, das Aussehen, die Stimme, das Thema, den Schnitt – eigentlich alles! In Kapitel 1, »Mit welcher Idee werde ich ein YouTube-Star?«, hast du bereits die möglichen Genres auf YouTube kennengelernt, aber es gibt natürlich auch Mischformen, in denen man gleich mehrere Themen bedient. Leg dich also am Anfang nicht für immer fest, aber bündele deine Talente! Die Lochis sind auch erfolgreiche YouTube-Stars, und genau wie ApeCrime haben sie sich auf gleich zwei Genres, Comedy und Musik, spezialisiert (Abbildung 2.1). Beide Channels unterhalten zusammengerechnet ca. sechs Millionen Menschen, und mit ihren coolen Videos gehören sie zu den wichtigsten YouTubern Deutschlands.

Die zentrale Frage ist jetzt also, wie du ein zu dir passendes Genre findest. Am einfachsten ist es, wenn du von deinen eigenen Interessen ausgehst – stelle deine Leidenschaft in den Mittelpunkt. Mach dir ein grobes Konzept, um deine Marke zum Leben zu erwecken. Wer bist du? Wofür stehst du? Was sind deine Talente? Was kann man bei dir sehen? Was kannst du den Zuschauern mitgeben, damit sie auch wiederkommen? Du musst dir nun deiner eigenen Stärken sehr klar bewusst werden. Lerne dich besser kennen, um überhaupt eine Marke zu kreieren. Bei YouTube geht es nicht nur um den Look oder die Moderation – der Inhalt zählt! Heißt, du brauchst eine grobe thematische Marschrichtung, um überhaupt irgendetwas drehen zu können. Du musst deine Marke auf Basis deiner Talente und Interessen von ganz klein aufbauen und sie wie eine Pflanze gießen und gedeihen lassen. Auf diesem Weg wirst du dir deiner eigenen Talente mit der Zeit sehr genau bewusst und kannst deinen Channel auch gezielt für deinen Erfolg einsetzen.

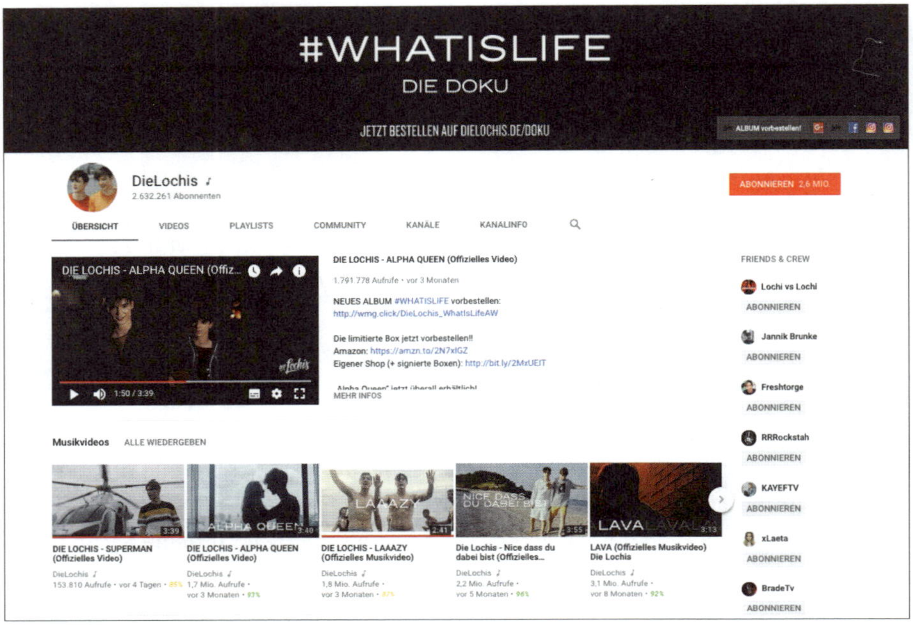

Abbildung 2.1 Der Musik- und Comedykanal der Lochis (www.youtube.com/user/DieLochis)

Dein erster Schritt sollte sein: Baue deinen eigenen YouTube-Kanal auf und mach dich als Person bekannt. Somit entsteht deine »Personenmarke« mit langsam, aber stetig wachsenden Zuschauerzahlen. Du brauchst gute Videoideen, Geduld und Ausdauer sowie das richtige Händchen und vor allem Know-how. Alle diese Punkte zeigt dir dieses Buch auf und dient dir als Anleitung auf dem Weg zum YouTuber. Auch YouTube bietet dir gern Hilfestellung bei den ersten Schritten: *www.youtube.com/creators/*. Hier findest du Inspiration und Vernetzung (Abbildung 2.2).

Abbildung 2.2 YouTube Creator Hub

Meine Erfahrung hat gezeigt: Je besser du weißt, wie du dich selbst platzierst und wobei du dich am besten fühlst, desto eher ist auch eine Vernetzung mit anderen Menschen sinnvoll. Ich bin mit diesem Buch an deiner Seite, um dich dabei zu unterstützen.

2.1 Wie kann ich selber eine Marke werden?

Jetzt gehen wir eine Ebene tiefer in dein Innerstes. Klingt schmerzhaft, ist es aber nicht. Um eine Marke zu werden wie die ganzen YouTuber, die ich dir bis hierhin vorgestellt habe, musst du deine eigene Marke erst einmal definieren. YouTube ist eine der größten Videoplattformen der Welt. Zeigst du hier dein Gesicht, können dich potenziell über eine Milliarde Menschen pro Monat sehen. Das Besondere an YouTube ist die Vielfalt an Möglichkeiten, sich selbst zu verwirklichen oder seine Gedanken mit anderen zu teilen. Jeder kann eigene Botschaften in die Welt senden und nicht nur Inhalte von TV, Radio oder anderen Menschen empfangen. Jeder ist sein eigener Fernsehsender. Jeder kann das tun, wozu er Lust hat. Klingt doch eigentlich nach absoluter Freiheit! Hab also keine Angst vor dem Anfang, denn wer keine Erfahrungen sammelt, wird nicht besser. Du wirst so oder so in ein paar Jahren über dich selber sagen, dass du früher peinlich warst. Das Gute dabei ist: Die Community auf YouTube verzeiht Fehler und steht eigentlich gerade auf Natürlichkeit und Menschen, die sich selbst nicht zu ernst nehmen und auch mal über sich selbst lachen. Du kannst also nicht wirklich etwas falsch machen, außer nie anzufangen!

Klassisch gesehen, muss eine Marke immer Folgendes beantworten können: Was sind meine Kernwerte? Was ist meine Mission? Was ist meine Vision (Abbildung 2.3)?

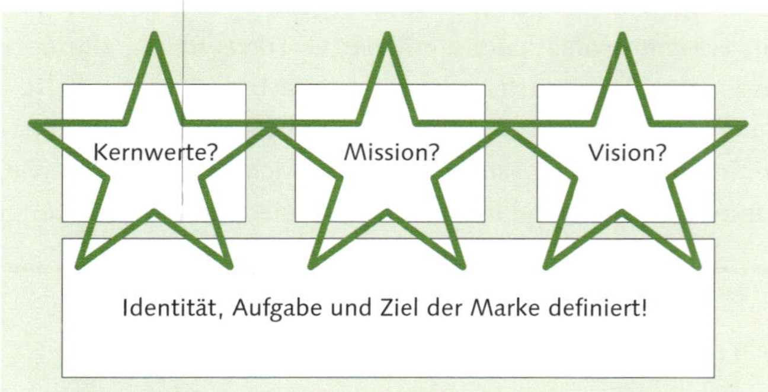

Abbildung 2.3 Definiere deine Marke!

Auf den ersten Blick hilft dir das sicherlich nicht direkt weiter, aber die Übersetzung lautet ganz einfach folgendermaßen:

1. *Kernwerte*: Beschreibe dich! Welche drei Begriffe könnten deine Persönlichkeit auf den Punkt bringen? Was ist deine Identität?
2. *Mission*: Was machst du? Wofür stehst du? Was ist deine Aufgabe auf dieser Welt?
3. *Vision*: Wo soll die Reise hingehen? Wo siehst du dich in einem Jahr oder in fünf Jahren? Wer willst du dann sein? Was ist dein Ziel?

Ganz salopp gesagt, kann ich dir diese Fragen schnell in Bezug auf mich beantworten, damit du mal ein Beispiel hast, schließlich habe ich mir schon ein paar Gedanken dazu gemacht: Ich koche leidenschaftlich gern, bin absoluter Italienliebhaber und habe immer einen Reisetipp parat, da ich schon oft in dieses Land gereist bin. Also stehe ich, plump formuliert, für Kochen, Italien und Reisen. Das sind meine Kernwerte. Meine Aufgabe, also meine Mission, sehe ich darin, dass ich die Menschen gern genau mit diesen Themen bedienen möchte. Ich möchte gern wertvolle Tipps geben, Tricks verraten und Leute unterhalten. Und ich habe die Vision, eines Tages einer *der* deutschen Italienkenner zu sein. Wenn ich es also schaffe, über YouTube Geld zu verdienen, kann ich mir meinen Traum erfüllen und mir jederzeit Reisen dorthin erlauben oder sogar dort leben, Internet zum Videohochladen gibt es schließlich überall. Damit ist die potenzielle Marke also schon grob definiert. Es bleibt die Frage: Interessiert sich überhaupt jemand da draußen dafür, was *ich* zu Italien und zum Kochen zu sagen habe?

Du hast auch ein geniales Thema für dich gefunden? Probiere einfach aus, ob es jemandem gefällt! Fang wie schon in Kapitel 1, »Mit welcher Idee werde ich ein YouTube-Star?«, als es um die Themenfindung ging, erst mal mit einer noch genaueren Konkurrenzanalyse an. Heißt, schau mal, was es zu deinem Thema oder der Kombination von Themen bereits auf YouTube gibt. Und wer hat ähnliche Themen wie du? Wer ist dabei am erfolgreichsten? Ich zum Beispiel gebe in der Suchleiste von YouTube einfach alles ein, was mir einfällt: »Reisen Italien«, »Travel Italia«, »Rezepte Italien«, »Italy Food« usw. Ansonsten suche ich auch einfach mal nach »Reise«, »Kochen« oder »Italien« und schaue jeweils nach den Videos, die am besten zu meinen Oberthemen passen. Ich bin mir jetzt schon sicher, dass ich was finden werde. Die Menschen sind alle unterschiedlich und haben alle Fantasien, die sie ausleben.

Tipp

Es gibt nichts, was es nicht gibt!

Vor allem achte ich darauf, was mir selbst gefällt. Was ist cool gemacht? Was habe ich mir bis zum Ende angeschaut? Mit dieser erneuten Konkurrenzanalyse wird dein grobes Konzept mit Oberthemen langsam immer genauer, und es entsteht bald ein klares Bild.

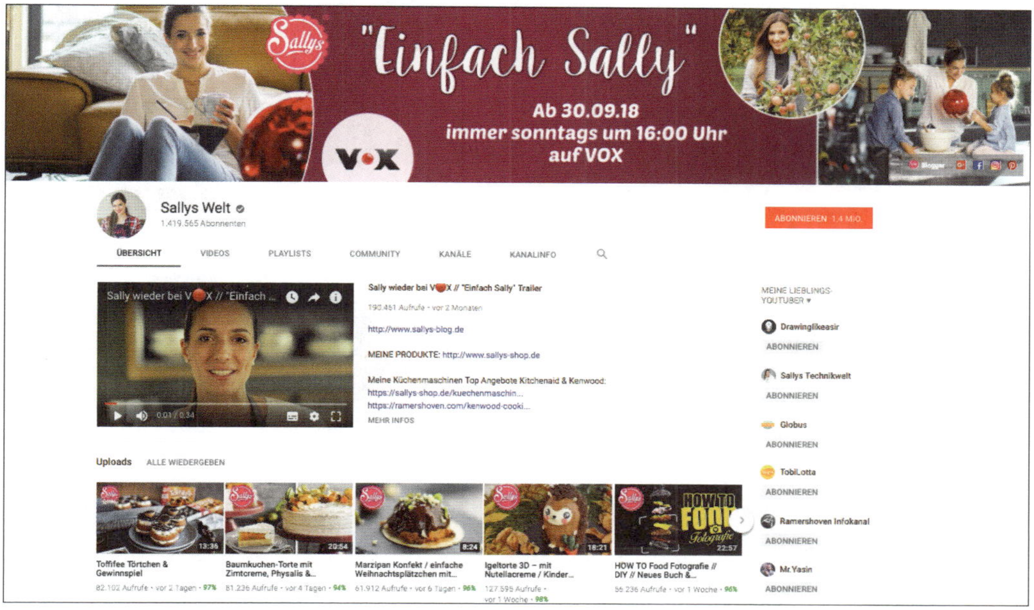

Abbildung 2.4 Sallys YouTube-Channel (www.youtube.com/user/sallystortenwelt)

Meine Recherche hat die folgenden besten Ergebnisse für meine Italien-Liste ergeben: Es gibt wenige deutschsprachige Channels, die sich mit italienischen Kochrezepten befassen. Es gibt immerhin eine Grundschullehrerin mit dem Kanal »Sallys Welt«, die gerne und leidenschaftlich kocht und backt (Abbildung 2.4). Sie hat es geschafft, in den letzten zwei Jahren von ca. 800.000 auf 1,4 Millionen Abonnenten zu wachsen, und mittlerweile sogar einen Sendeplatz beim Fernsehen ergattert. Auch schreibt sie ein Blog und hat einen Onlineshop – man sieht also, viel Fleiß bringt viel Aufmerksamkeit. Bei ihren Videos finden sich auch ein paar italienische Rezepte, grundsätzlich ist sie aber eher thematisch mit »Kochen und Backen« aufgestellt. Da kann ich mir also Tricks dazu abgucken, wie die Reihenfolge bei Rezepten sein könnte und wie lange ich jeden einzelnen Schritt des Kochens filmen muss.

Schaue ich internationaler, also auf Englisch, finde ich beispielsweise »Samuel & Audrey«, ein Pärchen, das einen Food-and-Travel-Channel hat (Abbildung 2.5).

Dort finden sich auch mehrere Beiträge über ihre Reisen durch Italien und das leckere Essen vor Ort. Sie berichten aber über mehrere Länder, als würde man sie auf ihren Backpacker-Reisen begleiten. Knapp 45 Millionen Aufrufe haben ihre Reiseberichte bereits erzielt, und über 195.000 User haben daraufhin ihren Kanal abonniert. Jetzt weiß ich auch, dass es Interesse für solche Themen gibt, sonst wären die Aufrufzahlen nicht so hoch.

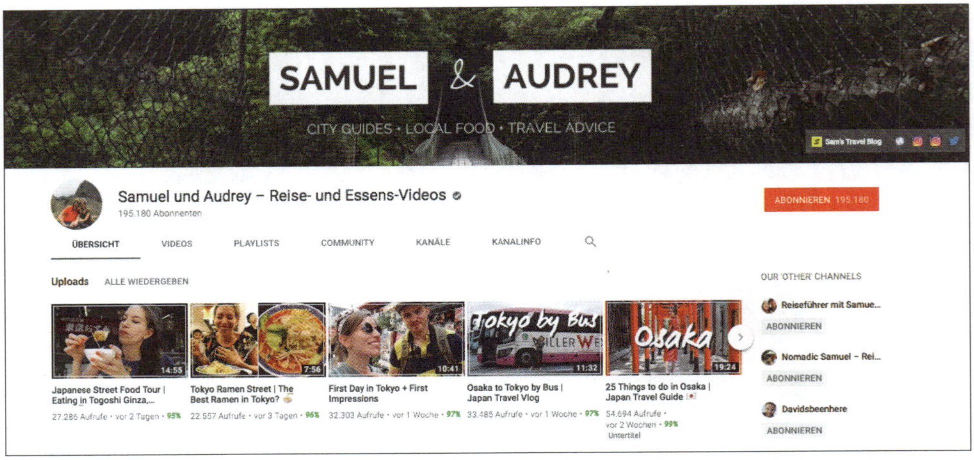

Abbildung 2.5 Der Channel von »Samuel & Audrey« (www.youtube.com/user/BackpackingTravelTV)

Schon mal gut, aber die zwei Kanäle sind zum Glück nicht so auf meine Themen spezialisiert, wie ich es mir für meinen eigenen Kanal wünsche. Allerdings gibt es einen Kanal, der sich sehr auf italienisches Essen konzentriert. War ja klar! Bella Italia ist ein recht neuer Kanal, der italienische Rezepte anbietet, aber diese zum Glück nicht mit Reiseberichten kombiniert, und der noch keine Abonnenten hat (Abbildung 2.6).

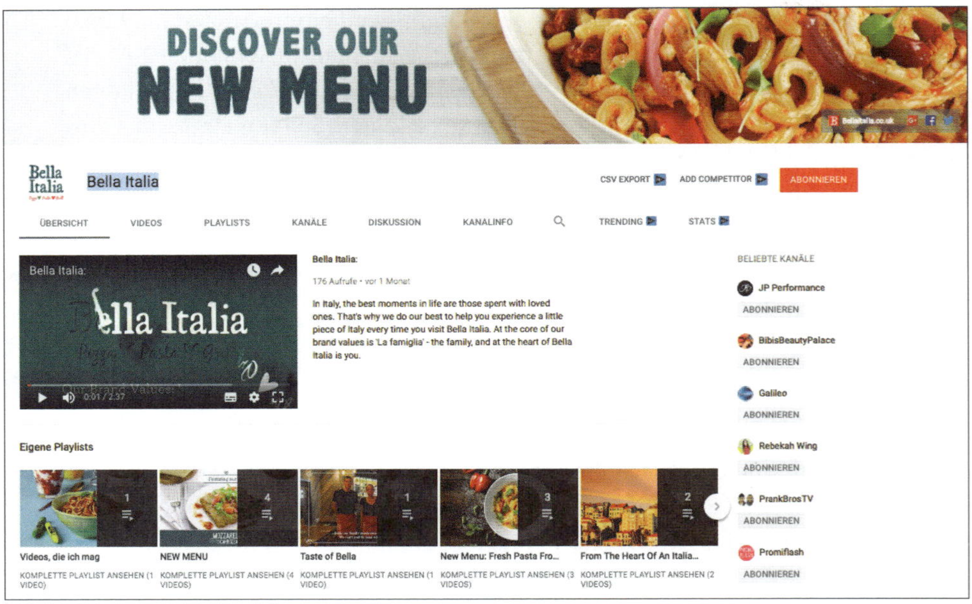

Abbildung 2.6 Der Channel »Bella Italia« (www.youtube.com/channel/UC0PQkwGnDQjHzGmHHTOxk-g)

Noch mal Glück gehabt! Die Kombination aus Rezepten und Reiseberichten gibt es für Italien im Speziellen noch nicht – und selbst wenn doch ... Wenn deine Analyse für deine Themen ebenso erfolgreich ist wie meine, dann nimm dein Glück jetzt selbst in die Hand. Es gibt viele Statistiken, die sagen wollen, wie viele Menschen in bestimmten Kategorien unterwegs sind und sich Videos anschauen. Aber ohne es wirklich selbst auszuprobieren, wirst du es niemals wirklich herausfinden. Also ran an dein eigenes Projekt!

2.2 Was will ich meinen zukünftigen Fans sagen?

Nun geht es eine weitere Ebene tiefer. Die Frage lautet: Was kannst du überhaupt alles erzählen, um deine Marke mit Inhalt zu füllen? Wende Kreativtechniken an! Brainstorming wird wohl die bekannteste sein. Heißt im Klartext einfach nur: Hirn an und alle Ideen rauslassen, die dir einfallen. Damit sind auch Assoziationen zu bestimmten Farben, Musik usw. gemeint. Schreibe alles auf einen Zettel, was dir zu deinem Hobby, Thema, Leben, deinen Leidenschaften einfällt und was deine Fans ebenso lieben könnten – ganz banal und ohne gleich Dinge auszuschließen, wie zum Beispiel blauer Himmel, Strandvideos, helle Farben, schöne Sommermomente, Bergspitzen, Unterwasservideos. Du kannst kein Sommerfeeling versprühen und dann in deiner grauen Küche sitzen und Spaghetti-Carbonara-Rezepte zeigen. Hol dir wenigstens eine Aufblaspalme oder etwas anderes Witziges. Fang also ruhig auch schon an, bildlich zu denken. Welche Hintergründe passen zu deinen Themen? Auch das gehört zum Brainstorming dazu. Grundsätzlich kannst du bei allen Kreativtechniken immer Karteikarten mit Themen, Wörtern, Zeichnungen an die Wand pinnen und in Themengebiete ordnen. Das hilft, den Überblick zu behalten.

Brainstorming ist der Anfang von allem

Mach dir zu Beginn erst einmal eine Liste mit allen möglichen Ideen und Schauplätzen, die dir einfallen. Unterscheide hierbei zwischen Bildern und Inhalten. Erklärst du gerade etwas? Moderierst du etwas an? Oder führst du gerade eine andere Tätigkeit aus? Wie soll jeweils der Hintergrund dabei aussehen? Kombiniere hinterher Bilder und Inhalte. So kannst du kontrollieren, was du in deinen Videos auf keinen Fall vergessen darfst, und du erinnerst dich immer daran, welche Idee dahintersteckte.

Merke: Schreib alle Ideen IMMER auf, das hilft!

Jetzt solltest du bereits einiges auf dem Zettel stehen haben und kannst dies schließlich deinen Lieblingsthemen zuordnen. Reisetipps, Kochrezepte, Land und Leute sind meine bereits definierten Unterthemen.

Tipp
Welche Unterthemen kannst du bedienen? Egal was es ist, Hauptsache, deine Begeisterung steckt die Zuschauer an!

Wir bleiben also bei meinem Beispiel Italien. Die Unterthemen sind sozusagen meine Content-Säulen, zu diesen Themen werde ich in Zukunft Videos drehen, also Inhalte produzieren. Dann habe ich zwar eine Mischform aus Reisen und Kochen, aber das passt schließlich gut zu mir. Content-Säulen bedeutet, dass auf diesen Themensäulen mein ganzer Channel aufgebaut ist. Wie bei einem Haus stützen die Säulen meine Marke bzw. meinen Channel und geben dem ganzen Halt. Ist dein Channel erst einmal etabliert, stehst du für diese Themen, und genau das zieht die Zuschauer dann zu dir. Das bedeutet nicht, dass Säulen nicht irgendwann ausgetauscht werden oder ganz wegfallen können, aber denk dran, dass du zu jeder Säule fast unendlich viele Möglichkeiten hast, diese umzusetzen. Reisetipps können zum Beispiel direkt vom Reiseort ausgegeben oder später aus deinem Wohnzimmer dann kommentiert dem Zuschauer gezeigt werden. Meine Videos fasse ich dabei thematisch zu Playlists zusammen. Eine Playlist pro Thema, um genau zu sein. Dann wissen die Zuschauer sofort, was es auf meinem Channel zu sehen gibt. Die Themen Kochen, Italien und Reisen hören sich allerdings etwas öde an, dafür brauche ich also noch tolle Namen. Es ist an der Zeit, sich auch darüber Gedanken zu machen. Das gilt ebenso für dich!

Noch mal zusammengefasst: Finde deine Themen, recherchiere dazu und überlege dir, welche Inhalte du präsentieren möchtest. Dann mach dir Gedanken darüber, welche originellen Namen du diesen Themenreihen geben möchtest.

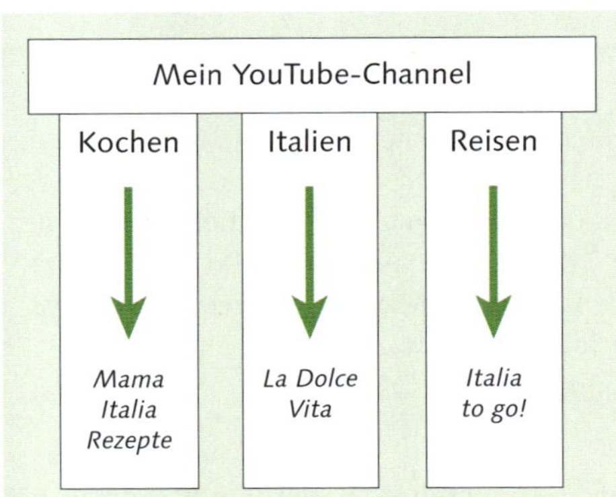

Abbildung 2.7 Meine Content-Säulen

»Mama Italia Rezepte«, »La Dolce Vita« und »Italia to go!« – diese Playlists stellen die tragenden Säulen meines zukünftigen Kanals dar (Abbildung 2.7) – wie das Pantheon in Rom. Wie sieht dein Pantheon aus? Nimm dir alle Zeit der Welt, um dich zu definieren. Ich bin in Wirklichkeit kein großer Italien-Fan, aber ich muss es dir ja an einem Beispiel erklären. Um seine Ausrichtung zu finden, muss man aber als private Person nicht unbedingt für ein Thema brennen. Aber genau da geht die Strategie schon los. Deine Marke und deine Botschaft müssen klipp und klar sein. Dies nimmt nämlich maßgeblich Einfluss auf deine Videos. Ideen für den Look oder Gags kannst du jetzt übrigens bereits im Hinterkopf behalten, aber das entwickelt sich meistens auch, wenn du mit dem Dreh anfängst oder am Schnitt sitzt. Erst dann musst du nämlich mit den realen Gegebenheiten und dem Videomaterial arbeiten und daraus tatsächlich einen Clip produzieren. Erst schaffst du dein theoretisches Konstrukt, das dem Bild einen Rahmen gibt, und dann malst du es sozusagen aus. Ausprobieren lautet dann die Devise!

Ich persönlich stelle mir den Inhalt des Channels immer als leckere Eistüte vor. Die Waffel ist das Oberthema (Italien, Reisen, Kochen), und da gehören noch ein paar geschmackvolle Eiskugeln rein, also Video-Content, möglichst unterschiedlich und alle gut zu genießen (Abbildung 2.8). Sorge immer für Nachschub, also leckeres Eis: unterschiedlichen Inhalte, die Emotionen wecken und deine Persönlichkeit zum Ausdruck bringen. Dann wird dies bald ein sehr, sehr, sehr leckeres Eis!

Abbildung 2.8 Mein YouTube-Channel als Eiswaffel

Dein Eis muss deinen Fans schmecken, und daher kannst du nicht immer nur Zitrone anbieten, also beispielweise immer nur Reiseberichte aus Neapel, sondern auch mal aus anderen Städten in Italien. Biete bewusst mehrere Eissorten an, damit für jeden Geschmack etwas dabei ist. Saisonal tauschst du Sorten aus, statt Erdbeereis (Reiseberichte aus dem Sommerurlaub) gibt es mal Lebkucheneis im Winter (italienische Restaurants in Deutschland im Geschmackstest). Und deine Dauerbrennersorte ist dann vielleicht Vanille (handgemachte Pasta aus deiner Küche zum Nachmachen) oder Schokolade (italienische Süßspeisen, am heimischen Herd gefilmt).

Wenn ich es schaffe, zweimal im Jahr in Italien zu sein, kann ich dort viel im Voraus filmen, damit ich genug Material für einige Videos zusammenbekomme. Ansonsten filme ich Clips in meiner italienisch dekorierten Küche und drehe einmal in der Woche ein Koch-Tutorial, das kann man das ganze Jahr über prima in der eigenen Wohnung machen. Es gibt schließlich auch genügend Reisemuffel oder Leute, die nicht viel Urlaub haben, und die können sich dann mit meinen Clips entspannt das Dolce Vita in ihre Küche nach Hause holen.

Lustige Namen dürften dabei ebenso die Neugierde wecken. Deswegen wähle ich für meine Rezepte Namen aus wie »Mafia Pizza Infernale«, »Sahne-Stiefel-Torte« oder die »Pasta di Papa«. Abbildung 2.9 zeigt ein Beispielvideo von Hannah, das wirklich nett rüberkommt. Sie ist vor allem natürlich und auch ein wenig lustig, und gleichzeitig merkt man, dass sie weiß, was sie da macht. Eine gute Mischung, so ähnlich würde ich das auch machen, nur mit einer Prise mehr von meiner Persönlichkeit.

Abbildung 2.9 Hannah kocht ein italienisches Rezept (www.youtube.com/watch?v=ORjtV65MOSo).

Grundsätzlich sind deiner Fantasie in Bezug auf Videos keine Grenzen gesetzt – gib dir aber genug Raum zum Ausprobieren. Dann macht es erst richtig Spaß und geht fast von allein. Und jetzt leg los! Einfach anfangen und sich selbst dabei filmen. Wenn du zu Hause ein paar »Trockenübungen« machst, kannst du dich hinterher schon mal selber überprüfen: Redest du zu schnell? Zu lange? Wie wirkst du vor der Kamera? Zu steif? Sympathisch? Lustig? Schau dich selbst an und sei ehrlich dir gegenüber! Es ist eigentlich wie beim Kochen, wenn du aus Versehen Zucker statt Salz nimmst und es plötzlich noch besser schmeckt.

Wenn du besonders fancy und individuell sein möchtest, dann pack auch noch eine Portion Persönlichkeit und Emotionen dazu. Keiner will heutzutage Perfektion sehen – Authentizität zählt und hält die Zuschauer bei der Stange. Du solltest grundsätzlich ein gewisses Maß an Unterhaltungskünstler mitbringen oder zumindest nicht kamerascheu sein. Das bedeutet im Klartext, dass du eigentlich du selbst sein musst. Deine Eigenarten sind quasi das, woran sich die Leute nach deinem Video erinnern. Es gibt nichts Schlimmeres als Videos langweiliger Menschen! Trau dich also auch, zu dir selbst zu stehen. Versuch mal, deine guten Eigenschaften auf den Punkt zu bringen. Sei laut, frech, unbedacht und spontan und geh später an den Feinschliff. Dazu schreibst du dir deinen Text in wenigen Stichworten auf, damit du nicht zwischendurch die Hälfte vergisst. Du kannst deine selbst ausgedachten Moderationen vor dem Spiegel üben und dich analysieren. Immer und immer wieder machst du das, bis du dich sicher fühlst. Auf YouTube ist vor allem eine natürliche Persönlichkeit gefragt – dazu gehören auch mal Versprecher oder Lacher und Eigenarten. Wiedererkennbarkeit ist sogar wichtiger als eine glatte Oberfläche, es sei denn, man möchte im Beauty-Genre erfolgreich sein, da hilft das Perfekte natürlich ein wenig.

Ich habe beispielsweise bei mir entdeckt, dass ich anfange zu zucken, wenn ich mich nicht bewegen darf. Deswegen muss ich freier moderieren dürfen und nicht starr auf einer Position stehen oder sitzen. Zum Beispiel zucke ich in dem Video in Abbildung 2.10 genau bei Sekunde 24 und 25 ganz leicht mit dem linken Arm bzw. der Schulter. Mittlerweile habe ich natürlich gelernt, dies zu unterdrücken, oder ich bewege mich einfach mehr. Problem durch Selbstanalyse gelöst.

Abbildung 2.10 Ehrensenf-Video von Christine Henning (www.youtube.com/watch?v=90DRpBP0nqw)

Jeder ist da anders, und am besten findet man es selbst heraus, bevor die YouTube-Community es später entdeckt. Selbstüberprüfung ist ein wesentlicher Bestandteil deiner YouTube-Strategie, sonst kannst du dich nie verbessern. Und bitte denk dran, dass ein Video nicht zehn Minuten lang sein sollte, wenn nichts Besonderes darin passiert. Kein Zuschauer sollte vor Langeweile sterben. Wenn du also deine Reise zum Ich abgeschlossen hast, lass die Zuschauer an aufregenden Momenten in deinem Leben teilhaben. Jetzt weißt du ja, was du mit deinen Talenten anfangen kannst, du hast nun die Basis deiner eigenen Marke kreiert. Glückwunsch! Nimm dich dabei übrigens nicht allzu ernst. So, bald ist dein YouTube-Channel auch inhaltlich top aufgestellt – in diesem Sinne fröhliches Eismachen!

2.3 Ohne Videos keine Fans! Ohne Entertainment keine bleibenden Fans!

Ohne Videos keine Fans. Eigentlich logisch, aber was steckt wirklich hinter dieser Aussage? Ohne Videos keine Fans und ohne Fans kein erfolgreicher YouTube-Channel. Das ist näher an der Wahrheit. Am Ende geht es also immer um Reichweite und darum, möglichst viele Menschen mit guten Inhalten, also guten Videos, zu erreichen. Das oberste Ziel lautet somit stets, viele Fans ansprechen und diese glücklich machen. Auf der Gamescom-Messe hat es sich mittlerweile sogar etabliert, die Fans mit einer persönlichen Begegnung glücklich zu machen. YouTube-Stars wie Gronkh werden gern für Autogrammstunden von Firmen gebucht und schenken den Besuchern unvergessliche Momente (Abbildung 2.11)!

Abbildung 2.11 Autogrammstunde mit Gronkh: Wie schon 2017 hat Bethesda den prominentesten Letsplayer für einen ganzen Tag gebucht (Foto: KoelnMesse, Andreas Hagedorn; www.gameswirtschaft.de/gamescom/gamescom-2018-autogrammstunden-youtuber).

Es gibt viele verschiedene Definitionen von »Fans« oder der »Fanbase« im Netz. Aber meiner Meinung nach stammt die treffendste aus dem Urban Dictionary, so was Ähnlichem wie Wikipedia, jedoch für umgangssprachliche Ausdrücke. Demnach ist die Fanbase der beste und schlimmste Teil, wenn man in irgendeiner Form im Internet bekannt ist. Fanbase fasst alle Fans zusammen, die guten, die schlechten und all die anderen möglichen Fans. Soll so viel heißen wie: Die Summe aller Fans ist Fluch und Segen zugleich. Das trifft es ziemlich auf den Punkt. Ohne Fans hast du keine Zuschauer und kannst auch nicht bekannt werden und mit YouTube Geld verdienen. Mit Fans hingegen hast du unter anderem Anhänger mit ständiger Erwartungshaltung an deinen Channel und ebenso viele Kritiker. Und die wollen im Grunde alle regelmäßig bespaßt werden. Na dann, Prost Mahlzeit! Es geht aber eben nicht ohne.

Deine Fans sind deine Multiplikatoren

Dein Publikum sorgt für deinen Erfolg. Vergiss das nie! Deine Audience ist die Basis, die dich liebt und dafür sorgt, dass deine Clips noch mehr Menschen erreichen. Jeder einzelne Fan kann ein Multiplikator für dich sein. Lerne, deine Fans glücklich zu machen, und du wirst ernten, was du gesät hast.

Deine Fanbase ist also quasi das Schmiermittel, ohne Crowd kannst du nichts im YouTube-Kosmos werden. Stell dir vor, du stehst auf dem roten Teppich, aber links und rechts gibt es weder Fans noch Paparazzi. So kann es nichts werden mit Bekanntheit und Reichtum, so kannst du keine Botschaft in der Welt verkünden! Nimm zum Beispiel Dagi Bee – sie ist über YouTube groß geworden und verdient sehr wahrscheinlich im Monat mehr als wir beide zusammen, denn mittlerweile hat ihr Channel 3,9 Millionen Fans aufgebaut (Abbildung 2.12). Holla, die Waldfee! Doch sie hat im Grunde auch nur regelmäßig ein paar Clips auf YouTube hochgeladen und damit ihre Anhängerschaft gefunden. Ohne ihre Millionen Fans wäre sie mehr oder weniger nichts, eine normale Ameise wie du und ich.

Die Fans sind also extrem wichtig, aber die Fanbase muss immer gehegt und gepflegt werden. Du kannst dich nicht darauf ausruhen, dass du bereits 1.000 Fans hast. Viele Stars sind auf diese Weise schon »abgestürzt«. Beliebt zu sein, erfordert einfach die Einhaltung gewisser Regeln. Berühmtheit kann man auf unterschiedliche Art erreichen, aber am Ende hat es immer etwas mit den Fans zu tun, die einen lieben und deswegen in allem unterstützen. Kim Kardashian und Paris Hilton sind immer und überall, aber eigentlich haben sie keinen wirklichen Beruf. Nix geleistet, aber viele Fans, wenn man es frech ausdrücken möchte. Fakt ist, sie sind Superstars, teilen ihr Leben mehrmals täglich mit ihren Millionen Fans, und Paris Hilton hat sich sogar den Begriff »That's hot!« sichern lassen. Verrückte Welt, aber das ist eben auch ein Job, sich täglich mit seiner Community auszutauschen und somit eine gute

Währung als Star zu haben. Denn wie entscheidet man, ob jemand als öffentliche Person Relevanz hat? Na, am einfachsten anhand der Anzahl der Fans. Das meine ich mit Währung: viele Fans – viel Wert als Promi!

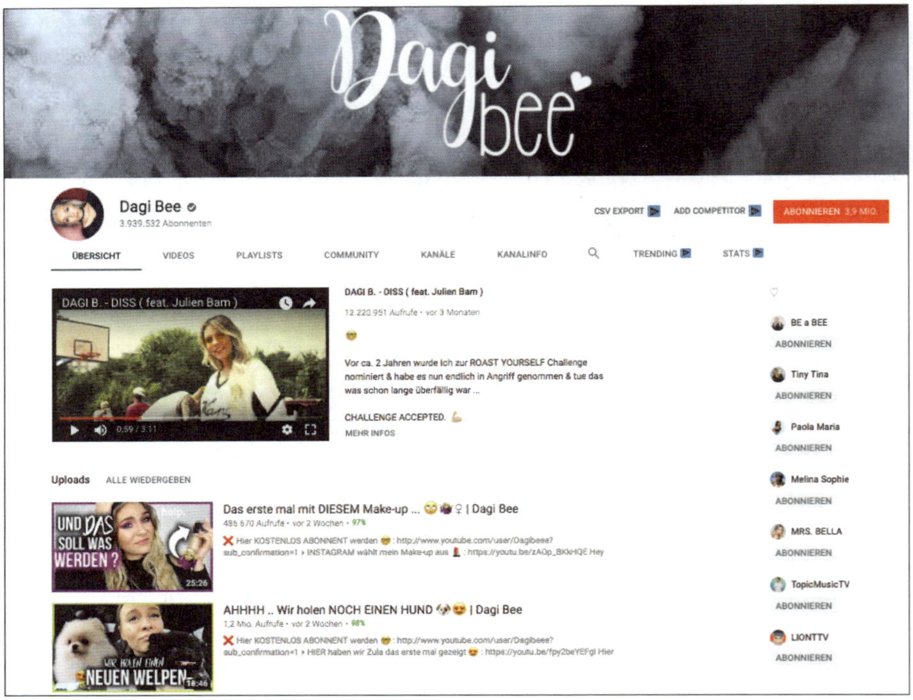

Abbildung 2.12 Der YouTube-Channel von Dagi Bee (www.youtube.com/channel/UCpZ_DI-ZugwMzXcqccaTVsg)

Dein zukünftiges Publikum ist deine Zielgruppe. Eigentlich ist es wie bei einer Sendung im Fernsehen. Dort überlegt sich der Programmchef auch, welche Menschen er zu welcher Uhrzeit mit welcher Sendung begeistern möchte. So kannst du ebenfalls optimal festlegen, wen du da draußen gerne erreichen würdest. Im besten Fall schalten deine Zuschauer jeden Tag ein, und du erreichst die richtigen Leute mit ähnlichen Interessen. Aber keine Sorge, du triffst ganz sicher Menschen, die wie du denken, sonst hättest du dich selbst ja auch nicht schon auf YouTube getummelt. Traumhaft wäre es, wenn du irgendwann so viele Zuschauer hättest, dass du einen ganzen Kinosaal füllen kannst. Und das Tolle ist, dein digitales Kino, also deinen Kanal, gibt es nun bald virtuell auf YouTube!

Tipp

Mach dir schon jetzt Gedanken über deine potenzielle Zielgruppe. Wen sollen deine Videos interessieren? Bedenke die Nische dabei ebenso wie die Masse.

Jetzt stellt sich noch die Frage: Welche Sprache sprechen die Nutzer deiner Videos eigentlich? Das meine ich auf zwei Ebenen: Verstehen sie Deutsch, Englisch oder Italienisch? Welche Sprachen sprichst du überhaupt? Und der andere Punkt ist: Sprechen sie eher lässige Umgangssprache oder eher höflich und diplomatisch? Du kannst einfach vom größten gemeinsamen Nenner ausgehen und dann schauen, ob jemand hinten runterfällt. Wenn du selbst Deutsch sprichst und dazu zum Beispiel ein wenig Spanisch kombinierst, ist die Hauptsprache deines Channels eben Deutsch, doch könntest du dann theoretisch Zuschauer in Deutschland und Spanien mit deinen Clips unterhalten. Bedenke dabei aber immer, dass du dementsprechend Untertitel einfügen müsstest, wenn du eine internationale Zielgruppe ansprechen möchtest, also in diesem Fall deutsche Sprache mit spanischen Untertiteln.

Entgegen einigen Vorurteilen tummeln sich auf YouTube auch nicht mehr nur Teenager. Die Vielfalt ist sehr groß geworden, und du kannst ein Teil dieser Community werden. Natürlich gibt es Inhalte, die eher Männer oder eher Frauen ansprechen, aber insgesamt kann man sagen, dass sich vom Teenager bis zum »Silver Surfer« ab ca. 50 Jahren alle auf YouTube wohlfühlen und sich aktiv den Content aussuchen, den sie konsumieren wollen.

Ca. 60 % aller User weltweit sind männliche Zuschauer. Dann sind 40 % also weiblich, und davon ist mindestens die Hälfte an allen Themen rund um Beauty interessiert. Zu den favorisierten Themen zählt ebenso Musik, auch Tiere stehen hoch im Kurs, speziell Hunde. Die männlichen Zuschauer präferieren allerdings eindeutig Fußball, Games bis zum Abwinken und dann noch Software und Bodybuilding. Man gerät bei solchen Zahlen leicht in die Gefahr, in Stereotypen zu denken. Doch auch die vermeintlichen Nischenthemen locken Zuschauer an. »Kricket« zum Beispiel ist ein erfolgreicher von YouTube automatisch angelegter Channel, der eine kleine, spezielle Zielgruppe bedient – so könnte man meinen. Der Kanal verbucht aber ganze 1,2 Millionen Fans (Abbildung 2.13)!

YouTube ist eine Plattform, die auch den sogenannten *Long Tail* bedient, das heißt, dass man auf dieser Videoplattform mit Nischenvideos langfristig ebenso Erfolg haben kann. Zwar produziert man dabei für eine kleinere Zielgruppe, aber diese kann dafür treu und ebenso lukrativ sein, da es hier wenige bis gar keine anderen Angebote für Interessierte gibt. Und noch ein schönes Beispiel für unentdeckte Möglichkeiten: Auch wenn bei Frauen der Konsum von Tiervideos sehr ausgeprägt ist, sollte man die Männer nicht vergessen. Die 100 erfolgreichsten YouTube-Channels weltweit für Haustiere und Tiere werden von beiden Geschlechtern fast gleich gern geschaut. Man sollte also nicht von vornherein nur ein Geschlecht ansprechen, wenn beide möglich sind. Aber natürlich gibt es auch Channels, die extra für Frauen oder für Männer sind. Die haben ihre Strategie dann genau auf diese spezielle Zielgruppe hin geplant.

Laut ARD/ZDF-Onlinestudie 2017 schauen 72 % der Befragten (ab 14 Jahren) mindestens selten Videos im Netz an. Das würde also knapp 60 Millionen Deutschen entsprechen, die sich gern mal ein Video reinziehen. In der Altersgruppe der 14- bis 29-Jährigen ist der Anteil mit 96 % am höchsten, gefolgt von den 30- bis 49-Jährigen mit 91 %. Sogar 63 % der 50- bis 69-Jährigen schauen sich ab und zu mal ein Video im Internet an. Du siehst, dass Videos mittlerweile einfach zu unserem grundsätzlichen Konsumverhalten im täglichen Leben dazugehören.

Die JIM-Studie 2017 befragte 12- bis 19-Jährige nach ihrer Mediennutzung. Die Jugendlichen sollten spontan die drei liebsten Angebote im Netz benennen, und YouTube steht mit weitem Abstand an erster Stelle, bei den Jungs mit 69 % und bei den Mädels mit 55 % noch vor WhatsApp und Instagram!

Und noch ein weiteres Beispiel aus dem YouTube-Kosmos: Wer denkt, für Beauty interessierten sich nur Frauen – falsch gedacht! Die 12- bis 19-jährigen jungen Männer sind auch schon sehr auf ihr Aussehen bedacht, denn immerhin ca. 3 % der Jungs schauen sich Videos zu Beauty-Themen an. Und in dieser Statistik fehlen ja noch alle 20-Jährigen und darüber in Deutschland. Grundsätzlich kann man also in jedem Alter und mit jedem Thema Zuschauer für eine geeignete und lukrative Reichweite finden. Die Chancen auf dem deutschen Markt sind natürlich kleiner als bei der weltweiten Ansprache durch Videos, aber du hast dafür auch die wahre Chance, den gesamten deutschen Markt zu erobern und damit vielleicht Geld zu verdienen.

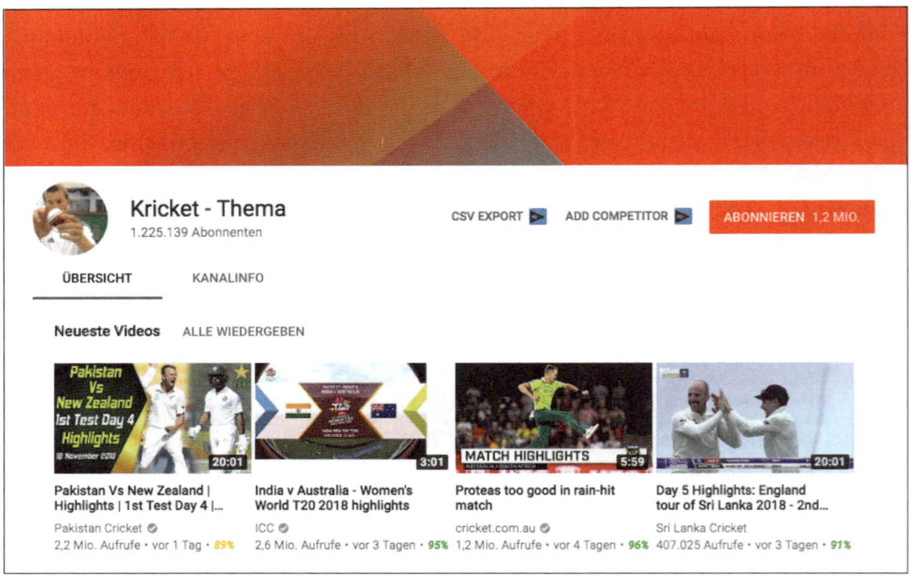

Abbildung 2.13 Der Channel »Kricket« (www.youtube.com/channel/UCgV7qqleAFHGh1twhBDj-MA)

Steckt in dir also vielleicht ein Gamer wie Gronkh, ein Beauty-Experte, Musiker, Tierliebhaber oder Entertainer? *Und* sprichst du gut Englisch oder hast Lust auf Untertitel? Dann los, lies weiter und habe Erfolg! Doch wenn nicht, genauso gut. Lies trotzdem weiter! Jetzt kennst du zumindest die Tendenzen auf YouTube und kannst das in deiner Planung auch ganz gut berücksichtigen.

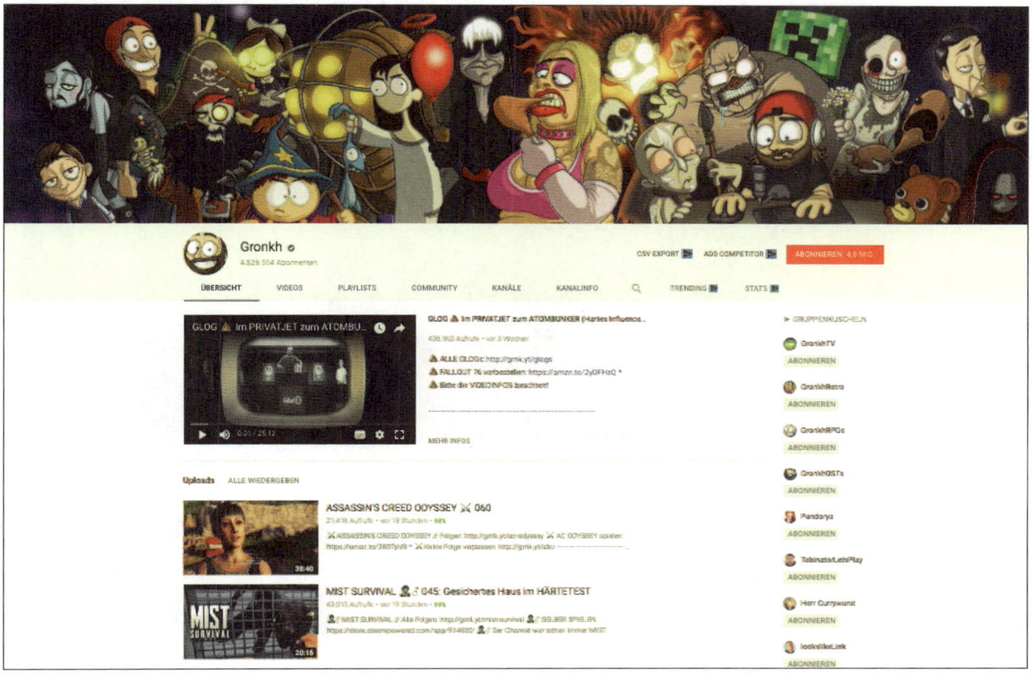

Abbildung 2.14 Channel von Gronkh (www.youtube.com/user/Gronkh/playlists)

So, und jetzt bauen wir beispielhaft eine Zielgruppe zusammen auf. Im Grunde kannst du dir einfach eine typische Person, die deine Inhalte anschauen würde, bis ins kleinste Detail in Gedanken vorstellen. Das macht man in fast allen Branchen so, da nennt man sie *Persona*. Fang beim Herkunftsland an, es kann auch ein Bundesland oder eine bestimmte Stadt sein. Alter und Geschlecht fügst du hinzu, dann die Interessen und ob es stereotypische Merkmale dieser Person gibt, wie beim Publikum von Gronkh beispielweise. Er hat 4,8 Millionen Abonnenten, und seine Zielgruppe kann man ganz gut als Beispiel nehmen (Abbildung 2.14). Die Fans von Gronkh sind wohl zwischen 10 und 35 Jahre alt, kommen aus Deutschland, sprechen Deutsch und sind alles Gamer. Fertig. Zumindest so ähnlich, die Wirklichkeit hat dann doch ein paar Details mehr zu bieten (Abbildung 2.15).

Das reicht aber eigentlich schon, um eine Zielgruppe grob zu definieren und sich jemanden vorzustellen, den du dann immer gedanklich anspielen kannst, wenn du drehst. Wenn du also definierst, welche Fans du später einmal haben möchtest, kannst du darauf deine Marke und darauf Ansprache aufbauen. Um einen YouTube-Channel anzulegen und aufzubauen, solltest du grundsätzlich wissen, *was* du eigentlich sagen willst und *wen* du ansprechen möchtest.

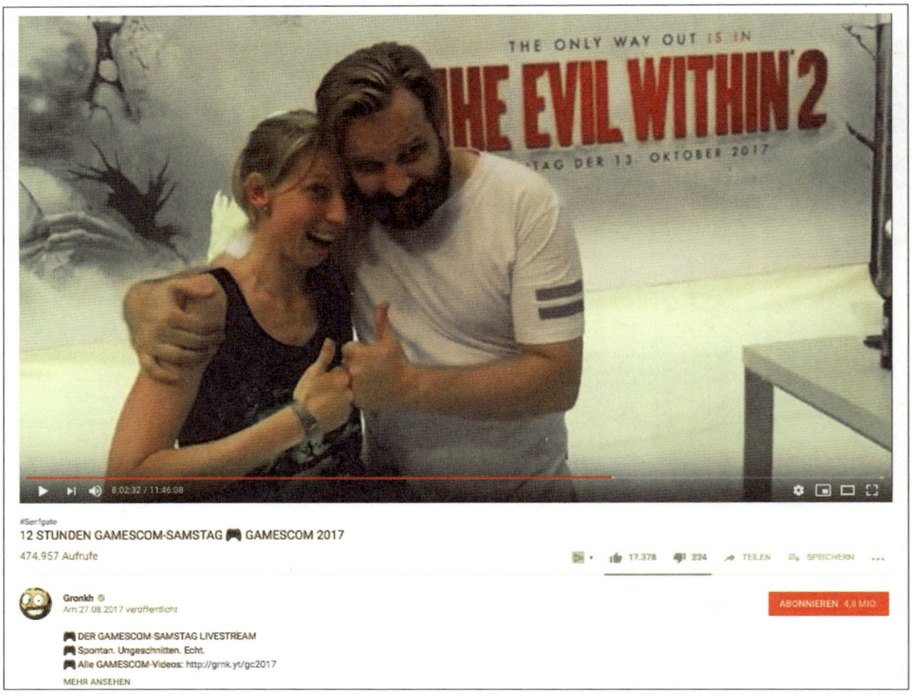

Abbildung 2.15 Gronkh mit einem Fan auf der Gamescom 2017 (www.youtube.com/watch?v=pGUnRGlHGlk)

Mit einer ausgearbeiteten Persona könntest du auf die »Wen«-Frage eine vorläufige Antwort finden. Und du weißt auch, in welcher Sprache du die Menschen erreichen möchtest. Deine Oberthemen stehen ebenfalls fest und somit auch die YouTube-Kategorien. Mittlerweile solltest du dir auch Gedanken über deinen Channel-Namen gemacht haben. Am besten ist es, wenn du dir einen internationalen Namen ausdenkst, da deine Zuschauer ja eventuell auch international sind. Wenn du deinen Kanalnamen gefunden hast, kannst du bald schon damit starten, den Channel anzulegen.

Tipp

Verliere nie die Vogelperspektive und nie den Spaß!

2.4 Ohne Ziele kein Erfolg!

Steck dir Ziele, die du realistisch erreichen kannst. Viele der erfolgreichsten YouTuber haben in den ersten zwei bis drei Jahren die Marke von 100.000 Abonnenten erreichen können. Bei einigen funktioniert das schneller, und bei manchen dauert es eben länger. Je nach Thema, Zeitgeist und Charisma springt das Publikum unterschiedlich auf Videoinhalte an. Rechne als Einzelperson zunächst mit viel Zeitaufwand, denn Ideen, Drehbücher sowie die Dramaturgie, das Drehen, der Schnitt und der Upload bis hin zur Verbreitung der Videos bedürfen der richtigen Planung und Ausführung, wenn man keine Erfahrung darin hat. Mit der Zeit wird man darin natürlich schneller, und die Digital Natives sind per se damit aufgewachsen. Für ein Unternehmen bedeutet dies, dass man Strukturen zur Ideenfindung, zur redaktionellen Betreuung, für die Produktion von Videos und deren Schnitt schaffen und gleichzeitig ein Umdenken in den Abteilungen anregen muss, damit diese mehr zusammenarbeiten, sich abstimmen und gemeinsam Kampagnen und Inhalte planen bzw. verknüpfen. Wenn man nach außen kommunizieren möchte, dann muss auch »innen« mehr vernetzt und Ressourcen müssen gebündelt werden. Anders geht es leider nicht, sorry.

Wechseln wir aber wieder von der Unternehmensbrille zur Ich-Perspektive. Auf YouTube tummeln sich Unternehmen und Menschen, es gibt da Unterschiede im Channel-Auftritt und in der Ansprache über die Videos, aber am Ende müssen alle einfach gute Videos abliefern, um überzeugen zu können. Leidenschaft ist ein Schlüssel dazu und Wissen ein weiterer. Erstere musst du aufbringen, bei dem zweiten Schlüssel kann dir dieses Buch weiterhelfen. Ohne Ziel kein Erfolg, ohne Leidenschaft keine Nähe! Dir fehlen also noch Ziele. Das grundsätzliche Ziel sollte lauten: »Ich möchte gute Inhalte verbreiten und Menschen begeistern!« Viele weitere Fragen solltest du ebenso klären, bevor du weitere Ziele festlegst:

- Warum möchtest du Videos produzieren? Was ist deine Antriebskraft?
- Welche Chancen siehst du darin?
- Wie viel Zeit kannst du dafür pro Woche investieren?
- Hast du Geld für das Equipment?
- Traust du dir zu, vor der Kamera zu stehen?
- Was macht dir grundsätzlich Spaß, was sind deine Talente?
  Wo liegen deine Stärken?
- Welche Themen könntest du somit bedienen?
- Was machen die anderen, die dieses Thema bedienen? Recherche!
- Kannst du einen anderen Mehrwert als die anderen Channels bieten?
  Arbeitest du mithilfe eines Teams?

- Wie willst du das umsetzen? Hast du bereits Ideenansätze?
- Wie stellst du dir das Look-and-feel vor?
- Bist du technikaffin? Wer hilft dir bei Schnitt und Upload?
- Hast du Lust, Social Media zu »machen«? Hast du dafür Zeit?
- Kannst du ein wenig Geld in die Hand nehmen, um deinen Channel anschließend zu bewerben?
- Kannst du deine Videos mehrmals in der Woche, wöchentlich, monatlich oder als Staffelproduktion produzieren?
- Kannst du Kritik vertragen (denn die wird so oder so kommen)?
- Wenn du anfängst, ziehst du es dann auch durch?

Diese ganzen Fragen solltest du zuerst für dich beantworten und bei allen offenen Punkten erst mal Lösungen finden, und dieses Buch wird dir sicherlich auch ein paar Antworten liefern, um weitere Ziele für deinen Erfolg zu definieren.

Tipp
Komplexität zu reduzieren, schafft Klarheit.

Für den Start kann ich dir ja mal folgende Ziele vorschlagen:

1. Ein Video-Upload pro Woche.
2. 100 Abonnenten direkt über den eigenen Freundes- und Bekanntenkreis erreichen.
3. Monatlich 20 Fans dazubekommen.
4. Innerhalb von einem Jahr auf deinem Kanal drei verschiedene Arten von Videoreihen produziert haben.
5. Innerhalb von einem Jahr Facebook & Co. aufgebaut haben, damit du überall im Netz vertreten bist, wo Menschen unterhalten werden möchten.

Diese Ziele reichen erst mal für den Anfang. Jetzt stehen deine Ziele, deine Zielgruppe, die potenzielle Marke, deine Themen und dein Channel-Name sowie deine Playlist-Namen fest. Nun musst du dir noch mehr Gedanken um den Inhalt deiner Videos machen. Es ist so weit, jetzt kommt dein erstes Video dran! Und vergiss dabei nicht diesen einen Satz: »Ich möchte gute Inhalte verbreiten und Menschen begeistern!«

3 Was möchte ich für meine zukünftigen Fans drehen? – Stichwort Storytelling!

Deine Fans wollen dir nah sein und an deiner Welt teilhaben. Dabei wollen sie begeistert werden und vielleicht auch etwas lernen. Durch Videos ist das schnell getan! Aber eine gute Geschichte muss auch gut erzählt werden. Sie muss spannend, unterhaltsam und kurzweilig sein! Erstelle nun dein eigenes Drehbuch und lerne dabei, wie du strukturiert vorgehst.

Du fragst dich bestimmt gerade: »Wie fange ich an?« Um zu üben, kannst du dich ja als Erstes an ein Channel-Intro-Video wagen. Dies ist das Hauptvideo auf deiner Startseite auf YouTube. Dort solltest du am besten dich und das, was man von dir erwarten kann, auf den Punkt sympathisch rüberbringen. Das ist nämlich deine Visitenkarte auf YouTube, und damit vermittelst du dem Zuschauer direkt den Mehrwert deines Channels. Dieses Video ist oft das am meisten geschaute Video auf allen Channels, da es immer sofort losgeht, sobald man auf den Kanal gelangt. Damit verstehst du auch die Wichtigkeit eines solchen Videos. Wenn man nun bedenkt, dass es somit auch zu den ersten Videos gehört, die auf Google von dir zu sehen sind – aber ich will keinen Druck aufbauen. Spaß ist auf YouTube immer die halbe Miete!

3.1 Was ist ein Channel-Intro-Video?

Die bekannten YouTuber verwenden meistens eines ihrer aktuellen Videos als Intro, da sie sowieso ständig produzieren. DieAussenseiter haben zum Beispiel vor drei Jahren einen Clip hochgeladen, den sie seither als Kanaltrailer nicht geändert haben. Viele Ausschnitte aus alten Videos sind zu sehen, quasi als Vorgeschmack, und zum Schluss eine Aufforderung zum Abonnement des Kanals. Dieses Video könnte zu ihrer hohen Anzahl von 2,4 Millionen Fans maßgeblich beigetragen haben (Abbildung 3.1).

Und übrigens, das darfst du nie vergessen: Dein Intro-Video ist dein Zugpferd. Alle drei Monate laden YouTuber in der Regel ein neues Intro hoch und präsentieren ihre aktuelle Themen oder bedanken sich bei ihren Fans oder wollen speziell ein bestimmtes Video pushen, denn der Kanaltrailer funktioniert wie dein Türschild, deine Türklingel, und ist je nach Attraktivität entscheidend dafür, ob deine Besucher dein Haus überhaupt betreten wollen. Was muss also alles in das Drehbuch für deinen Intro-Trailer rein, oder was musst du grundsätzlich erst einmal alles beachten?

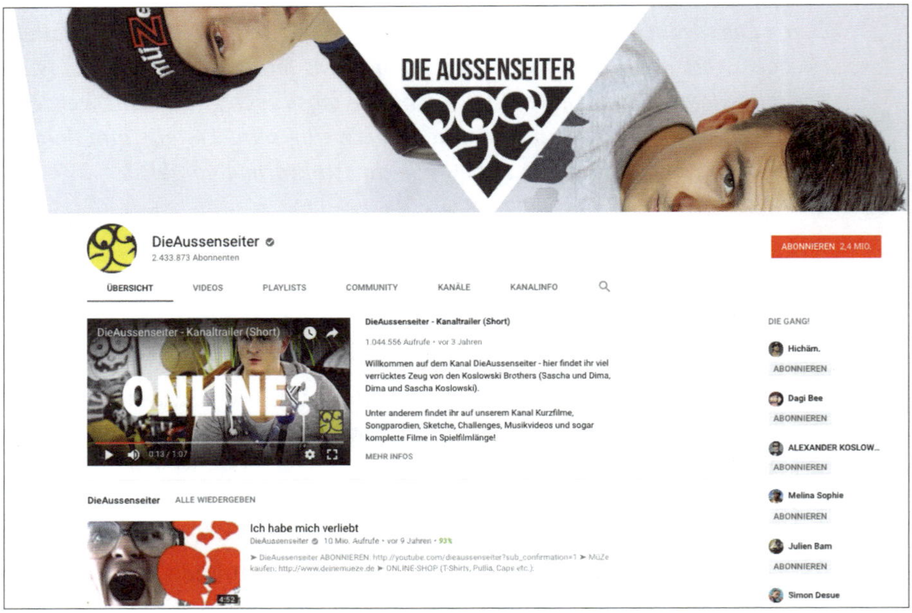

Abbildung 3.1 Channel-Intro-Clip von DieAussenseiter (www.youtube.com/channel/UCKn1vL4Ou4DKu0BlcK3NlDQ)

Lass uns direkt als Beispiel das Wasserbombenvideo von Julian Bam nehmen (Abbildung 3.2).

In den ersten vier Sekunden, aber auch aufgrund des Titels, wird bereits klar, dass es sich wahrscheinlich um eine aufregende Erfahrung mit 330 Wasserbomben handelt, die dann auch noch in Slow Motion zu betrachten ist. Julien hat also sofort zum Start einen Ausblick auf das wahrscheinliche Ende gegeben. Ich will auf jeden Fall mehr sehen, da der Clip Spannung aufbaut und auch mit anderen Slow-Motion-Aufnahmen gespickt ist, die interessant und lustig sind. Bis jetzt hat er mich beim Anschauen dieses Videos als Zuschauer noch nicht verloren. Ganz besonders gut funktioniert diese Art von Videoschnitt, weil am Anfang direkt der Showdown präsentiert wird. Die Filme »Triple X« und einige »James Bond« zum Beispiel fangen mit einem Showdown an – man sieht die letzte Sekunde, bevor der Held stirbt, und dann wird die Story erst mal von vorn erzählt. Das ist auch ein gutes Stilmittel für YouTube. Ich weiß als Zuschauer spätestens nach zehn Sekunden, was mich erwartet. Dazu schneidest du deine Story relativ schnell von einer in die nächste Sequenz des Erlebnisses, damit es durchweg spannend bleibt, weil viele Informationen direkt hintereinander wiedergegeben werden. Und das alles in HD-Qualität! Julien löst das Ganze mit anderen Slow-Motion-Aufnahmen, bis die krasseste Nummer ganz zum Schluss kommt, auf die ich als Zuschauer sehnsüchtig gewartet habe. So könnte ein super Channel-Trailer ebenfalls aufgebaut sein. Probier es einfach aus!

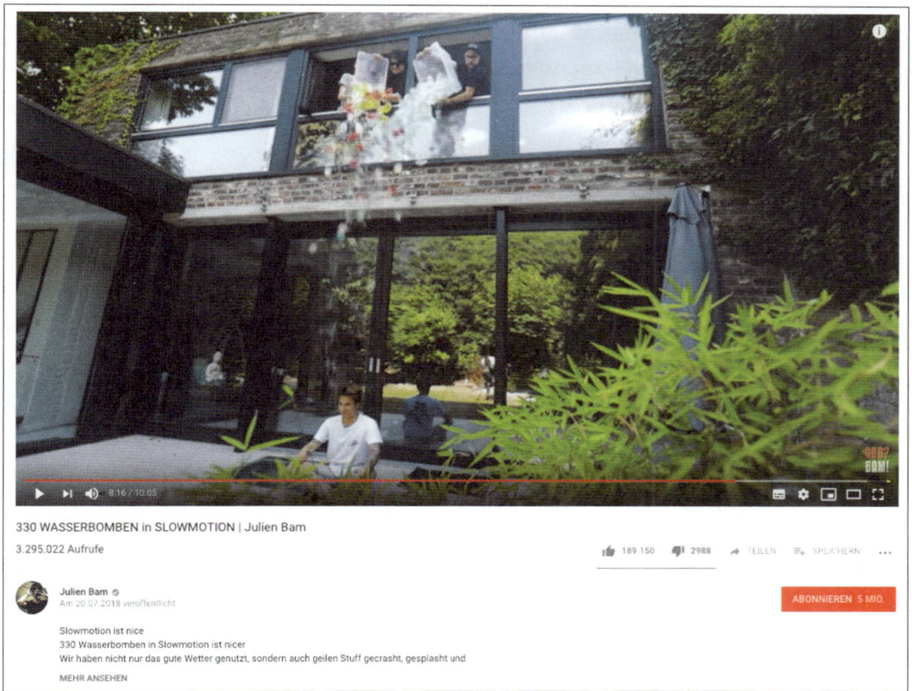

Abbildung 3.2 Das Wasserbombenvideo von Julien Bam (www.youtube.com/watch?v=sflflP_Ga18)

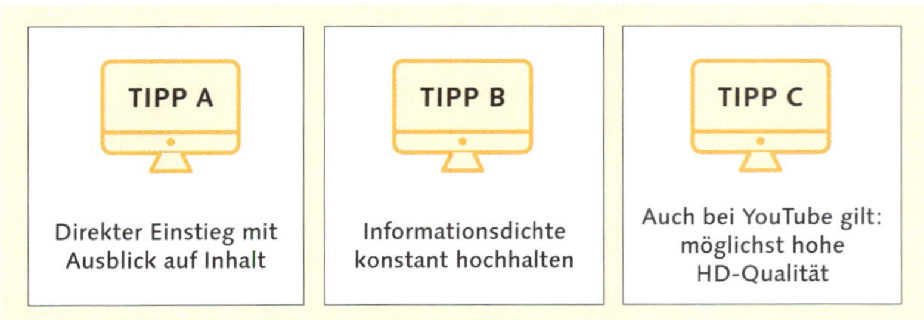

Abbildung 3.3 Drei Tipps zum Aufbau von YouTube-Videos

Die drei Tipps in Abbildung 3.3 sollen dir dabei helfen, deinen ersten eigenen Trailer zu produzieren, damit du den aktuellen Mindestanforderungen von YouTube gerecht wirst. Also, grundsätzlich fängt man stets mit einer Zusammenfassung an, damit der Zuschauer weiß, wovon das Video handelt. Dann sollte man immer knackig am Ball bleiben und zum nächsten Thema kommen, sodass der Zuschauer gar nicht erst auf den Gedanken kommt, auf Stopp zu klicken. Überleg mal, wie schnell du einige Dinge langweilig findest, weil sie dich nicht bei der Stange halten ... Das heißt, du musst relativ schnell und auf den Punkt die Infos raushauen und dabei noch die Spannung hochhalten. Und das Ganze bitte immer nur in der besten Qualität – falls es sich nämlich jemand auf einem großen Flatscreen anschauen möchte, sollte das auch möglich sein.

Du möchtest sicher noch einige Tipps zur grundsätzlichen Länge eines Videos haben, aber da gibt es einige Unterschiede, je nachdem, was du produzieren möchtest. Hier solltest du in deinem Genre selbst recherchieren, damit du einen Vergleich hast, der schon erprobt ist. Im Allgemeinen kann man sagen, dass 1:30 Minute eine gute Länge für ein Video ist. Aber auch dabei kommt es darauf an, ob man beispielsweise ein Tutorial macht, das meistens länger dauert, oder eben nur einen Kanaltrailer, für den 30 Sekunden völlig ausreichen sollten. Die Werbebranche funktioniert übrigens ähnlich. Da wird das AIDA-Modell angewendet, das den Prozess beschreibt, den Zuschauer zum Kunden des Produkts zu machen – in diesem Fall dagegen versuchst du, den Zuschauer zum Abonnenten und Fan zu machen.

AIDA-Modell zur Bindung potenzieller Fans

Attention: Aufmerksamkeit des Users erregen

Interest: Interesse des Users wecken

Desire: Wunsch nach mehr auslösen

Action: Handlung beim User bewirken

Es geht darum, zunächst die Aufmerksamkeit des Users zu bekommen, dann das tiefer gehende Interesse zu wecken und dadurch den Wunsch auszulösen, mehr Videos von dir zu sehen. Dann hast du das Ziel des Modells erreicht, denn wenn der Zuschauer am Ende deines Videos einen weiteren Clip von dir anwählt oder auf den ABONNIEREN-Button klickt, hat er eine aktive Handlung vollzogen, um in deinem Kosmos zu bleiben. Dann hast du dein Ziel erreicht: Deine Videos sind gut aufgestellt und bieten den Rezipienten und dir einen wirklichen Mehrwert. Jodie Calussi macht das zum Beispiel mit ihrem Video namens »Wie ich BETROGEN wurde. Die GANZE Geschichte.« (Abbildung 3.4). Als Zuschauer denkt man, dass es sich um eine traurige Liebesgeschichte handelt. Sehr geschickt, denn eigentlich erzählt sie die Story, wie sie bei ihrem Aufbau ihres Modelabels bzw. Onlineshops hintergangen wurde, und ganz nebenbei erwähnt sie auch, dass sie in kurzer Zeit einen Relaunch vorhat und somit der Verkauf doch starten kann. Das Video von ihr ist dabei die ganze Zeit sehr unterhaltsam, obwohl es nur eine Perspektive gibt, denn man will tatsächlich wissen, was ihr passiert ist, und vergisst dabei, dass es sich eigentlich um Eigenwerbung handelt. Wirklich geschickt!

Jetzt ist die Frage: Welcher Story-Aufbau ergibt für deinen YouTube-Kanaltrailer am meisten Sinn? Wie gehst du im Detail vor? Was bringt dir Fans? Einen Film kann man immer grob in Inhalt und Bilder unterteilen. Das machst du jetzt auch. Mit dem Inhalt willst du eine unterhaltsame und spannende Geschichte erzählen und mit den Bildern die Augen deiner Zuschauer faszinieren. Mach dir also sowohl Gedanken über Inhalt, Aussagen und Botschaft als auch darüber, wie diese schließlich als Bewegtbild rüberkommen sollen. Daraus ergibt sich dann deine Spannungskurve im Clip, und dein erstes Drehbuch ist eigentlich schon fertig. Und dein erster Channel-Trailer hoffentlich bald auch!

Abbildung 3.4 Werbevideo von Jodie Calussi für ihren Onlineshop (www.youtube.com/watch?v=FNJtm0fo8Ls)

3.2 Let the Storytelling begin

Kommen wir nun erst mal zum Inhalt. Welche Storys willst du zukünftig überhaupt erzählen? Was soll Storytelling heißen? Einfach deine Story erzählen? Nein! Finde deinen eigenen Stil. Geschichtenerzähler sind alle unterschiedlich, so wie Schauspieler. Jeder interpretiert eine Geschichte auf seine Art und Weise. Und diese Art gilt es herauszubilden. Es steckt in dir drin, du musst es bloß freilegen. Du musst nun grundsätzlich ein Geschichtenerzähler werden für deine eigenen Interessen und deine eigenen Storys! Geschichten erzählen, die uns bewegen. Geschichten, die Emotionen bei uns hervorrufen. So wie wir früher den Geschichten unseres Opas im Ohrensessel lauschten. Heute gibt es diese Version vom Opa kaum noch, denn wir wohnen alle weit verstreut wegen des Jobs oder der Liebe, aber dafür gibt es nun YouTube. Dort werden uns heutzutage die Geschichten erzählt, und zwar bald auch von dir. Alles kann interessant sein, also lass deiner Fantasie freien Lauf! Was kannst du alles auf deinem Weg durch Italien im Detail drehen? Du fragst dich, warum das cool und wichtig ist? Das beeinflusst nämlich, wie du dich im Intro-Video vorstellen musst. Weil jedes fertige Video im Grunde aus vielen verschiedenen schönen Bildern mit interessanten Infos besteht. Diese werden dann in einer knackigen Struktur miteinander verknüpft und ergeben deinen eigenen interessanten Clip. Das kann man als allgemeine Regel so stehen lassen. Und du willst ja Fans gewinnen und willst auch, dass sie bleiben, oder?

Also versuche, dich noch tiefer darin hineinzuversetzen, was du deinen Zuschauern in Zukunft mitgeben möchtest. Halte dich dabei an die sechs Regeln des Storytellings, dann kannst du eigentlich nur gewinnen.

Storytelling-Regeln

1. Erzähle *detaillierte* Geschichten
2. mit einem großen *Unterhaltungswert*,
3. die *Aufmerksamkeit* erregen und *Emotionen* freisetzen und
4. die bewirken, dass *Menschen zu Fans werden*.
5. Deine Geschichten sollten *schnell* im Gedächtnis bleiben
6. und somit sehr *einfach* weitererzählt/geteilt werden können.

Deine Geschichten, und damit meine ich deine Videos, sollten viele Informationen geben und dabei unterhaltsam und leicht verständlich sein. On top noch eine packende Handlung, die schnell erzählt ist und Gefühle auslöst, dann hast du sie alle!

So, jetzt stell dir einmal vor, du drehst ganz viele Clips im Urlaub, und am Ende gefällt dir das geschnittene Video nicht, weil die Bilder zwar schön sind, aber irgendwie alles doch ein wenig langweilig ist. Auch Musik macht es nicht viel besser. Wenn dir für die Dramaturgie, das heißt den Spannungsbogen des gesamten Videos, etwas fehlt, kannst du es nicht mal eben nachdrehen, wenn du wieder zu Hause bist. Am besten stellst du dir also deine ganzen Filme vor dem Drehen schon mal bis ins Detail gedanklich vor.

Das Channel-Intro-Video von Walulis ist ein gutes Beispiel dafür (Abbildung 3.5). Dieser erzählt in seinen Videos sehr schnell und anhand vieler kleiner Sequenzen sehr unterhaltsam, man muss spontan lachen, und er ist so erfrischend ehrlich, dass er einem sympathisch ist. So klicke ich schon auf ABONNIEREN und fühle mich dazu nicht mal gedrängt. Ein Gag von ihm bleibt nach dem Schauen des Videos bestimmt im Kopf hängen. Und wenn nicht, wird dir dennoch aufgefallen sein, dass er einen mit seiner Art zu erzählen auf eine kleine Reise durch sein Thema mitnimmt und 45 Sekunden schnell vorbei sind, weil du es packend und unterhaltsam findest, wie durch Satire der gegenwärtigen »YouTube-Szene« Walulis deutlich macht, was es auf diesem Kanal zu sehen gibt. Alles richtig gemacht. Gutes Storytelling!

Abbildung 3.5 Channel-Intro-Video von Walulis (www.youtube.com/watch?v=4UPd_aLRgks)

3.3 Welche Story will ich erzählen?

Am besten stellst du dir also deine ganzen Filme vor dem Drehen auf jeden Fall noch detailreich gedanklich vor und fängst mit der Storyline an. Jedes Video von dir sollte immer eine übergreifende Storyline haben, auch wenn du zu Hause filmst.

Vergiss nicht, dass sich eigentlich überall Geschichten finden lassen, es bleibt nur die Frage, wie lang oder wie kurz man sie erzählt, je nachdem, wie viel man erzählen möchte. Und wie bei jeder Geschichte sollte es einen spannenden Anfang geben, einen unterhaltsamen Mittelteil und ein bombastisches Ende. Halten wir uns aber auch an deine Playlists, dafür hast du dir die gedankliche Arbeit ja bereits gemacht. Damit hast du schon mal ein bis drei Videoreihen, die du kurz vorstellen und anreißen kannst. Dafür verwendest du natürlich nur deine Leckerbissen-Geschichten. Außerdem musst du noch erklären, wer du überhaupt bist und warum du deine Videos drehst.

Ganz am Anfang wäre ein Türöffner cool. Das bedeutet, dass man mit einem Move oder einer Animation oder einem Witz aufmacht, also anfängt. Dies kann alles Mögliche sein, es muss nur einen Wiedererkennungswert besetzen. Im Grunde musst du also wissen, welche Elemente in deinem Video *immer* vorkommen müssen. Natürlich ist die Begrüßung zu Anfang sehr wichtig. PewDiePie beispielsweise sagt zu Beginn immer seinen Namen in übertrieben niedlicher Form. Ray William Johnson, ein bekannter amerikanischer YouTuber, startete seine Videos jahrelang immer mit dem Geräusch des Scratchens von Platten. Solche Wiedererkennungsmerkmale solltest du in deine Videos einbauen. Es kann auch eine lustige Begrüßung mit Musik sein, wie Jay & Arya es machen. Das Format »FilmGeek« von Jay & Arya leiten die beiden immer gleich ein (in Abbildung 3.6 im Jahr 2014):

Arya: Ey yo, Leute! Was geht ab?! Das ist Jay ...

Jay: ... und das ist Arya ...

Arya: ... zusammen sind wir ...

Beide: ... Leegendarya Films.

Arya: Willkommen zu einer neuen Folge von:

Beide (sehr hoch): FilmGeek!

In 2018 ist der Anfang unverändert, und die Begrüßung hat schon einen gewissen Kultstatus erreicht, die ihre Fans zu 100 % mitsprechen können (Abbildung 3.7).

Ein Rausschmeißer am Ende wäre auch nicht schlecht. Diese Wiedererkennungsmerkmale kannst du am Anfang bei der Begrüßung einbauen oder am Ende bei der Verabschiedung. Eine Verabschiedung muss auf jeden Fall sein, am besten mit dem Aufruf zu abonnieren. Bei einer Serie ist die grundsätzliche Abfolge immer gleich. Es beginnt mit einem animierten Clip, der mit der Serienmusik unterlegt ist, und zum Schluss ertönt auch immer Musik beim Abspann. Denk mal daran, wie sehr du dich selbst freust, sobald du die Musik hörst, weil die neue Folge deiner Lieblingsserie endlich da ist. So müssen deine Zuschauer auch denken!

Abbildung 3.6 Begrüßung von Jay & Arya in 2014 (www.youtube.com/watch?v=RtJReR-AZhI)

Abbildung 3.7 Begrüßung von Jay & Arya in 2018 (www.youtube.com/watch?v=vFYD6RovjB8)

Wenn man sich ein paar erfolgreiche YouTube-Clips anschaut, fällt relativ schnell auf, dass die meisten am Anfang eine These oder eine Schlagzeile nennen. Dann weiß man direkt, worum es geht, und die Spannung ist auch schon da, denn diese These gilt es in dem Video zu bestätigen. Hier ist ein Video des Kanals »Das schaffst du nie!«, der aus PULS hervorgegangen ist (Abbildung 3.8). Sofort ist klar, dass es sich um eine Challenge ähnlich einer Mutprobe handelt, die nicht gut endet bzw. mit vielen Qualen verbunden ist, um Schadenfreude auszulösen, damit du amüsiert am Ball bleibst.

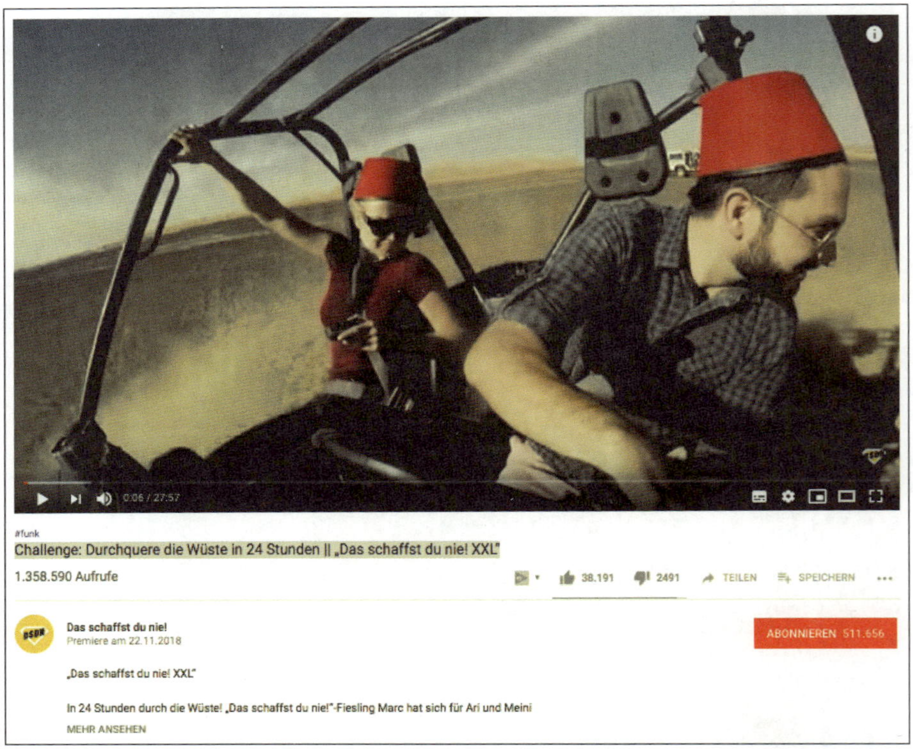

Abbildung 3.8 Challenge: Durchquere die Wüste in 24 Stunden || »Das schaffst du nie! XXL« (www.youtube.com/watch?v=8YsOpt1CKms)

Um Storytelling in filmischer Form zu betreiben, brauchst du ein Storyboard. Wörtlich übersetzt, bedeutet das »Geschichtentafel«. Im Grunde ist das gar nicht so verkehrt. Es ist quasi eine Tafel, auf der du die einzelnen Etappen deiner Geschichte aufzeichnest. Und ebenso ist ein Storyboard eine Kreativtechnik, die dir hilft, deinen Clip »bildlich« vorauszuplanen. Jeder Film, der gut ist, hat ein Storyboard. Warum deiner nicht auch? In der Filmwelt wird das Storyboard verwendet, um die einzelnen Drehszenen mit Skizzen zu visualisieren und bereits Fakten, wie etwa Perspektive, Blickwinkel und Einstellungsgröße, zu beachten und zu durchdenken.

Ein Storyboard bedeutet, dass du jede Szene, jedes einzelne Bild aufzeichnest, damit du alles »Bildliche« auf einen Blick erfassen kannst und nichts vergisst. Abbildung 3.9 bietet ein Beispiel, das ich im Internet gefunden habe. Es ist eine Art Drehbuch für ein Fotoshooting in Listenform, in dem Skizzen als Orientierung dienen. Diese Technik kommt zwar aus der Film- und Fotowelt, aber auch bei YouTube brauchst du sie. Nicht ganz so groß, als würdest du einen eigenen Kinofilm drehen, aber doch ähnlich. Die eigentliche Lektion ist jedoch, dass du selbst dein Video planen, inszenieren und spannend machen musst, damit es Erfolg hat!

SHOTLIST Day #1/4, Saturday 25th October 2014 „Weight

(Status 24.10.2014, 12:55)

Storyboard	Location	Shooting time	Cast/Doubles	Camera / Grip / Sparks / Sound	Art Department /Props / VF
Crew Call 07:00am					
Setup Light 07:00am-08:30am Rehearsal 08:30am-09:00am / RTS 09:					
TVC „Loosing Weight To Go“					
Elevator					
 #ToGo#10	Glockenturm am Olympiastadion Glockenturmstrasse/ Passenheimstr. 14055 Berlin	09:00xc09:30am	Cast : [redacted] (Hero Woman) F.E. : [redacted] (Man#1) -Christian Bergel (Man#2) -Andreas Bergel (Man#3) [redacted] (Woman#1) Extras : -9 Extras mixed gender	Camera: -Red Epic Mysterium X Grip: -Dolly & Tracks	Art Department/Prop(s): -Light business bag for Hero -Papers, Files, Foils etc. for extras -Clean all glass surfaces of elevator -Remove all paper stickers in elevator -Small wooden bench -2 green plants
 #ToGo#13	Glockenturm am Olympiastadion Glockenturmstrasse/ Passenheimstr. 14055 Berlin	09:00-09:30am	Cast : [redacted] (Hero Woman) F.E. : [redacted] (Man#1) -Christian Bergel (Man#2) -Andreas Bergel (Man#3) [redacted] (Woman#1) Extras : -9 Extras mixed gender	Camera: -Red Epic Mysterium X Grip: -Dolly Sound: -On set recording	Art Department/Prop(s): -Light business bag for Hero -Papers, Files, Foils etc. for extras -Clean all glass surfaces of elevator -Remove all paper stickers in elevator -Small wooden bench -2 green plants
 #ToGo#11	Glockenturm am Olympiastadion Glockenturmstrasse/ Passenheimstr. 14055 Berlin	09:30-10:00am	Cast : [redacted] (Hero Woman) F.E. : [redacted] (Man#1) -Christian Bergel (Man#2) -Andreas Bergel (Man#3) [redacted] (Woman#1) Extras : -9 Extras mixed gender	Camera: -Red Epic Mysterium X Grip: -Dolly Sound: -On set recording	Art Department/Prop(s): -Light business bag for Hero -Papers, Files, Foils etc. for extras -Clean all glass surfaces of elevator -Remove all paper stickers in elevator -Small wooden bench -2 green plants
 #ToGo#12	Glockenturm am Olympiastadion Glockenturmstrasse/ Passenheimstr. 14055 Berlin	10:00-10:30am	Cast : [redacted] (Hero Woman) F.E. : [redacted] (Man#1) -Christian Bergel (Man#2) -Andreas Bergel (Man#3) [redacted] (Woman#1)	Camera: -Red Epic Mysterium X Grip: -Dolly Sound: -On set recording	Art Department/Prop(s): -Light business bag for Hero -Papers, Files, Foils etc. for extras -Clean all glass surfaces of elevator -Remove all paper stickers in elevator -Small wooden bench -2 green plants

Abbildung 3.9 Fotoshooting-Planung für Weight Watchers (www.weightwatchers.com/de)

Manche YouTuber drehen trotzdem einfach drauflos. Gerade bei den Let's Plays ist dies sehr verbreitet. Die meisten YouTuber überlegen sich jedoch in der Regel sehr genau, was der Inhalt sein soll und was der Hintergrund. Vergiss nicht, die Videos müssen spannend, unterhaltsam und kurzweilig sein. Dies gilt für den Inhalt, die Bilder und für die Struktur der Clips. Hinzu kommt auch noch deine Moderation – und nicht zu vergessen die Schlagzeile, die These, der Showdown. All das will bedacht und eingebaut werden. Theoretisch muss jedes einzelne Video auf deinem Channel diesen Anforderungen genügen. Somit macht es Sinn, wenn du dir das von Anfang an vornimmst und dann deinen eigenen Stil daraus weiterentwickelst.

Die PrankBros zum Beispiel zeigen schon zu Beginn des Videos, wie die geplante »Schaumburg« aussehen wird. Das ganze Video ist wie eine Feldstudie aufgebaut, die live dokumentiert wird. Ich wette, dass es kein Drehbuch gab! Aber die Story ist klar, und ich habe mir das Video bis zum Ende angeschaut, da ich natürlich das Ende unbedingt sehen wollte. Dieses Video ist auf jeden Fall sehr authentisch, da man quasi beim Urlaub live dabei ist (Abbildung 3.10).

Abbildung 3.10 EXPERIMENT - DUSCHGEL VS WHIRLPOOL !!! (SCHAUM EXPERIMENT) | PrankBrosTV (www.youtube.com/watch?v=kCGlGfPqDHw)

Da ich selbst nicht gut zeichnen kann, kommt ein Storyboard für mich im Grunde nicht infrage, aber gerade am Anfang hilft ein Drehbuch. Dort kann man alle Moderationen niederschreiben sowie auch Regieanweisungen und Anmerkungen für die Bilder oder die Requisite. Dein erstes Drehbuch sollte damit eigentlich schon stehen, wenn du beides kombinierst und in einem Dokument festhältst – jeder macht das, wie es ihm am leichtesten von der Hand geht. Aber hier eine kleine Hilfestellung: Du kannst alles ganz penibel als Sprachaufnahme festhalten oder komplett niederschreiben. In dem Fall hast du deine Storyline quasi als klassisches Drehbuch festgehalten (Abbildung 3.11).

```
                          RONNY
                   (nickt)
             Ich merk schon, du bist aufgeregter, als bei
             deinem ersten Treffen mit Yvonne.

                          YVONNE
                   (O.S.)
             Hey, Jungs!

Alexander und Ronny schauen zum kleinen Altbauhaus.

Mit zwei Taschen in den Händen und Schlafsack unter den Arm geklemmt,
zwängt sich YVONNE, 17, durch den engen Zauneingang.

Sie hat einen fülligeren Körperbau; wohlgenährt. Niedliches Gesicht.
Dunkelblondes, leicht lockiges Haar, das sie zu einem einfachen Zopf
gebunden hat.

                          YVONNE (CONT'D)
             Ihr seid mir ja vielleicht gut! Wir dürfen uns
             abrackern und ihr gönnt euch 'ne Pause ...

Ronny und Alexander schauen sich lächelnd an. Tun so, als würden sie
im Recht sein. Ziehen, auf coole Art, die Schultern hoch.

                          RONNY
             Ähm, also ... wir müssen nachher fahren.

                          ALEXANDER
             Genau, das ist genug Anstrengung. Wir müssen uns
             schonen und uns moralisch drauf vorbereiten.
```

Abbildung 3.11 Drehbuch für einen Film (http://storys-schreiben.blogspot.de/2011/06/drehbuch-szene-das-wichtigste-element.html)

Du kannst, wie bereits gesagt, alle Szenen als Comic zeichnen wie in Abbildung 3.9 und somit ein Storyboard zur Planung nutzen. Oder du zeichnest alles vorab als Video auf – einfach drauflos – und schaust hinterher, welche Parts du besonders gut gemacht hast und in welcher Reihenfolge du diese anordnen möchtest. Ein professionelles Drehbuch sieht natürlich etwas anders aus. Abbildung 3.12 präsentiert ein Beispiel aus dem Netz von Claus Wolfgramms Blog. Es ist eine Drehbuchvorlage für ein Video-Tutorial, in der alle Szenen schon mal geplant sind. Falls man noch Animationen oder weiteres digitales Material einplant, sind diese in der Spalte Datei vermerkt. Die Angabe zum jeweiligen Format darf natürlich auch nicht fehlen. Was genau in diesen Szenen passiert, wird in der Spalte Aktion beschrieben, und die Länge ist in der Spalte Zeit festgehalten. Alle zusätzlichen Infos mit Relevanz können in einer Spalte Bemerkung sehr nützlich sein.

1 **Vorlage und Muster für ein Video Tutorial Drehbuch – Claus Wolfgramm**

Szene / Kapitel	Datei	Aktion	Zeit	Format	Bemerkung
Name der Szene oder des Kapitels eingeben	*Dateinamen eingeben*	*Einblenden, Ausblenden …*	*Dauer oder von...bis eingeben*		*sinnvolle Bemerkung eingeben*
Video Titel beginnen	Titel-1.png Hintergrund-Sound.mp3	Einblendung	20 Sek.	Grafik Audio	Titel Grafik und Hintergrund-Musik langsam einblenden
Video Titel	ipf-animation.mp4	Einblendung	30 Sek.	Video	Video-Animation der einzelnen Drucker
Video Titel	In diesem Video lernen Sie.png	Einblendung	3 Sek.	Grafik	Grafik
Video Titel	Animation-Titel.mp4	Einblendung	12 Sek.	Video	Video-Animation der einzelnen Themen
Video Titel beenden	Hintergrund-Sound.mp3 Animation-Titel.mp4	Ausblendung Ausblendung	–	Audio Video	Hintergrund-Musik ausblenden Video Animation ausblenden
Pause	–	Audio-Pause	2 Sek.	–	2 Sekunden Pause, Übergang zum ersten Kapitel
Kapitel Tintenpatrone einsetzen	Tintenpatrone Austauschen.png Boing-Kapiteltrenner.wav	Einblendung	3 Sek.	Grafik Audio	Titelgrafik und akustischer Trenner der Kapitel
Kapitel Tintenpatrone einsetzen	T01-Tintenpatrone Auspacken.mov Hintergrund-Sound.mp3	Einblendung und Übergang	24 Sek.	Video Audio	Hintergrund-Musik einblenden
Kapitel Tintenpatrone einsetzen Kapitel beenden	T02-Tintenpatrone Wechseln.mov Hintergrund-Sound.mp3	Einblendung und Ausblendung	28 Sek.	Video Audio	Hintergrund-Musik ausblenden

Abbildung 3.12 Drehbuchvorlage für ein Video-Tutorial (https://wolfgrammservices.wordpress.com/2016/03/11/vorlage-und-muster-fuer-ein-drehbuch)

Jetzt hast du dir bereits über den grundsätzlichen Inhalt und die allgemeinen Bilder Gedanken gemacht. Deine Storyline und dein Storyboard stehen also fest. Du hast natürlich einen Anfang und ein Ende für deinen Clip. Und so kommt endlich wirklich Struktur in die ganze Sache! Man muss sich den Clip ganz simpel vorstellen und mit einzelnen Leckerbissen füllen. Schau selbst, wie einfach es ist. Das wird nämlich dein erster ganz schlichter Drehplan auf Basis deines Drehbuchs, damit du nichts Wichtiges vergisst. In Tabelle 3.1 siehst du, was ich meine. Diese Tabelle kannst du beliebig um weitere Positionen erweitern. Nimm dir auch hier ein Beispiel an dem Drehbuch aus Abbildung 3.12, dann fügst du noch Tag, Uhrzeit und Location hinzu, und der Drehplan ist vollständig. Aber fangen wir erst mal klein an, und du machst es so wie in Tabelle 3.1.

Abschnitte des Intro-Videos	Zeit
❶ Intro (Grafik)	3 Sek.
❷ Begrüßung (Moderation)	5 Sek.
❸ Vorstellung deiner Person (Moderation)	10 Sek.
❹ Drei Säulen, die du kurz anreißt (Moderation)	15 Sek.
❺ Verabschiedung (Moderation)	5 Sek.
❻ Outro (Grafik)	3 Sek.

Tabelle 3.1 Die Stationen des Channel-Trailers

Dein Kanaltrailer ist wie ein Schokoriegel, es fängt mit einem knisternden Öffnen der Verpackung an – das ist dein Türöffner, der sich in allen Videos stets wiederholt. Dieser kann pro Rubrik sogar unterschiedlich sein, damit man diese immer direkt wiedererkennt – dein spezielles Intro ❶. Schnitt. Dann folgt der erste Bissen, der besonders lecker sein muss: also kurz und knackig Hallo sagen und deine Person vorstellen ❷ + ❸. Dabei kannst du gerne einen Witz einbauen oder was sonst zu dir passt. Dann zählst du deine Unterthemen schnell auf – beispielsweise geht es beim Italien-Channel um Reisetipps, Kochrezepte und um Land und Leute ❹. Erklär hier auch kurz noch, *warum* überhaupt Italien dein Thema ist. Jetzt weiß der Zuschauer grob Bescheid und ist gespannt auf mehr. Schnitt. Schließlich folgt die Verabschiedung ❺. Baue hier in jedem Fall eine Aktivierung der Fans ein. Das heißt, dass du die Menschen dazu aufforderst, deinen Channel zu abonnieren, zu kommentieren oder einen »Daumen hoch« zu geben. Außerdem kannst du auch auf weitere Videos im Channel aufmerksam machen oder sagen, was die Zuschauer in der nächsten Folge erwartet. Denk an deine Lieblingsserie und halte Spannung und Geschwindigkeit stets hoch. Schnitt. Das Outro ❻ kann beispielsweise nur die Verabschiedung oder ein Gag oder auch ein kurzer musikalischer und/oder animierter Rausschmeißer sein. Auch hier wäre eine Wiedererkennbarkeit nicht schlecht. Schnitt. Und ein Happs – 30 bis 40 Sekunden später sollte maximal Schluss mit dem Vergnügen sein, genau wie beim Schokoriegelnaschen. Dann ist dein Channel-Intro-Video perfekt. Nun hast du ein starkes Startvideo, das dich perfekt repräsentiert!

Du kannst dir ganz grob ein Beispiel an dem Video in Abbildung 3.13 nehmen. Das ist das Channel-Intro von Jonas von 2018. Er erzählt über sich selbst und wie er mit YouTube angefangen hat. Anschließend zeigt er, was einen erwartet, und regt abschließend zum Abonnieren an. Hier sind also eigentlich alle Schritte aus deinem Drehplan enthalten. Du machst es natürlich in deinem eigenen Style.

Seien wir mal ehrlich, meistens haben ein solches Intro-Video natürlich die YouTuber, die nicht sehr bekannt sind, damit mögliche Fans direkt verstehen, worum es dort geht.

Abbildung 3.13 KANALTRAILER 2018 - JONAS (www.youtube.com/watch?v=SvmQNe6HkQs)

Bei den Prominenten-Channels wird meistens das aktuell repräsentativste Video als Start gewählt. Dabei achten sie immer darauf, dass ihr Talent – das, was sie ausmacht – direkt sichtbar wird. ApoRed pusht immer gern seine musikalische Seite und hat seinen aktuellen Song seit einem Jahr als Startvideo platziert (Abbildung 3.14). Über Musik-»Geschmack« lässt sich ja bekanntlich streiten, aber nicht darüber, dass das Intro-Video ein guter Hebel ist, um bestimmte Videos von dir zu pushen. ApoRed kann auf jeden Fall schon mal neun Millionen Aufrufe verzeichnen!

Jodie Calussi dagegen will, dass alle direkt wissen, dass sie eine Fashion-Expertin ist. Sie führt ihre Modemarke »commaodd« in einem Behind-the-Scenes-Fotoshooting-Video vor (Abbildung 3.15).

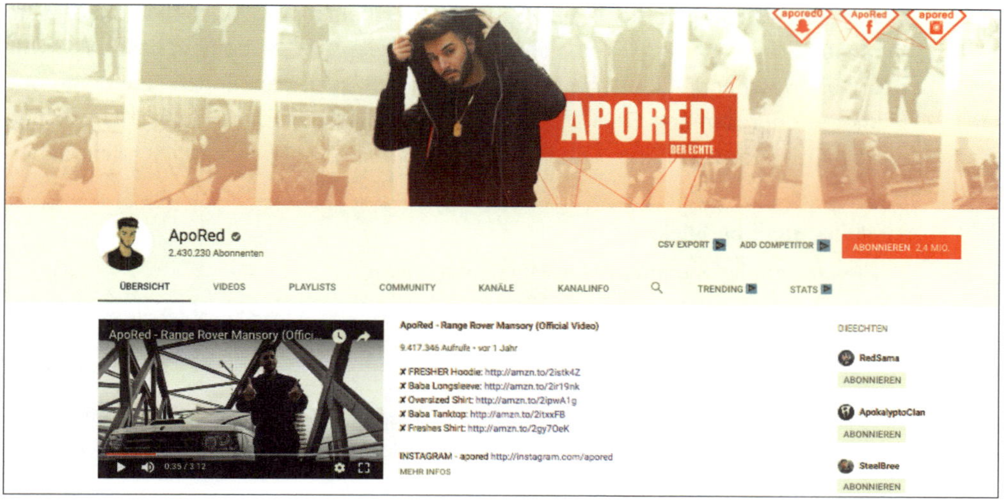

Abbildung 3.14 ApoRed mit dem Song »Range Rover Mansory« als Startvideo (www.youtube.com/watch?time_continue=36&v=6a98_z0r8oE)

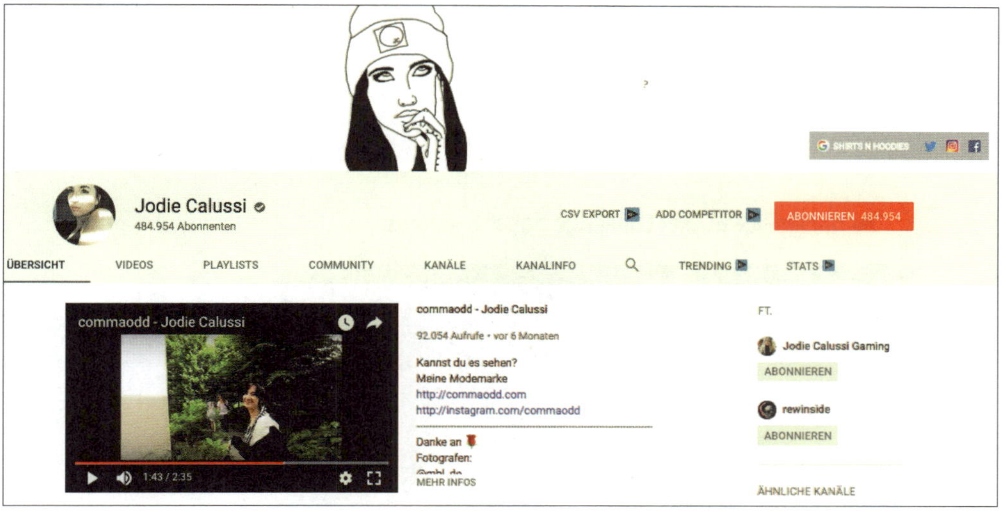

Abbildung 3.15 commaodd - Jodie Calussi (www.youtube.com/channel/UCsNGvwwG2yNQ81euuNavNSA)

Wenn du nun alle kleinen Krümel des Schokoriegels betrachtest, wird dir klar, dass die YouTuber ihre Videos nicht »einfach so« täglich drehen. Schau dir ruhig ein paar andere Videos an. Setz dabei deine neue Strukturbrille auf und überprüfe die Videos auf ihre Dramaturgie. Die meisten folgen einer klaren Struktur. Ist auch logisch, denn so kann eine Botschaft am besten rübergebracht werden. Und wenn du dann das Storyboard und dein Storytelling pro Videosäule aufbaust, kann auch die Struktur immer gleich sein, weil es ja immer um das gleiche Oberthema geht. Mach dich mit deinem Videoaufbau einzigartig, denn so bekommst du viele Fans! Mit einem besonders witzigen, überraschenden Plot erringst du die Meisterklasse. Verwende wiederkehrende Elemente oder Running Gags als perfektes Hilfsmittel zur Fanbindung. Halt dich an diese ganzen Tipps von mir, und du wirst Erfolg haben – ich mach dich reich, Baby!

Behalte den Überblick!

1. Brainstorming und potenzielle Materialsammlung.
2. Einfache Storyline und Storyboards des Channel-Intro-Videos und jeder Säule bzw. Videoreihe definieren.
3. Drehpläne erstellen.
4. Alle »Schokoriegel« noch mal überprüfen und gegebenenfalls Fehlendes ergänzen.

3.4 Weitere angesagte Videoarten

Auf YouTube haben sich mittlerweile ganz prägnante Arten weiterer Videostorys entwickelt. Jeder kann mitmachen, und es sind ähnlich der »Ice Bucket Challenge« Lauffeuer oder Trends, die sich auf YouTube breitmachen. Auf N24 kannst du dir die Zusammenfassung dieser Aktion anschauen (Abbildung 3.16). Sie war auf jeden Fall ein voller Erfolg.

Abbildung 3.16 Hilfsaktion und YouTube-Trend »Ice Bucket Challenge« (www.n24.de/n24/Wissen/Gesundheit/d/8892790/die-nervige-ice-bucket-challenge-hat-sich-gelohnt.html)

Hier also die aktuellen Top Ten der Videoartentrends auf YouTube, die mittlerweile schon zu Evergreens geworden sind. Das bedeutet, dass sie eigentlich immer »in« sind und somit auch von dir gedreht werden könnten. Momentan auf fast jedem Kanal zu sehen sind die *Pranks*, also Streiche oder Aktionen mit versteckter Kamera, die besonders beliebt sind. Auch zur Vernetzung können diese nützlich sein, denn schließlich braucht man dafür ja einen Gegenpart, den man auf den Arm nehmen kann. Also machen das die YouTuber gern unter sich aus. In diesem Fall jedoch nimmt Jonas seine Freundin Denis übel auf den Arm (Abbildung 3.17).

Abbildung 3.17 Prank von Jonas an seiner Freundin Denis (www.youtube.com/watch?v=tgQ1HFI3Bdc)

In Abbildung 3.18 siehst du eine *Challenge*. Die beiden Jungs müssen erraten, welche Gegenstände sich in der Box befinden. Manchmal wird es ein wenig eklig, aber ich will mal nicht der Spoiler sein, deswegen schau dir das Video selber an.

Bei allen Fashion- und Beauty-Begeisterten kommt das Format *Shopping Haul* sehr gut an. Dabei zeigt man dem Publikum, was man alles eingekauft hat, und erklärt die Produkte dazu. Also ein Style-Überraschungsei mit Review in einem Video. MRS. BELLA hat einen klassischen Haul hochgeladen, der mindestens zehn Minuten lang ist (Abbildung 3.19).

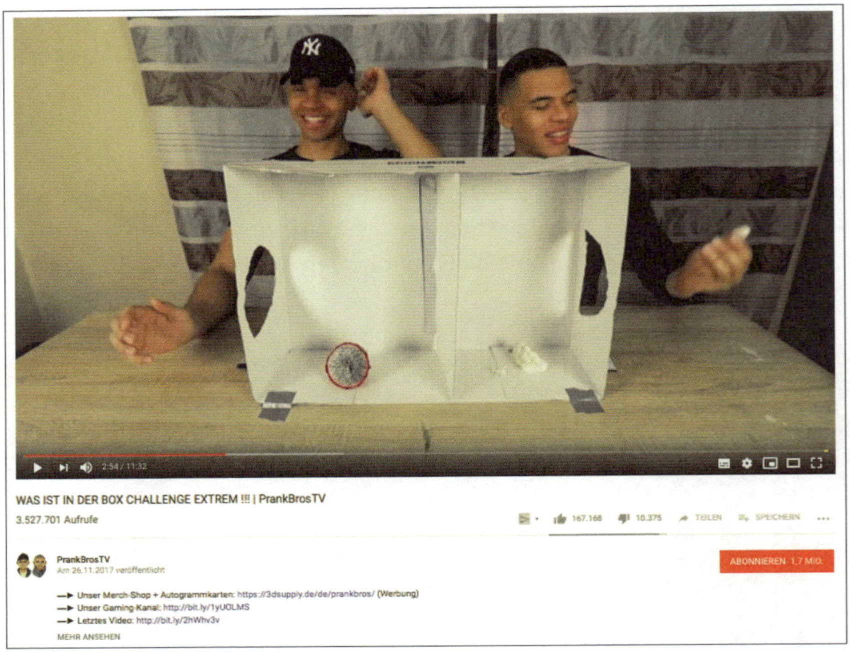

Abbildung 3.18 Challenge von PrankBrosTV (www.youtube.com/watch?v=35OW4-P_NWE)

Abbildung 3.19 Shopping Haul von MRS. BELLA (www.youtube.com/watch?v=OUC5uqdECXY)

Leute tun ja gerne alles, um sich selbst zu quälen, denn das bewirkt Schadenfreude beim Zuschauer und meistens auch Gelächter, ist also gut für YouTube und die eigene Bekanntheit. Im nächsten Beispiel macht es rezo mal vor (Abbildung 3.20). Hier geht es darum, dass man sich den *Hasskommentaren* der Zuschauer stellt, die ja oft beleidigend sind und über die Stränge schlagen. Wie kann man also mit diesem »Hate« im Netz umgehen? Man muss grundsätzlich lernen damit umzugehen und am besten geht dies mit Humor. Per Video und sogar mit Gesang darauf zu reagieren, kann sehr lustig sein.

Abbildung 3.20 rezo stellt sich den Hate-Kommentaren seiner Zuschauer (www.youtube.com/watch?v=X64Ou0Br4rl).

Der jüngste Trend bei den deutschen YouTubern ist es zu *roasten*, also auf Deutsch jemanden zu »braten« oder runterzumachen. Hart zu dissen, ist dabei sozusagen Programm, und man macht entweder andere oder sich selbst online fertig. Um sich selbst davor zu schützen, hat Dagi Bee musikalisch direkt mal einen Disstrack gegen sich selbst gefilmt und hochgeladen und sich sogar Julien Bam mit ins Boot geholt (Abbildung 3.21). 517.080 Zuschauer haben daraufhin den Daumen hochgereckt, ein voller Erfolg!

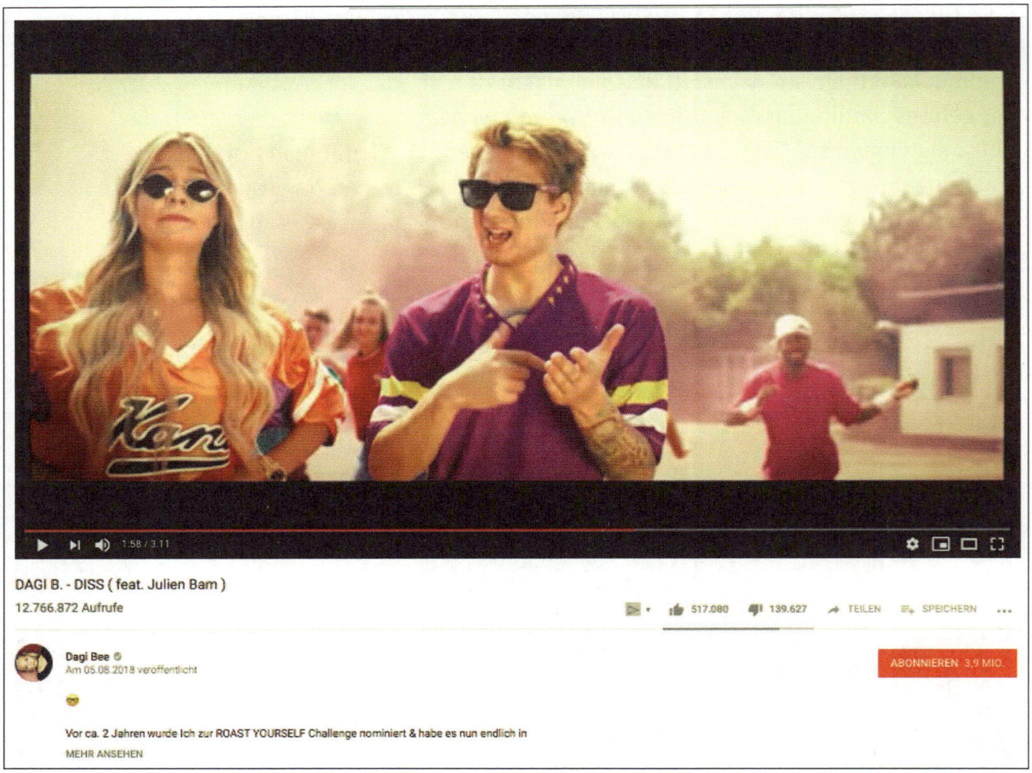

Abbildung 3.21 Dagi Bees »Roast Yourself« mithilfe von Julien Bam (www.youtube.com/watch?v=S1dZia539WI)

Wer kennt sie nicht, die *Tutorials*? Vom Gitarrespielenlernen über Beauty und Kochen bis hin zum Basteln gibt es natürlich ganz verschiedene auf YouTube, und dies sind auch ewige Dauerbrenner. Eigentlich sehr positiv, das zeigt, dass sich die Leute mithilfe von YouTube gern weiterentwickeln – hier als Beispiel mal ein Koch-Tutorial vom Tutorial-Meister Sami Slimani (Abbildung 3.22) mit seinen leckersten Snack-Ideen für den Herbst. Klassischerweise ist am Anfang das fertige Gericht einmal im Bild, dann folgt das Rezept Schritt für Schritt mit Anleitung.

Ähnlich sieht es beim Schmink-Tutorial aus, etwa bei OSSI.GLOSSY (Abbildung 3.23). Am Anfang steht der Showdown, also das fertige Make-up, nach dem Motto »So toll kannst auch du aussehen«, und danach wird von Anfang bis Ende gezeigt, wie es geht.

Abbildung 3.22 Sami Slimani »Die leckersten DIY Herbst Snacks« (www.youtube.com/watch?v=3I_kJjps4vk&feature=youtu.be)

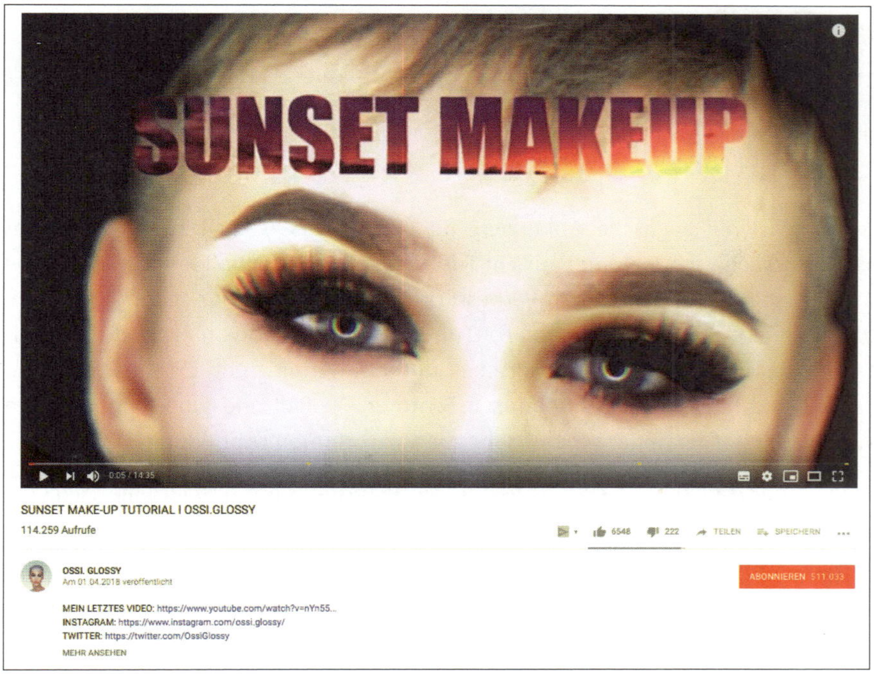

Abbildung 3.23 »Sunset-Make-up-Tutorial«-Video von OSSI GLOSSY (www.youtube.com/watch?v=3I_kJjps4vk&feature=youtu.be)

Ganz groß rausgekommen ist BibisBeautyPalace mit ihren *Listen*, in denen sie Aufzählungen zu verschiedenen Themen erstellt oder ihre persönlichen Top Ten präsentiert. Ganz besonders beliebt ist der Titel »10 Arten von ...«. Dabei zeigt sie vor allem Fantasie, schauspielerisches Talent und vollen Körpereinsatz. Man wird also gut unterhalten und schaut sich dann weitere Listen von ihr an (Abbildung 3.24).

Abbildung 3.24 »10 Arten von«-Video auf BibisBeautyPalace (www.youtube.com/watch?v=k9R91YTON80)

DIYs – DIY ist die englische Abkürzung für *Do It Yourself*, zu Deutsch »Mach es selbst« – sind auch schon immer auf YouTube vertreten. Jeder will sein Umfeld, seine Wohnung, sein Büro, sein Leben verbessern oder es einfach nur schöner machen. Und dafür gibt es genug Videos auf YouTube! Wie das Video von Fynn, der mit seinen Ideen der Rollstuhlskate-Meisterschaft unter die Arme greift. Da steckt sehr viel Bastelaufwand hinter, denn immerhin möchte er ein Rail und eine Rampe bauen bzw. schweißen. Genau das scheint sehr gut anzukommen (Abbildung 3.25).

LeFloid ist der Meister in *News*. Er geht in seinen Videos auf das aktuelle Tagesgeschehen knackig und clever ein (Abbildung 3.26). Da arbeitet er auch gern mit dem stilistischen Mittel, am Anfang eine reißerische Schlagzeile zu nennen, um dann die ganze Sache aufzuklären. Ein aktuelles Video heißt »Transgender im Kampfsport« und ist ein gutes Beispiel dafür. Er weiß genau, dass anschließend eine große Diskussion in den Kommentaren entfacht wird und dass er eigentlich nur »verlieren« kann, weil das Thema sehr schwierig ist.

Abbildung 3.25 Flynn beim Bauen eine Skate Rampe (www.youtube.com/watch?v=XPGBNn5E2LM)

Abbildung 3.26 LeFloid mit seinen News-Clips (www.youtube.com/watch?v=5apIBlbuXMs)

Und *Unboxing* darf nicht unerwähnt bleiben! Der Inhalt eines solchen Videos besteht aus dem Auspacken eines Gegenstands – quasi aus der Box. Dies funktioniert am besten mit außergewöhnlichen Inhalten, aber grundsätzlich geht es dabei auch um die Freude, die man teilt, wenn man ein Päckchen bekommt und es endlich öffnen darf. In diesem Fall ist es Felixba, der die Nintendo Switch mit ganz viel Zubehör zum ersten Mal ausprobiert.

Abbildung 3.27 Unboxing von Felixba (www.youtube.com/watch?v=BBc0J44hwzQ)

Das sind also die Top Ten der Videoarten, auch Formate genannt, die aktuell und schon fast immer auf YouTube zu finden sind und wahrscheinlich für immer und ewig sein werden. Jetzt bist du dran! Such dir was aus! Erzähl deine eigene Story!

4 Mein erster eigener Channel!

Die Basis deines Surfens im YouTube-Kosmos ist natürlich dein eigener Channel – er ist sozusagen deine Bühne. Baust du dir diesen optimal auf, sind deine Videos gut sortiert auffindbar, und du kannst dein Talent bewusst nach außen präsentieren!

In diesem Kapitel geht es um den Aufbau deines eigenen YouTube-Channels. Er ist das Zuhause deiner Videos! Richte dein Zuhause erst mal ein und mach es schön. Dann kannst du Besuch empfangen, sobald du Videos zum Präsentieren hast. Und das ist auch gut so, denn Videos werden heutzutage immer wichtiger. Sie übertragen mehr Emotionen als Texte oder Fotos. Sie sind schneller wahrnehmbar und hinterlassen einen ganzheitlichen Eindruck. Und Sie können auf allen Geräten angeschaut werden. Wie oft stehst du an der Bahn und willst auf dem Handy noch kurz was checken? Wie oft sitzt du mit Freunden zusammen, und plötzlich geht ein lustiger Clip durch die Runde? Ich schätze oft. Mittlerweile ist dies überall möglich. Fast jede Website und die meisten Social-Media-Kanäle arbeiten mit Videos. In der digitalen Welt ist Video *das* Kommunikationsmittel schlechthin geworden. Es wird Zeit, dass auch deine Videos jederzeit und international erreichbar sind.

Wenn dein Channel aufgebaut ist, können deine Videos unterwegs, zu Hause oder im Urlaub angeschaut werden – genau wie der Channel von MarmeladenOma beispielsweise (Abbildung 4.1). Und jetzt überleg mal, dass das auch auf ganz unterschiedlichen Geräten passiert. Das Teilen von Videos über das Handy ist mittlerweile schon fast normal geworden. Deine Freundin schaut gern am Rechner in der Mittagspause bei der Arbeit. Du surfst am liebsten gemütlich zu Hause am Laptop auf YouTube. Und viele Menschen besitzen ja mittlerweile auch noch ein Tablet. Damit habe ich schon allein vier Geräte aufgezählt, auf denen deine Videos angeschaut werden möchten. Das Praktische an YouTube ist: Hier werden Größe und Auflösung je nach Gerät automatisiert angepasst. Schon mal ein Problem gelöst, um das du dich nicht zu kümmern brauchst. Jetzt musst du nur noch den Kanal schön einrichten, ein paar Informationen über dich reinsetzen und fertig. Mach dir schon mal ein paar Gedanken, wie du dich gerne vorstellen möchtest, den Rest zeigen wir dir in diesem Kapitel.

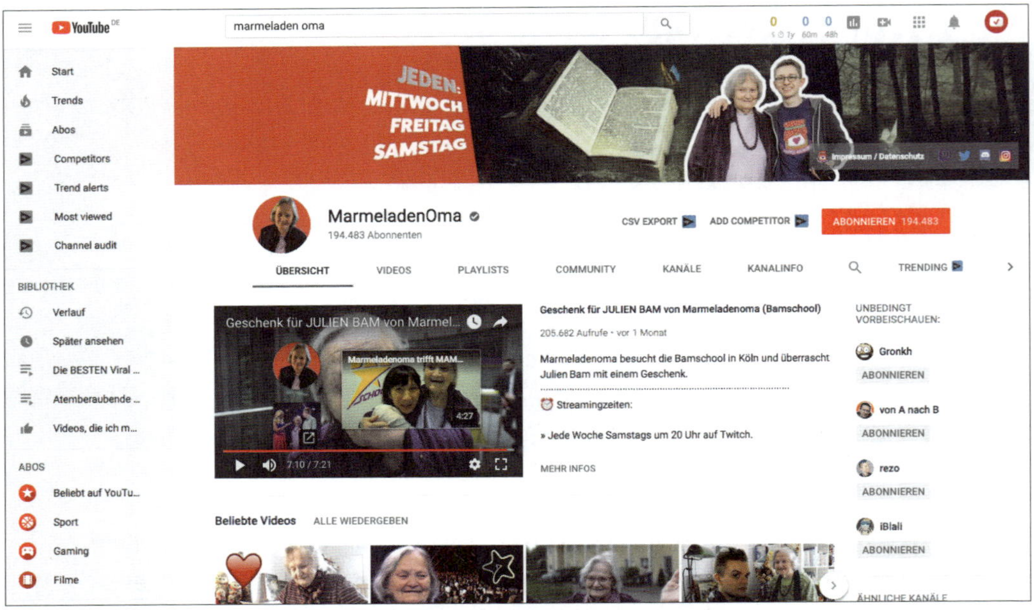

Abbildung 4.1 Der YouTube-Channel von MarmeladenOma

4.1 Channels richtig anlegen

Lege deinen nagelneuen Kanal auf YouTube an – kostenlos. Jeder Internetnutzer kann beliebig viele YouTube-Channels anlegen. Der Schlüssel dazu ist ein Google-Account. Der ist notwendig, da bei YouTube alles über den Mutterkonzern Google läuft. Damit du auf die Produkte, die Google anbietet (wie zum Beispiel auch YouTube), zugreifen kannst, benötigst du zunächst dein eigenes, persönliches Google-Benutzerkonto. Falls du nicht eh schon einen Google-Account besitzt, kannst du dir unter *https://accounts.google.com/SignUp* einfach ein neues Personenprofil zulegen. Damit bist in der Lage, Google-Produkte wie Gmail, den Google Kalender oder YouTube zu verwenden. Mit deinem Google-Profil wirst du jetzt zum Inhaber deines brandneuen YouTube-Channels.

Im Folgenden zeige ich dir, wie du deinen eigenen YouTube-Kanal anlegst: Logge dich mit deinem Google-Account ein. Rufe *www.YouTube.com* auf, um einen neuen Channel anzulegen. Hast du noch keinen Kanal, wirst du automatisch gefragt, ob du einen anlegen möchtest. Falls du schon einen Kanal hast und einen weiteren anlegen möchtest, gehst du einen anderen Weg. Navigiere über diesen Link zur Übersicht deiner vorhandenen YouTube-Channels: *www.youtube.com/channel_switcher*. Klicke auf NEUEN KANAL ERSTELLEN, und schon geht's los! Du solltest in beiden Fällen ein Pop-up-Fenster sehen wie das in Abbildung 4.2.

Abbildung 4.2 Channel-Variante auswählen

Hier entscheidet sich nun, welche Kanalart du dir zulegst. Wählen kannst du zwischen zwei Varianten: Zum einen kannst du einen privaten, personenbezogenen Channel mit deinem Vor- und Nachnamen anlegen und zum anderen einen Unternehmens-Channel mit einem frei erfundenen Markennamen. Ich empfehle dir, direkt einen Unternehmens-Channel ❶ anzulegen, denn damit hast du mehr Freiheiten und Möglichkeiten. Die Vorteile sind zum Beispiel die freie Namenswahl und die Vergabe von Admin-Rechten für weitere Mitarbeiter an deinem Kanal. Das kann echt praktisch sein.

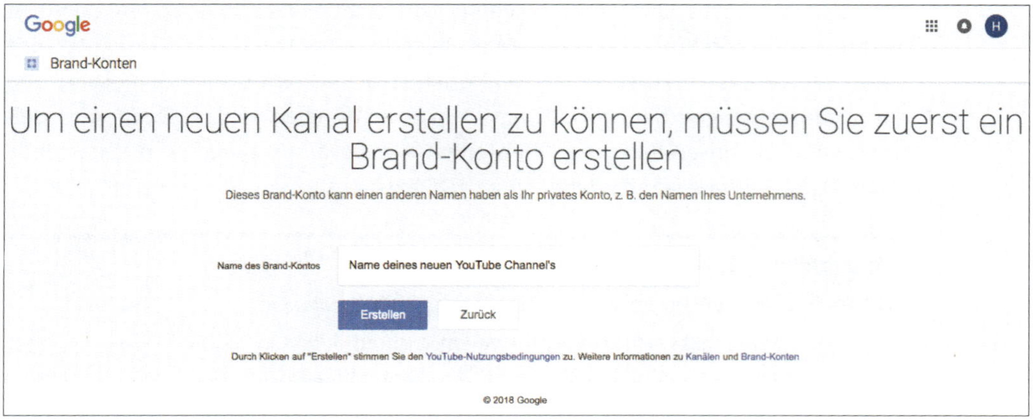

Abbildung 4.3 Neuen Kanal erstellen

Gib dem Kind einen Namen! Es ist so weit, du legst deinen Channel-Namen fest (Abbildung 4.3). Am besten überlegst du an dieser Stelle eher zweimal, wie du dich nennen möchtest. Womit möchtest du bekannt werden? Überlege genau – aber

Achtung: Deine Vanity-URL (siehe nächste Seite) und dein Channel-Name sollten gleich lauten. Du verwirrst deine User nur, wenn sie beispielsweise über die Adresse »youtube.com/CologneHipster« zu dir gelangen und der Channel-Name dann ganz anders heißt, etwa »DIY Werkstatt«. Das Problem: Du kannst deinen Channel-Namen zwar jederzeit ändern, aber deine Vanity-URL bleibt immer gleich. Es ist also nicht möglich, einfach nach drei Monaten schon wieder auf einen anderen Namen umzuschwenken, da es in YouTube nicht erlaubt ist, die Kanal-URL später noch einmal zu ändern. Außerdem sind bei mehreren Millionen registrierten YouTube-Nutzern schon viele der beliebtesten Namen vergeben. Such dir dennoch etwas Individuelles aus.

Besonders praktisch und cool für deine Promo ist es, einen eigenen Kurzlink zum Channel zu haben. Zu Beginn bekommst du erst mal eine Webadresse mit deiner Kanal-ID zugewiesen. Der Link zu deinem Channel sieht dann z. B. so aus »www.youtube.com/channel/UCEm0lL09Qrkv6lug02snAvQ«. Diese Adresse sieht nicht wirklich gut aus. Lauter Zahlen und Buchstaben, die sich keiner merken kann. Daher schaffst du am besten Abhilfe, indem du dir eine kurze, knackige Webadresse als Zugang für deinen Channel besorgst. Es ist nämlich definitiv sinnvoll, deinen Kanalnamen auch in der Webadresse deines Kanals (auch Channel-URL oder Vanity-URL genannt) zu nutzen. Im Prinzip zeigst du deinen Namen ab jetzt überall, wo es geht, also nicht nur im Channel-Titel, sondern auch über den grafischen Weg im Profil- und Headerbild und eben in der Channel-URL. Bereits von anderen Channels genutzte Namen kannst du für deine Vanity-URL nicht auswählen (Abbildung 4.4). Recherchiere daher vorher sorgfältig, welche Namen noch frei sind. Darüber hinaus kannst du eine Vanity-URL nicht einfach so festlegen, du musst warten, bis du von YouTube eine E-Mail-Bestätigung bekommst, dass du jetzt eine Vanity-URL anlegen darfst. Die E-Mail erhältst du, wenn du dich qualifiziert und die Voraussetzungen dafür erfüllt hast, ein paar Wochen später. Dann wird beispielsweise zu unserer fiktiven Webseite *www.Bellaitaliamama.de* die passende Vanity-URL *youtube.com/bellaitaliamamaDE* existieren.

Voraussetzungen, um eine Vanity-URL zu erhalten

Folgende Bedingungen müssen für eine Vanity-URL erfüllt sein:

- Dein Channel muss sich in einwandfreiem Zustand befinden.
- Dein Channel muss mindestens 100 Abonnenten haben.
- Dein Channel muss mindestens 30 Tage alt sein.
- Dein Channel muss über ein hochgeladenes Foto als Kanalsymbol verfügen.
- Dein Channel muss über hochgeladene Kanalbilder verfügen.

Tipp

Überlege dir genau, wie das Konzept und der dazu passende Name deines Channels aussehen sollen, da du deine Vanity-URL nur einmal auswählen kannst.

Nun hast du den ersten Schritt in Richtung eines eigenen YouTube-Channels erfolgreich getan, jetzt muss das Ganze noch mit Leben gefüllt werden, indem deine Oberthemen durch Videos lebendig werden.

4.2 Vorhang auf! – Glänze mit deinem Channel-Design

Um deine YouTube-Bühne optimal vorzubereiten, musst du grafische und technische Maßnahmen treffen. Du musst das Zuhause deiner Videos so schön gestalten, dass deine Haustür als einladende Visitenkarte funktioniert. Vor allem die Bilder spielen dabei eine große Rolle. Ganz am Anfang sieht es noch ziemlich trostlos aus (Abbildung 4.4). Dein Kanal muss erst mal schick eingerichtet werden, ganz nach deinem Geschmack. Lass deinen Ideen freien Lauf und tauche deinen Kanal in deinen Style.

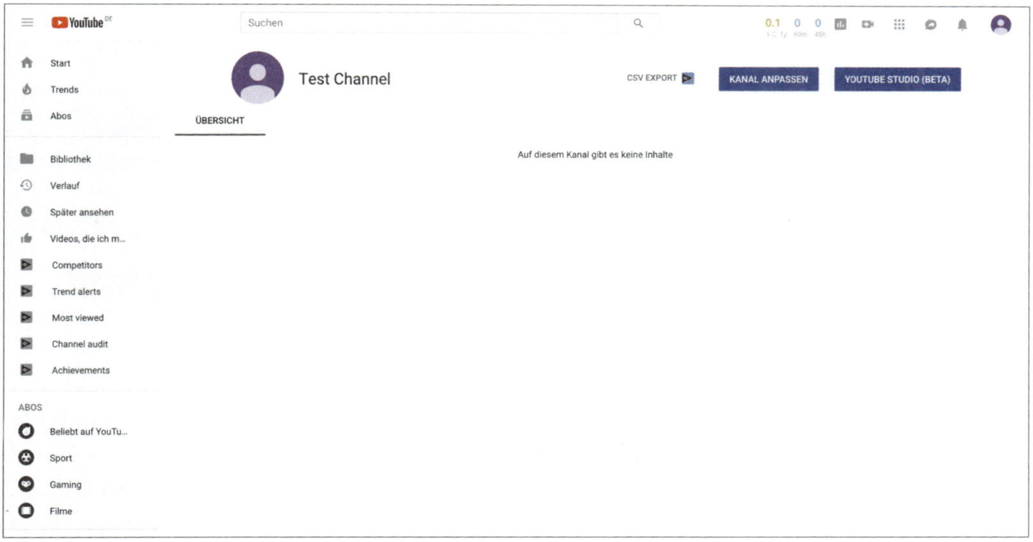

Abbildung 4.4 Dein Channel im Rohzustand

Frag dich doch mal: Wie will ich nach außen auftreten? Welche Farben und Formen passen zu mir? Damit Leben in deinen Kanal kommt, musst du zunächst Grafiken anlegen. Beginne mit dem Titel- und dem Profilbild, um deinen Style auszudrücken. Am schönsten ist es, wenn alles aus einem Guss ist. Deine User fühlen sich am wohlsten, wenn auch das Erscheinungsbild des Channels ansprechend ist.

Überlege dir, welcher Stil zu deinem Channel passen könnte. Wenn du ein Beauty-Blog hast, wähle eher ein edles oder schickes Design. Solltest du dich mit Tieren beschäftigen, kann es auch ruhig bunt und verspielt sein. Hast du einen Fußball-Channel, sollte dein Design dies ebenfalls über die Gestaltung widerspiegeln, indem du zum Beispiel Rasen, ein Tor oder einen Fußball in deinen Look mit einbeziehst. Schau auch mal in andere Channels, um zu sehen, wie die es gemacht haben, und hole dir dort Inspirationen. Wichtig ist, dass du dein eigenes Design entwickelst und nicht irgendein anderes kopierst.

Abbildung 4.5 Channel-Banner von Simon Desue (www.youtube.com/user/HalfcastGermany)

Abbildung 4.6 Channel-Banner der Lochis (www.youtube.com/user/DieLochis)

Am besten machst du dir am Anfang eine grobe Skizze, damit du schon verschiedene Ideen schnell durchprobieren kannst. Vielleicht sticht hierbei ein Design bereits besonders hervor. Was soll für alle potenziellen Zuschauer sichtbar auf dem Channel-Banner (auch Titelbild genannt) zu sehen sein? Eigentlich sind dir keine Grenzen gesetzt. Schau mal, wie unterschiedlich die Titelbilder von Simon Desue und DieLochis im Vergleich aussehen (Abbildung 4.5 und Abbildung 4.6). Überlege, was du deinen Usern unbedingt sagen willst. Wenn du einen coolen Spruch hast, der gut beschreibt, was in deinem Channel passiert, solltest du diesen vielleicht auch auf deinem Banner platzieren. Zähle den Zuschauern auf, warum Sie deinen Kanal anschauen und sogar abonnieren sollten. Hier wird gerne auch mit

Bildmaterial gearbeitet. Es gibt unzählige Möglichkeiten, die das Internet dir bietet, um an coole Bilder heranzukommen. Du darfst jedoch nicht einfach Bilder aus dem Web »klauen«, damit würdest du dich strafbar machen. Alle Bilder, die du nicht selbst gemacht hast oder für die du nicht die Urheberrechte besitzt, kannst du nicht verwenden. Kostenloses Bildmaterial, das du benutzen kannst, findest du zum Beispiel bei *www.unsplash.com*. Es gibt weitere Plattformen, auf denen du entweder umsonst oder für ein paar Euro Bilder einkaufen kannst.

Bildarchive

- *www.pixabay.com* (kostenfrei)
- *www.unsplash.com* (kostenfrei)
- *www.stocksnap.io* (kostenfrei)
- *www.stock.adobe.com* (kostenpflichtig)
- *www.shutterstock.com* (kostenpflichtig)
- *www.istockphoto.com* (kostenpflichtig)

Vielleicht hast du schon Erfahrungen mit Photoshop gemacht, zum Beispiel durch dein Hobby? Mit diesem Programm fertigst du deine Grafiken perfekt für deinen Channel an. Doch keine Angst, auch wenn du vorher noch nie mit Grafikprogrammen gearbeitet hast, kannst du wunderschöne Grafiken zaubern. Falls du nicht der Design-Crack bist, gibt es die folgende tolle Lösung.

Layouts ganz einfach erstellen

Mit dem kostenlosen Tool Canva (*www.canva.com*), für das du dich ganz unkompliziert mit deiner E-Mail-Adresse anmeldest, kannst du mit zahlreichen kostenlosen Grafiken, Bildern und Schriften wirklich tolle Designs erstellen. Dieses Programm gibt es leider nur auf Englisch, deswegen musst du dafür auf deine Englischkenntnisse zurückgreifen. Dort kannst du aus vielen Vorlagen direkt die richtige für YouTube wählen (YOUTUBE CHANNEL ART).

Für die Gestaltung von YouTube-Grafiken für deinen Channel musst du die speziellen Regeln der Plattform beachten. Du erstellst die Grafik nämlich größer, als sie eigentlich angezeigt wird. Das heißt, YouTube zeigt am Ende nur einen Ausschnitt deines Designs. Hier solltest du aufpassen, dass die Schrift immer gut lesbar ist und keine wichtigen Details verloren gehen.

Es wird deshalb lediglich ein Ausschnitt gezeigt, da die Grafik für verschiedene Displaygrößen genutzt wird. Dabei wird letztendlich immer der passende Bereich ausgewählt (Abbildung 4.7). So wird auf einem Fernseher das ganze Bild angezeigt und auf dem Computerbildschirm ein etwas kleinerer Teil. Noch kleiner wird es dann auf dem Smartphone. Es gibt Bereiche, die du mit den wichtigsten Informationen bestücken solltest, damit diese auf allen Geräten gut wahrgenommen werden können. Wenn sich alle deine wichtigen Informationen im mittleren Drittel (der sogenannten Safe-Area) deiner Grafik befinden, brauchst du keine Angst zu haben, dass etwas schiefgeht. Für alle, die stets die genauen technischen Details kennen wollen: Das Channel-Banner ist 2.560 × 1.440 Pixel groß und sollte eine Auflösung von 72 dpi haben. Speichere das Titelbild am besten im Format JPEG oder PNG ab und achte auf die maximale Größe von 6 MB.

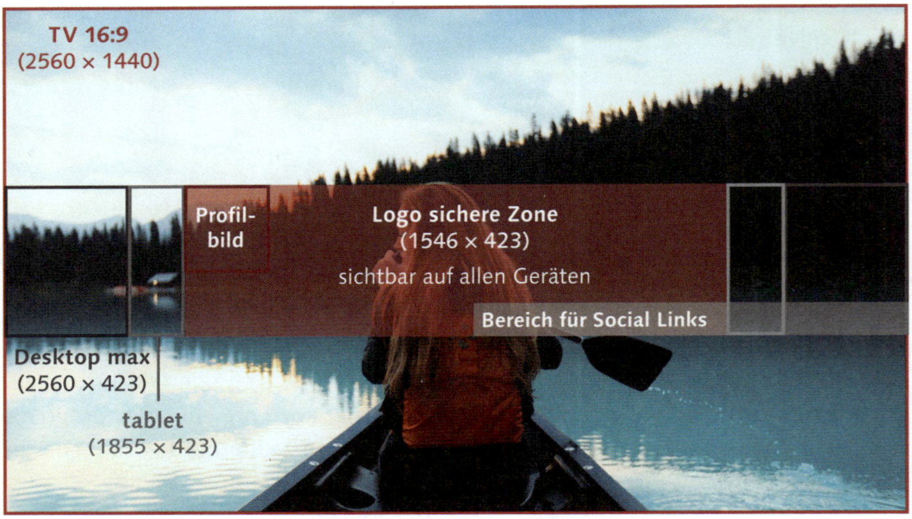

Abbildung 4.7 Gesamtes Channel-Banner

Dein Profilbild ist dein Erkennungszeichen! Auf der gesamten Plattform wird es angezeigt. Überall dort, wo deine Videos abgespielt werden, sieht man auch deinen Namen in Verbindung mit deinem Profilbild (auch Channel-Icon genannt). Das Profilbild wird direkt auf deinem Titelbild dargestellt. Im Gegensatz zum Channel-Banner wird dein Profilbild aber auch außerhalb des Channels angezeigt, nur relativ klein als Absender eines Kommentars oder eben als Uploader eines Videoclips. Das musst du mit bedenken. Deswegen solltest du darauf achten, dass man alles gut erkennen kann. Benutze keine zu kleinteiligen Schriften oder Grafiken, da sonst die Gefahr besteht, dass man sie eventuell nicht erkennen kann. Grundsätzlich sollte man dein Profilbild sofort deinem Channel zuordnen können. Wähle also entweder ein Porträt von dir, wenn *du* die Hauptrolle in deinem Channel spielst, oder dein Logo, falls du eines hast. Ansonsten mach dir eins! Auch hier kannst du auf *www.canva.com* mal schauen, was dir am besten gefällt. Und wieder die technischen Details: Ein optimales Ergebnis erzielst du mit einem Profilbild, das 800 x 800 Pixel groß ist und ebenfalls eine Auflösung von 72 dpi hat. Speichere das Profilbild am besten im Format JPEG oder PNG ab.

Tipps zum Channel-Design

Folgende Tipps solltest du bei deinem Channel-Design beachten:

- Halte dein Channel-Design stets übersichtlich.
- Nutze die Flächen, um dich zu präsentieren.
- Setze individuelle Grafiken ein, die deinen Style repräsentieren.
- Zeige, warum die Zuschauer dich abonnieren sollen.

Nutze die Tipps und mach dich jetzt direkt daran, dein Profil- und dein Titelbild zu gestalten. In der YouTube-Hilfe kannst du noch mal alle wichtigen Richtlinien zur Channel-Banner-Erstellung nachlesen:

https://support.google.com/youtube/answer/2972003?hl=de

Abbildung 4.8 Optimales Kanallayout aktivieren

Deine Channel-Startseite ist deine Bühne! Nutze deine Stage für deinen Auftritt. Bereite alles optimal vor, damit du deine Videos im besten Scheinwerferlicht präsentieren kannst. Eine große Rolle spielt dabei deine Channel-Startseite selbst. Damit du diese cool einrichten kannst, solltest du zunächst das optimierte Kanallayout aktivieren. Wähle dazu das kleine Zahnrad rechts oben auf deiner Kanalstartseite, um die KANALEINSTELLUNGEN zu öffnen (Abbildung 4.8). Dort hast du die Möglichkeit, den Schieberegler ❶ bei KANAL-LAYOUT ANPASSEN zu betätigen. Jetzt kannst du deinen Channel mit Abschnitten organisieren und zum Beispiel einrichten, dass du neue Besucher über einen Kanaltrailer ansprichst (Abbildung 4.9).

Damit deine Zuschauer auch wissen, was sie in deinem Kanal erwartet, musst du entsprechende Infos auf der Startseite abbilden. Hast du bereits einen Channel, kannst du die Gelegenheit nutzen und einen Frühjahrsputz auf der Startseite vornehmen.

Die Abschnitte sind flexible Bereiche in deinem Kanal, mit denen du deine Startseite inhaltlich gliedern kannst. Ganz oben bietet sich dir die Möglichkeit, als ersten Abschnitt ein Kanal-Intro anzulegen. Sobald du die ersten Videos hochgeladen hast, kannst du die Abschnitte damit befüllen. So erzielst du zum Beispiel mit Playlists eine thematische Übersicht. Das erleichtert deinen Besuchern den Überblick über deine Kategorien und Neuigkeiten.

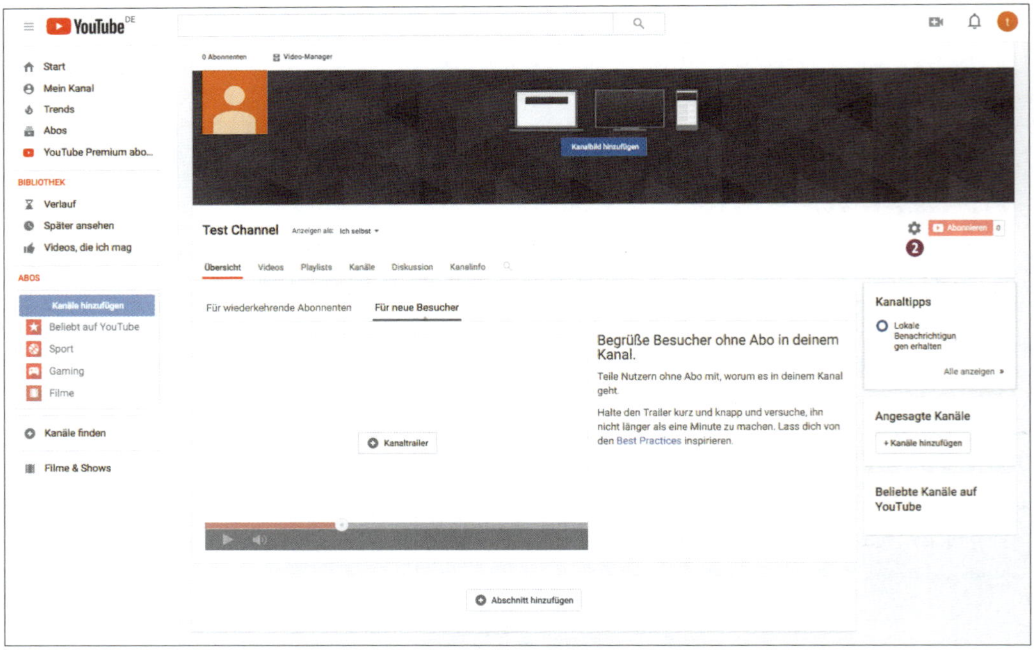

Abbildung 4.9 Channel-Startseite mit optimiertem Layout

Damit deine Zuschauer nicht nur unter deinen Videos, sondern auch auf deinem Channel selbst kommentieren können, musst du Diskussionen zulassen. Auf der

Startseite deines Channels kannst du das Einstellungsmenü ❷ öffnen und den Tab Diskussion aktivieren. Hierbei solltest du als zusätzlichen Sicherheitsmechanismus eine vorherige Freigabe aller Diskussionsbeiträge einstellen (Abbildung 4.10), so bist du erst mal auf der sicheren Seite! Bevor jemand einen Kommentar auf deinem Kanal veröffentlicht, kannst du ihn dir erst mal in Ruhe durchlesen und freigeben. So verhinderst du, dass jemand Spam, Quatsch oder Beleidigungen auf deinem Kanal postet.

Abbildung 4.10 Genehmigung für Channel-Kommentare

Sobald du mit deinem Channel Geld verdienen möchtest, benötigst du ein offizielles Impressum. In Deutschland gelten natürlich die deutschen Gesetze. Ich habe dazu den Mainzer Anwalt Niklas Plutte befragt:

> *»Wenn du deinen Kanal nicht nur zu privaten Zwecken betreibst, musst du ein Impressum mit diversen Pflichtangaben aufführen, z. B. deinen (Firmen-)Namen, Anschrift, E-Mail-Adresse und ggf. Telefonnummer (§ 5 TMG). Um herauszufinden, welche Angaben in dein Impressum gehören, kannst du z. B. unseren kostenlosen Impressum Generator unter www.ra-plutte.de/impressum-generator/ nutzen. Die Darstellung der Impressumsangaben sollte bei YouTube nicht im Reiter ›Kanalinfo‹ erfolgen. Mehrere Gerichte haben entschieden, dass Nutzer bei Rubriken wie ›Info‹, ›Information‹ oder eben ›Kanalinfo‹ nicht davon ausgehen werden, dort ein Impressum vorzufinden.«*

Deshalb rät Rechtsanwalt Niklas Plutte dazu, einen Link zu einem externen Impressum einzubinden, der über dem Kanalbanner angezeigt wird. Ich zeige dir, wie es geht. Du brauchst zunächst einen Bereich oder eine Unterseite auf deiner Website, auf der alle Pflichtangaben stehen. Die URL dazu nennst du dann zum Beispiel *www.DeineWebsite.de/Impressum*. Diesen Link gilt es laut deutschem Recht gut sichtbar in deinem YouTube-Kanal einzubinden. Durch Anpassen des Kanallayouts in den Kanaleinstellungen (Abbildung 4.8) legst du den Grundstein. Auf der Channel-Startseite mit optimiertem Layout kannst du nun dein Impressum einpflegen.

Da du nun das grafische Layout deines Kanals angepasst hast, erkläre ich dir jetzt, wie der Link zum externen Impressum über das Kanalbanner gelegt wird. Fahre mit der Maus über den Bereich, in dem dein Titelbild dargestellt wird. Dadurch wird rechts oben ein Stiftsymbol angezeigt. Klicke auf das Stiftsymbol und dann auf LINKS BEARBEITEN. Es öffnet sich eine neue Seite mit verschiedenen Einstellungsmöglichkeiten. Klicke im Bereich BENUTZERDEFINIERTE LINKS auf HINZUFÜGEN. Falls du mehrere Links über das Kanalbanner legen willst, solltest du hier sicherstellen, dass der Link zum Impressum als erster angezeigt wird. Bitte verwende im ersten Feld als Bezeichnung nur den Begriff »Impressum«. Im zweiten Feld fügst du den Link zum Impressum ein. Verwende dabei einen *sprechenden Link*, beispielsweise *www.ra-plutte.de/impressum*. Der Begriff »Impressum« muss auf jeden Fall in deiner URL auftauchen. Vergiss nicht, deine Eingaben zum Schluss durch Klick auf den Button FERTIG zu bestätigen. Wenn du jetzt deine Channel-Übersicht aufrufst, solltest du den Impressumslink am rechten unteren Ende des Kanalbanners sehen. Als Administrator des Channels kannst du den Impressumslink nicht anklicken. Wenn du die Darstellung aber von ICH SELBST zu NEUER BESUCHER änderst, kannst du ganz einfach testen, ob die Einbindung geklappt hat und ein Klick auf den Impressumslink auch wirklich zum Impressum führt.

Als Nächstes geht es darum, immer erreichbar zu sein und sich selbst kurz zu charakterisieren, damit die Zuschauer einen ersten schnellen Eindruck erhalten. Dafür füllst du nun deine Kanalinfo aus. Diese Kanalbeschreibung sollte die Nutzer über den Haupt-Content deines Channels informieren. Und auf den ersten Blick sollte direkt deutlich werden, was der Mehrwert deines Kanals ist. Dabei geht es nicht darum, ausschließlich Werbung für deine eigene Sache zu machen – du musst dich auch selbst vorstellen und von dir erzählen! Die Bearbeitung der Kanalinfo kann durch Klick auf den Stift ganz einfach geändert werden.

Beispiel einer Kanalinfo

Benvenuto bei Mama Jenny Italia!

✓ Italia ✓ Rezepte ✓ Reisetipps ✓ Genuss

Ich bin Jenny – eine Genießerin und Weltenbummlerin, und Italien ist meine große Liebe.

Ich berichte gerne von meinen Reisen und gebe euch einen Einblick in das Land und die Kultur, die wunderbaren, mit viel Liebe handgemachten Rezepte und die kleinen, feinen versteckten Geheimplätze Italiens!

Mehr Infos über mich findet ihr auch hier:

- Social-Media-Links von dir
- Webseite oder Blog von dir

Ich freue mich über eure Likes ☺ und werde euch stets mit leckeren Filmchen versorgen!

Arrivederci, eure Jenny

Die ersten Zeilen aus der Channel-Beschreibung werden in der Suche bei YouTube ebenfalls angezeigt – deswegen ist diese so wichtig! So sieht man in der Kurzbeschreibung immer sofort, worauf es ankommt. Gerne kannst du auch Sonderzeichen wie Pfeile oder Herzen usw. einsetzen, das ist mittlerweile normal und macht den Text noch übersichtlicher beim Lesen.

Der Textauszug der Beschreibung in den YouTube-SERPs – so wird die Suchvorschau genannt – würde aktuell so lauten:

Benvenuto bei Mama Jenny Italia!

✓ Italia ✓ Rezepte ✓ Reisetipps ✓ Genuss

Ich bin Jenny – eine Genießerin und Weltenbummlerin, und Italien ist meine große Liebe.

Perfekt! Der Text sollte maximal 55 Zeichen ohne Leerzeichen lang sein. Hier ist alles kurz und knapp auf den Punkt gebracht, und die Zuschauer sind nur noch einen Klick von deinen Videos entfernt.

Wenn sie dann schließlich auf die Startseite deines Channels gelangen, solltest du dort auch deine Videos schön, übersichtlich und zum direkten Anschauen geordnet haben. Für den Start deines Channels ist es am besten, wenn du deine Videos nach Inhalten sortierst, also nach Unterthemen wie Reisetipps, Kochrezepte, Land und Leute (Abbildung 4.11).

Abbildung 4.11 Aufteilung der Themenreihen in Playlists

Hier noch mal zur Erinnerung: Gib diesen Playlists doch bitte interessantere Namen, die nicht langweilig und beliebig klingen, aber trotzdem Auskunft darüber geben, welche Videos man dort vorfindet.

Nun weißt du schon mal, wie das Grundgerüst aussieht. Wie du Videos nun perfekt hochlädst, das zeige ich dir in Kapitel 8, »Zeig es der Welt! – Der erste perfekte Video-Upload«. Mit den ersten Videoinhalten erweckst du deinen Channel dann tatsächlich zum Leben. Erfahre in Kapitel 9, »Pimp deine Videos für mehr Reichweite«, was Thumbnails und Endcards sind und wie du deine Videos damit richtig gut individualisieren kannst, wie du sie nachbearbeitest und dein Channel-Grundraster befüllst. Denn erst der Feinschliff am Ende macht die Sache rund!

Jetzt geht es aber in Kapitel 5, »Videos drehen leicht gemacht!«, endlich los mit der Produktion von Videos, damit du deinen Abonnenten konstant neue Inhalte präsentieren kannst. Sei dir aber auch darüber im Klaren, dass die Pflanze, sobald du aufhörst sie zu gießen, auch aufhört zu wachsen und sogar gänzlich vertrocknet. Bleib also stets am Ball!

5 Videos drehen leicht gemacht!

Lerne die richtige Technik für coole Clips kennen. So produzierst du ganz einfach sehr gute YouTube-Videos mit einem professionellen Look.

Ein Videoprofi fällt nicht einfach so vom Himmel – das wirst du sicher auch schnell merken. Du brauchst ein gutes Gespür für schöne Filme, aber noch viel wichtiger ist das Know-how, wie man gute Videos dreht. Damit du ein besseres Verständnis von der Materie bekommst, habe ich die erfahrenen Videoproduzenten Tobias Ahrens und Jan Eckardt von der Videoagentur Scarlito befragt. Seit Jahren produzieren die beiden erfolgreiche YouTube-Videos für die großen YouTuber. Sobald auch du später mehrere Millionen Views auf deine Clips bekommst, kannst du dir ebenfalls Leute wie Jan und Tobias suchen, die für dich deine Clips produzieren. Da du aber erst mal klein anfängst, wirst du jetzt zunächst mit den Tipps der Profis versorgt. Eins kann ich dir versprechen – die zwei haben einiges auf (und in) dem Kasten (Abbildung 5.1).

Abbildung 5.1 Tobi und Jan sind waschechte Videoprofis (www.scarlito.de).

Tobias Ahrens und Jan Eckardt von der Videoagentur Scarlito

An alle, die schon immer mal ein heißes Ding drehen wollten: Wir möchten dir kurz erklären, was in diesem Kapitel besprochen werden soll. Wie du sicherlich gemerkt hast, geht es hier um den Videodreh und darum, welches Equipment du brauchst, wo es am besten eingesetzt und wie es benutzt wird. Findest du auch, dass es nichts Cooleres gibt, als seinen Mitmenschen an den eigenen Ideen, Erfahrungen und Geschichten teilhaben zu lassen – völlig losgelöst von Raum und Zeit? Etwas zu bewegen, Videos bzw. bewegte Bilder als Tool zu nutzen, um seine Visionen zum Leben zu erwecken und anderen Menschen eine Freude zu bereiten oder eine Botschaft zu verbreiten? Nur reicht es in der Regel nicht, eine gute Idee zu haben, man sollte auch wissen, wie man diese filmisch am besten rüberbringt. Aber darauf gehen wir in diesem Kapitel noch genauer ein. Zuerst wollen wir dir kurz erzählen, wie wir aus unserem Hobby vor über vier Jahren einen Beruf gemacht haben oder besser eine Berufung gefunden haben.

Die Idee, ein Video-Start-up zu gründen, das sich auf die professionelle Produktion von YouTube-Videos spezialisiert, war schon recht früh geboren. Zwar haben wir das Rad dabei nicht neu erfunden, aber es doch besser zum Drehen gebracht, unseren eigenen Style entwickelt und die deutsche YouTube-Szene in den letzten sechs Jahren durch unsere Videos entscheidend mitgeprägt. Wir haben bereits 2012 an einem großen Musikvideoprojekt von Streetcinema für Rapper Bushido und Eko Fresh mitgewirkt, bei dem das Video eine enorme Reichweite erzielt hat (> 13.000.000 Views) – Klick, Klick, Boom! Ab dem Zeitpunkt hatten wir Blut geleckt, und es folgten viele weitere Videoproduktionen mit bekannten Künstlern von YouTube, wie zum Beispiel Kollegah, Alberto, 257ers, Inscope21, Sido, Kool Savas, Peter Fox, Farid Bang, den Atzen und vielen anderen.

Abbildung 5.2 Videodreh eines Musikclips – Behind the Scenes (Foto: Tobias Ahrens)

Die Erfahrung von Tobias und Jan zeigt, dass für gute Videos die Idee oder Vision zwar eine große Rolle spielt – die Technik und die Erfahrung aber schlussendlich den Unterschied machen. Im Optimalfall ist es so, dass du das Medium Video auch für deine Botschaften vollkommen ausschöpfen kannst. Ganz entscheidend ist auch, dass man den Mut hat, es einfach zu machen. Was hast du schon zu verlieren? Selbst wenn man am Ende nur um eine Erfahrung reicher ist. Videos zu machen, heißt, Initiative zu ergreifen! Let's go and Action (Abbildung 5.2)! Du möchtest mit deinen Videos so viele Menschen erreichen und verzaubern können, wie es nur geht? In diesem Kapitel lernst du das Handwerkszeug dazu. Jetzt bekommst du ein kleines Einmaleins der Videoproduktion an die Hand. Vielleicht hast du ja schneller den Dreh raus, als du es dir jetzt vorstellen kannst.

5.1 Technik – hohe Qualität für kleines Geld

Du musst nicht viel Geld ausgeben, um einen professionellen Look deiner Videos zu erzeugen. Ein paar grundlegende Technik-Gadgets sind jedoch elementar wichtig. Ich zeige dir, worauf du bei deiner Ausstattung achten musst. Du kannst auch erst mal klein anfangen und dein Equipment später ausbauen. Selbst mit der teuersten Technik produzierst du aber nicht automatisch perfekte Videos. Wichtiger sind die Übung und das Wissen, wie du selbst mit günstiger Technik vernünftig umgehst (Abbildung 5.3).

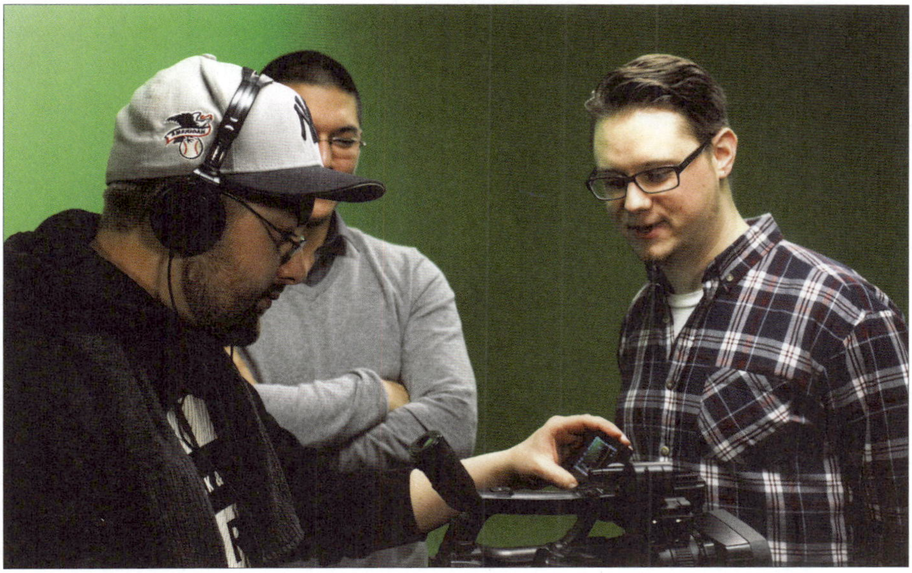

Abbildung 5.3 Technisches Know-how ist wichtig.

Gute Videos zu drehen, war früher eine sehr kostspielige Angelegenheit. Zum Glück bekommt man heute Videotechnik, die sich jeder leisten kann und die in der Qualität mit der großer Kinofilme vergleichbar ist. Was früher noch als verwackeltes Handyfilmchen durchging, wird heute von der Community nicht mehr gern gesehen. Besser kommen hochaufgelöste HD-Filme mit professionellem Touch an. Da die YouTube-Videos an sich qualitativ immer hochwertiger werden, ist es wichtig, in diesem Punkt mit deinen Konkurrenten mitzuhalten oder – besser noch – sie zu übertreffen!

Erst einmal schauen wir uns an, welches Equipment du als YouTuber unbedingt brauchst, und dann zeige ich dir, wie du das bestmögliche Ergebnis aus dieser Technik herausholst. Die Technik zum Videodrehen lässt sich in drei Bereiche aufteilen:

1. Kamera
2. Licht
3. Ton

Die Kamera ist dabei dein wichtigstes Utensil. Es gibt eine Vielzahl an verschiedenen Herstellern und Modellen. Die Auswahl deiner Cams solltest du dir im Vorfeld genau überlegen. Es gibt für jedes Einsatzfeld unterschiedliche Kameras, die sich jeweils für einen bestimmten Zweck besonders gut eignen. Wenn du zum Beispiel einen Sport-Channel betreibst, kommst du um eine gute Actioncam nicht herum. Wenn du draußen unterwegs bist und dich selbst beim Erzählen filmen möchtest, ist eine Kompaktkamera wie zum Beispiel die Canon PowerShot G7X Mark II oder die Panasonic Lumix DMC-TZ101 die beste Wahl. Es folgt eine Liste mit Kompaktspiegelreflex- (DSLR-) und Systemkameras (DSLM), die du als YouTuber kennen solltest:

Kompaktkameras:

- Sony DSC-RX100 V
- Canon PowerShot G7X Mark II
- Panasonic Lumix DMC-TZ101

Systemkameras (DSLM):

- Sony Alpha 7 III, Sony Alpha 7R III, Sony Alpha 7S II, Sony Alpha 6500/6300
- Panasonic Lumix DMC-GH5, Panasonic Lumix GX9, Panasonic Lumix DMC-GX8

Spiegelreflexkameras (DSLR):

- Canon EOS 5D Mark IV, Canon EOS-1D X Mark II, Canon EOS 80D
- Nikon D850, Nikon D5, Nikon D500, Nikon D5600

Abbildung 5.4 Gute DSLM-Einsteigerkamera für YouTube: Canon EOS 650D

Die folgenden Actioncams helfen dir, besonders dynamische YouTube-Filme zu drehen:

- GoPro Hero 6 Black, GoPro Hero 5 Black
- Sony FDR-X3000, Sony FDR-X1000
- GoXtreme Black Hawk 4K

Abbildung 5.5 Actionkamera, zum Beispiel für Sportaufnahmen: GoPro Hero 6 Black

Die beste Qualität in der Preisklasse bieten hier die DSLRs (digitale Spiegelreflexkameras) und die DSLMs (Systemkameras). Für den Anfang empfehle ich, sich erst einmal ein älteres Modell, z. B. eine günstigere DSLR wie die Canon 650D oder eine günstige DSLM wie die Sony Alpha 6000, zu besorgen. Unter 500 € bekommst du so schon eine gute Kamera mit Standardobjektiv und verschiedenen Videosettings. Die Unterschiede in der Qualität sind nicht so riesig, dass es sich zu Beginn der YouTuber-Karriere bereits lohnt, viel Geld für eine Canon 5D Mark IV (2.300 €)

oder eine Panasonic Lumix DC-GH5 (2.000 €) auszugeben. Auf eine Sache solltest du aber achten: Die Kamera sollte über ein schwenkbares Display verfügen. So kannst du dich selber filmen und hast den Bildausschnitt immer im Blick. Das hilft dir ungemein!

Die DSLRs und DSLMs haben einen sehr großen Vorteil gegenüber Smartphones, Actioncams und vielen anderen günstigen Kameras: Das Objektiv kann gewechselt werden. So kannst du deine Kamera an die verschiedenen Ansprüche anpassen. Standardobjektive sind für den Anfang bei kleinem Budget in Ordnung, aber auf Dauer nicht ausreichend. Sie sind nicht besonders lichtstark und liefern nur bei gutem Wetter oder einer perfekten Ausleuchtung schöne Bilder. Für den Anfang ist ein gutes Zoomobjektiv mit einer durchgehenden Blende unverzichtbar. Für Canon-Kameras gibt es gute lichtstarke Zoomobjektive auch von günstigeren Herstellern. Die Zoomobjektive von Tamron und Sigma (beide mit einer durchgehenden Blende von 2.8) haben sich schon vielfach bewährt.

Abbildung 5.6 Canon PowerShot G7X Mark II

Noch mindestens einen zusätzlichen Akku (nicht von Fremdherstellern, da diese schnell ihre Leistung verlieren) und ein bis zwei schnelle SD-Karten (Class 10) mit 32 bis 64 GB – und die Kamera ist bereit für den Einsatz. Lass dich dazu am besten in einem Technikfachgeschäft beraten.

Hast du dir eine Kamera angeschafft, dann lies erst mal das Benutzerhandbuch! Klingt öde, hilft dir aber, dein neues Technik-Gadget zu verstehen. Bei einem Smartphone brauchst du vielleicht keine Anleitung zu lesen und bedienst das Gerät intuitiv, aber bei Kameras ist das anders. Du fragst dich, was Blende, ISO oder Verschlusszeiten sind? Dann solltest du vor dem ersten Gebrauch der Cam in die Bedienungsanleitung schauen und dich dann langsam mit dem Gerät vertraut machen.

Damit dir der Einstieg leichter fällt, gebe ich dir ein paar Tipps für die idealen Kameraeinstellungen: Die vierfache Full-HD-Auflösung (3.840 px × 2.160 px), auch 4K genannt, ist heutzutage der Standard für die Aufnahme hochwertiger Videos, für die man allerdings auch einen sehr guten Schnittrechner und viel Speicherplatz benötigt. Am Ende wird das Video meistens nach wie vor auf Full-HD exportiert. Für die meisten YouTuber ist die Full-HD-Auflösung (1.920 px × 1.080 px) optimal, und in der Regel wird mit 25 fps (frames per second – Bilder in der Sekunde) gedreht. Das kannst du auch bei deiner Kamera ganz leicht im Menü einstellen. Die Verschlusszeit wird in der Regel doppelt so hoch wie die fps angegeben, also Verschlusszeit auf 50 bei 25 fps. Bei Sportaufnahmen wird mit 50 fps gedreht, die Verschlusszeit beträgt demnach 100, die schnellen Bewegungen sehen so flüssiger aus. Die Blende solltest du so offen wie möglich halten. Dadurch wird mehr Licht auf den Sensor gelassen, und der Hintergrund bekommt eine schöne Unschärfe. Eine Blende von 2.8 ist bei Nahaufnahmen von Menschen eine gute Wahl. Solltest du jedoch die Kamera viel bewegen, z. B. mit einem Kamera-Gimbal, bei dem sich die Schärfe nur schwer manuell bedienen lässt, fährt du mit einer hohen Blendenzahl besser, da dann auch der Schärfebereich größer ist. Die ISO-Zahl sollte so klein wie möglich gewählt werden. Das Problem ist jedoch, dass du eine kleine ISO-Zahl von zum Beispiel 100 nur bei ausreichend Licht verwenden kannst. Dann wird die Qualität deiner Clips besser. Vor allem bei günstigen Kameras mit kleinem Sensor rauscht das Bild ab einer ISO-Zahl von 800 bis 1600. Wenn du zusätzlich ausleuchtest, sollte es aber kein Problem sein, auch in Innenräumen mit ISO 400 oder weniger zu drehen (Abbildung 5.7).

Abbildung 5.7 Einstellen des ISO-Werts

Noch ein Satz zu den Bildprofilen: Du wirst wahrscheinlich schon gehört haben, dass man das Bild so flach wie möglich aufnehmen sollte. Dies bedeutet, das Bild sollte von der Belichtung kontrastarm sein und bei den Farben eine geringe Sättigung aufweisen. Das dient dazu, dass du den größtmöglichen Spielraum in der Farbkorrektur hast. Bei teuren Kinokameras passt das, da diese die Bilder unkomprimiert speichern. Bei den meisten DSLRs und DSLMs wird das aufgenommene Bild allerdings zum Speichern stark komprimiert, und es gehen Informationen verloren. Deswegen solltest du das Bildprofil so einstellen, dass es nahe am gewünschten Endergebnis liegt. In der Farbkorrektur solltest du dann nur noch minimale Änderungen vornehmen.

5.2 Let's go! – Lerne, Videos zu drehen

Wende beim Drehen von Filmen zunächst das Trial-and-Error-Prinzip an. So kommst du stetig weiter, auch wenn es mal nicht so läuft, wie du es dir vorstellst. Das Motto lautet: »Probieren, scheitern, wiederholen und siegen.«

- Probiere viel aus! Nur wer etwas versucht, kann irgendwann besser werden. Die Devise lautet: einfach mal ausprobieren. Nicht lange überlegen, sondern einfach machen. Teste verschiedene Ansätze aus, um coole Videos zu drehen.
- Scheitern ist nicht schlimm und etwas ganz Natürliches bei allem, was zum ersten Mal gemacht wird. Mach auch mal Fehler! Daraus kannst du sehr viel lernen und musst dich dafür nicht schämen. Jeder, der etwas Neues beginnt, tappt auch mal daneben. Lass es ruhig zu und versuche, nicht zu perfektionistisch an die Sache heranzugehen. Nur so gelangst du beim nächsten Mal zu besseren Ergebnissen.
- Wiederhole die Aufnahme, bis alles sitzt. Wenn noch nicht alles perfekt ist, solltest du es einfach noch mal anders ausprobieren, einen Tag darüber schlafen und dann ein weiteres Mal mit neuer Energie darangehen! Mach mehrere Takes, bis du wirklich zufrieden bist.
- Fahre den Sieg ein! Jetzt hast du den Dreh raus. Durch deine Beharrlichkeit und dein stetiges Austesten bist du nun an einem Punkt angekommen, an dem es heißt: Yeah, du kannst es!

5.3 Rücke dein Video ins perfekte Licht

Ohne Licht kein Bild! So weit, so klar. Du hast dich sicher schon mal gefragt, warum manche Bilder einfach besser aussehen als andere, obwohl sie mit derselben Kamera gedreht wurden. Eine gute Lichtsetzung ist das A und O, um qualitativ hochwertige Bilder zu bekommen. Nicht umsonst wird beim Film ein Großteil der Zeit darauf verwendet, das Licht zu setzen. Auch hier gibt es verschiedene Lichtquellen. Die schon vorhandenen Lichtquellen nennt man auch *Available Light* (verfügbares Licht). Ideal für eine Produktion ist natürlich, wenn das vorhandene Licht schon zum Drehen ausreicht. Das sieht oft am schönsten aus. Da das allerdings leider selten der Fall ist, solltest du dir bei der Location-Suche schon Gedanken darüber machen, wie du das vorhandene Licht gut nutzt und welche Lichtquellen zur Unterstützung mitgebracht werden müssen. Gibt es zum Beispiel ein großes Fenster, das als Hauptlichtquelle dienen kann? Dann reicht es, die Schattenseiten mit LED-Panels aufzuhellen. Ist das nicht der Fall, muss mehr Licht eingeplant werden. Am besten besorgst du dir sogenannte Bi-Color-LED-Panels. Mit drei davon können die meisten Situationen gut ausgeleuchtet werden. Mehr zu dieser sogenannten Drei-Punkt-Ausleuchtung liest du gleich.

Die Lichtqualität unterscheidet sich je nach Situation. Man kann bei der Lichtqualität grundsätzlich zwischen hartem und weichem Licht unterscheiden. Dabei wirft hartes Licht auch harte Schatten und weiches Licht weiche Schatten. Die meisten Lichtquellen strahlen hartes Licht aus. Wenn du das Licht weicher machen möchtest, bieten sich verschiedene Lösungen an:

- Setze eine Diffusionsfolie ein. Diese streut das Licht und wird vor die Lichtquelle montiert.
- Nutze das Licht von einer weißen Wand oder einem Reflektor, der das Licht zurückwirft.

In der Regel ist es fast immer richtig, Menschen mit weichem Licht anzuleuchten, da sie so am vorteilhaftesten rüberkommen.

Die *Farbtemperatur* ist ein weiterer Parameter des Lichts. Sie wird mit der Einheit Kelvin angegeben. Dabei hat warmes Licht einen niedrigen und kaltes Licht einen hohen Kelvin-Wert. Anhand der Farbtemperatur kannst du den *Weißabgleich* in der Kamera einstellen. Im Benutzerhandbuch solltest du unter dem Stichwort »Weißabgleich« nachlesen können, wo du ihn bei deiner Kamera einstellen kannst. Der Weißabgleich kann zwar auch auf Automatik gestellt werden, das wird aber spätestens dann zum Problem, wenn sich etwa bei einem Schwenk die Farbtemperatur ändert und die Automatik dann auch den Weißabgleich anpasst (Abbildung 5.8). Die Folge ist, dass sich die Farben verändern. Das führt später in der Farbbearbeitung zu großen Problemen und kann mit einer manuellen Einstellung verhindert werden.

Um Farbverfälschungen zu vermeiden, sollten alle Lichtquellen die gleiche Farbtemperatur haben. Bei Bi-Color-Panels kann diese eingestellt werden. Wenn du Lichtquellen mit verschiedenen Farbtemperaturen hast, dann achte darauf, dass der Weißabgleich auf die Hauptlichtquelle eingestellt wird.

Abbildung 5.8 Farbtemperatur in der Kamera einstellen

Lichtquellen und ihr Kelvin-Wert

Kerzenlicht	1.500 K
Glühlampe 40 W	2.600 K
Glühlampe 60 W	2.700 K
Glühlampe 100 W	2.800 K
Glühlampe 200 W	3.000 K
Spätabendsonne	3.400 K
Leuchtstofflampe (Neutralweiß)	4.000 K
Vormittags- und Nachmittagssonne	5.500 K
Mittagssonne, Bewölkung	5.500–5.800 K
bedeckter Himmel	6.500–7.500 K

(Quelle: *https://de.wikipedia.org/wiki/Farbtemperatur*)

Als YouTuber wirst du dich sehr häufig in deinem Zimmer vor dem Computer filmen, während du in die Kamera sprichst. Eine schöne *Drei-Punkt-Ausleuchtung* lässt dich dabei immer im besten Licht erscheinen (Abbildung 5.9).

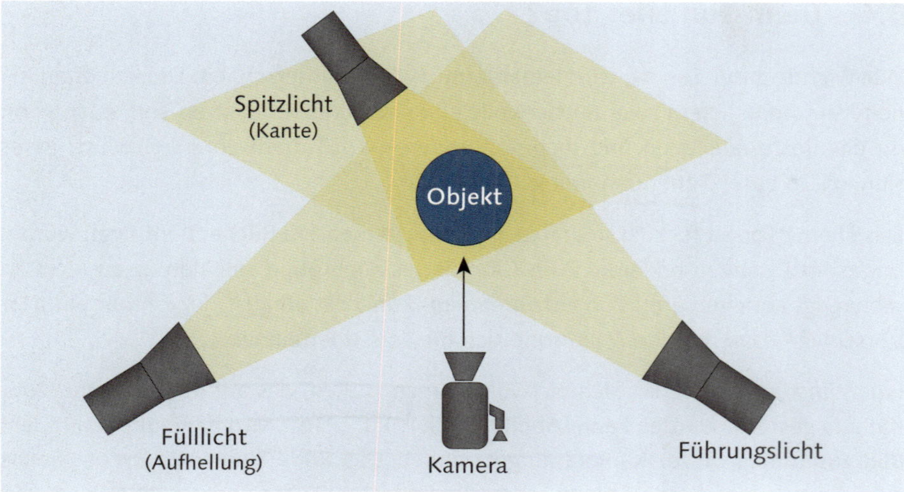

Abbildung 5.9 Schema einer Drei-Punkt-Ausleuchtung

Als Erstes wird das Hauptlicht, auch Führung genannt, gesetzt. Das Führungslicht sollte knapp über der Augenhöhe liegen und von vorne, leicht schräg versetzt, das Gesicht anstrahlen. Dadurch entstehen Schatten auf der anderen Seite des Gesichts. Diese Schatten werden dann als Nächstes mit der sogenannten Aufhellung, im Bild Fülllicht genannt, aufgehellt. Das Licht der Aufhellung ist dabei schwächer als das Hauptlicht und wird durch Diffusionsfolien weicher gemacht. Diese beiden Lichtquellen reichen schon aus, um dich gut in Szene zu setzen. Wenn du dem Ganzen noch die Krone aufsetzen möchtest, kannst du ein Spitzlicht und ein Dekolicht aufbauen. Das Spitzlicht wird gegenüber der Führung aufgestellt und von weit oben auf den Kopf und die Schultern gerichtet. Das Ziel ist dabei, die Person vor der Kamera vom Hintergrund abzuheben, indem ein Lichtschein auf die Haare und die Schultern geworfen wird. Das Spitzlicht ist heller als die Führung und ein sogenanntes hartes Licht, das heißt, es wird keine Diffusionsfolie verwendet. Als Letztes kann im Hintergrund noch ein Dekolicht platziert werden. Ein Spot, schräg auf die Wand gerichtet, sorgt für Abwechslung und gibt dem Bild zusätzlich Tiefe.

Die Drei-Punkt-Ausleuchtung ist die Basis der Lichtsetzung und wird in der Regel immer genutzt, um Menschen auszuleuchten. Wenn du mit der Drei-Punkt-Ausleuchtung Erfahrung gesammelt hast, kannst du auch gern ein wenig experimentieren: zum Beispiel den Winkel der Führung verändern und die Aufhellung noch schwächer machen, um eine dramatische Wirkung zu erzielen. Der Kreativität sind hier nur wenige Grenzen gesetzt. Eine goldene Regel habe ich dennoch: Das Licht sollte immer zur Stimmung des Videos passen: zum Beispiel helles und weiches Licht für eine gute Stimmung oder nur ein starkes, hartes Hauptlicht bei gruseliger Stimmung.

5.4 Beim Ton alles top?

Wie wichtig guter Ton ist, wird leider immer wieder unterschätzt. Die kamerainternen Mikrofone liefern zwar mittlerweile einen recht annehmbaren Ton, aber wenn du das Beste rausholen und dich von anderen YouTubern abheben willst, ist es sinnvoll, in gutes Tonequipment zu investieren.

Das Thema Ton ist für sich so umfassend, dass es mehrere Bücher benötigen würde, um es im Detail zu erklären. Zum Glück ist es auch ohne viel Vorwissen nicht so schwierig, annehmbaren Ton aufzunehmen. Zunächst erhältst du von mir ein paar Vorschläge dazu, welche Mikrofone sich für YouTuber eignen.

Eine günstige Lösung ist, sich ein Mikrofon zu kaufen, das auf den Blitzschuh der Kamera gesteckt werden kann (Abbildung 5.10). Der Ton wird dann direkt mit dem Bild zusammen in der Kamera aufgezeichnet. Das Rode VideoMic Rycote liefert zum Beispiel schon gute Ergebnisse zu einem kleinen Preis und eignet sich sowohl für Outdoor- als auch für Indoor-Aufnahmen, ist also der perfekte Allrounder. Wenn dir gute Tonqualität besonders wichtig ist, lohnt es sich, in das Richtmikrofon Sennheiser MKE 400 zu investieren.

Abbildung 5.10 Kamera mit auf Blitzschuh montiertem Mikrofon

Machst du deine Aufnahmen größtenteils zu Hause am Schreibtisch – sei es, um in die Kamera zu deinen Followern zu sprechen oder um Instrumentaufnahmen zu machen –, ist ein Studiomikrofon eine gute Wahl. Das Rode NT1-A besticht durch sehr gute Stimm- und Instrumentaufnahmen. Über den XLR-Anschluss kann mit einem Adapter auf kleine Klinke der Ton direkt in der Kamera aufgenommen werden.

Noch etwas kostengünstiger ist ein einfaches Ansteckmikrofon (Abbildung 5.11). Einfach an dein T-Shirt oder an deine Bluse clippen, und schon geht's los. Man sollte es nur nicht so auffällig befestigen. Vorteil ist, dass kein großes Mikrofon im Bild zu sehen ist. Ein Mikrofon zum Anstecken ist aufgrund der geringen Größe qualitativ nicht so hochwertig wie zum Beispiel ein großes Richtmikrofon, jedoch ist es viel dezenter. Drehst du viel draußen, benötigst du auf jeden Fall noch einen Windschutz, und zwar unabhängig davon, welches Mikrofon du einsetzt.

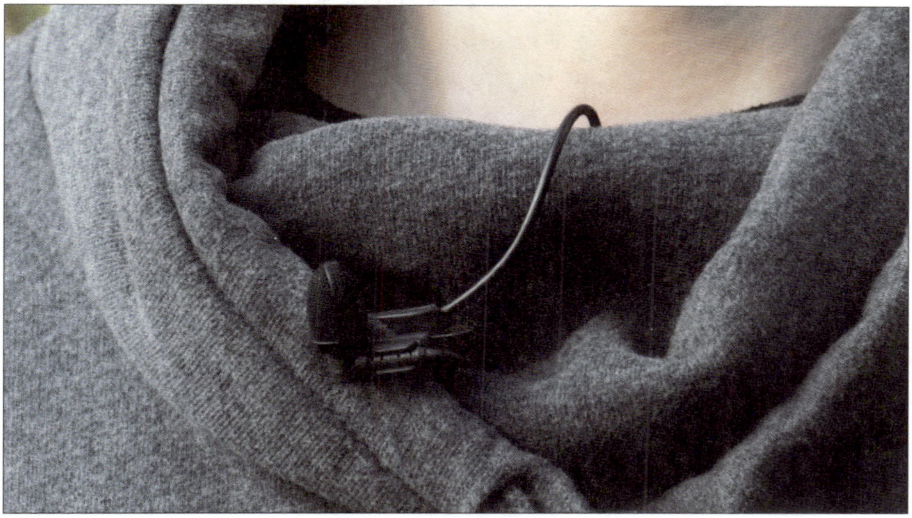

Abbildung 5.11 Ansteckmikrofon, auch als Lavalier-Mikrofon bekannt

5.5 Ohne Know-how keine Qualität! – Übung macht den Meister!

Die theoretischen Grundlagen sind dein Handwerkszeug und die Basis für alles Weitere. Gute Videos zu produzieren, erfordert zusätzlich eine Menge Erfahrung. Such dir zunächst kleinere Drehprojekte und sei immer experimentierfreudig! Um möglichst schnell besser zu werden, solltest du so viele Videoprojekte durchziehen, wie es deine Zeit erlaubt. Am Anfang wirst du sicher eine Weile brauchen, um gute Ergebnisse zu erzielen. Da ist Durchhaltevermögen gefragt! Je mehr Videos du gedreht und geschnitten hast, desto besser und schneller wirst du sie fertigstellen.

Schau dir mal die ersten Videos der großen YouTuber an. Die sind im Vergleich zu ihren jetzigen meist sehr amateurhaft. Doch sie haben nie aufgegeben und sich auf ihrem Weg zur Spitze permanent verbessert.

Abbildung 5.12 Videoaufnahme in der Natur

Da sich die Videotechnik sehr schnell weiterentwickelt, musst du immer up to date sein. Im Internet findest du viele Seiten mit Informationen, die dir helfen, dein Know-how zu verbessern.

Dein Videokonzept ist fertig, und du hast dir auch eine Auswahl an passenden Dreh-Locations überlegt. Der nächste Schritt ist, bei den Betreibern der Locations anzurufen und Termine für eine Besichtigung auszumachen. Wenn du dich im Vorfeld ankündigst, können sich die Betreiber darauf einstellen und planen auch Zeit ein, die du für die Beantwortung deiner Fragen brauchst.

Es gibt eine Reihe von Faktoren, die du beim Location-Check beachten solltest:

- Wie ist die Lichtsituation (Abbildung 5.12)? Welche vorhandenen Lichtquellen können benutzt werden? Dementsprechend kann zusätzliches Licht eingeplant werden.
- Gibt es störende Lärmquellen (zum Beispiel stark befahrene Straßen, Klimaanlagen, technische Signale von Computern, die die Tonaufnahme stören könnten usw.)? Wenn ja, lassen sich diese ausstellen?

- Ist die Location schon »drehfertig«, oder müsste noch viel umgebaut werden?
- Wo liegen die Steckdosen (für Licht, um Akkus zu laden usw.)?
- Ist genügend Platz zum Drehen vorhanden?

Tipps und Tricks für schicke Clips

Wenn du ein paar grundlegende Dinge beachtest, kannst du die Qualität deiner Videos immens steigern.

- Orientiere dich mit der Kamera immer an der Augenhöhe des Motivs: In den meisten Einstellungen wird ein Mensch in der Nahen oder Halbnahen zu sehen sein. Die Kamera sollte immer in Augenhöhe des gefilmten Menschen positioniert werden. Sie kann auch leicht höher und niedriger aufgebaut werden, allerdings solltest du dich von diesem Punkt nicht allzu weit entfernen.
- Achte immer auf den Hintergrund! Er sollte nicht zu überladen wirken, und es sollten keine großen Schriften sichtbar sein, die den Zuschauer unnötig ablenken.
- Die Handkamera solltest du möglichst vermeiden. Aus der Hand gefilmte Bilder wirken meistens eher amateurhaft, benutze lieber ein Stativ, und wenn du viel Zeit hast, lohnt es sich auch, die Kamera auf einem Slider oder einem Gimbal zu befestigen. Mit ein wenig Übung gelingen dir damit wackelfreie und professionelle Bilder. Wenn du nicht so viel Zeit hast und flexibel sein möchtest, ist ein Schulter-Rig (Abbildung 5.13) die optimale Wahl.

Abbildung 5.13 Schulter-Rig für mehr Beweglichkeit mit der Kamera

Und der letzte und wertvollste Tipp: Ein Dreh ist lang und anstrengend, also muss das ganze Team versuchen, stets die Stimmung hochzuhalten, denn wenn die Stimmung kippt, kippt auch das Ergebnis des Drehs. Es gibt nichts Besseres als einen unvergesslichen Tag, den man als Videoclip festgehalten hat (Abbildung 5.14). Diese Erfahrung wirst du – hoffentlich – selber machen!

Abbildung 5.14 Gut gelauntes Team beim Dreh (Foto: Katharina Hein)

6 Ab in den Videoschnitt

Erreiche einen professionellen Look durch gekonnte Videonachbearbeitung. Die Art und Weise, wie du dein Video schneidest, entscheidet über deinen ganz eigenen Stil, ähnlich deiner individuellen Handschrift.

Der Dreh ist gut gelaufen, und du hast alles im Kasten. Nun folgt die Videobearbeitung mit einer Schnittsoftware. Hier gibt es auch wieder viele verschiedene Anbieter und Versionen von einfachen Freewareschnittprogrammen bis hin zur professionellen Schnittsoftware. Die gute Nachricht: Auch mit einfachen Schnittprogrammen lässt sich ein gutes Video schneiden. Die Software ist für die Qualität des Videos nicht so entscheidend wie die Art und Weise, wie es geschnitten wird.

Wenn du nach »YouTube Videoschnitt« googelst (Abbildung 6.1), findest du zahlreiche Beispiele. In ganz vielen Videos wird erklärt, wie du vorgehen musst. Es gibt diverse Tutorials speziell für YouTube und komplette Schritt-für-Schritt-Anleitungen, die zeigen, wie du vorgehen kannst.

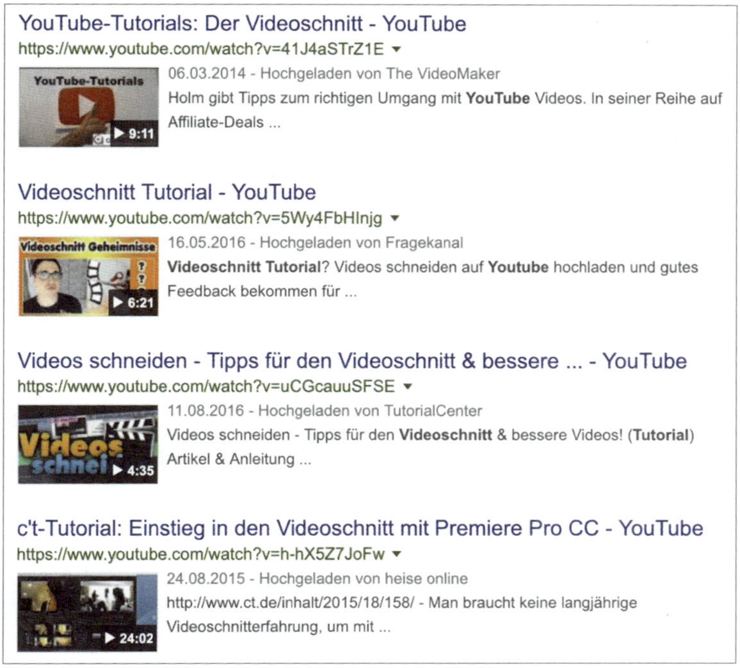

Abbildung 6.1 Videoschnitt-Tutorials im Internet

In diesem Kapitel zeige ich dir die Basics und erkläre dir die grundlegenden Arbeitsschritte. Es schadet aber nicht, parallel beim Lesen auch ein paar How-to-Clips für einzelne Schritte auf YouTube anzuschauen. Anhand von Beispielen in den gängigen Schnittprogrammen wird dir das, was du tun musst, um ein tolles Ergebnis zu erhalten, schnell und anschaulich vermittelt.

Ganz egal, für welches Programm du dich entscheidest, die Funktionen des Programms zu lernen, ist nur der Anfang. Was einen guten Schnitt ausmacht, kann nur durch Übung und Beobachtung gelernt werden. Also drehe und schneide so viel, wie du kannst! Erfahrung lautet hier das Stichwort. Und schau dir an, wie erfolgreiche YouTuber ihre Videos schneiden. Wenn man genau darauf achtet, findet man bei allen Gemeinsamkeiten, die sich auf den eigenen Schnitt übertragen lassen.

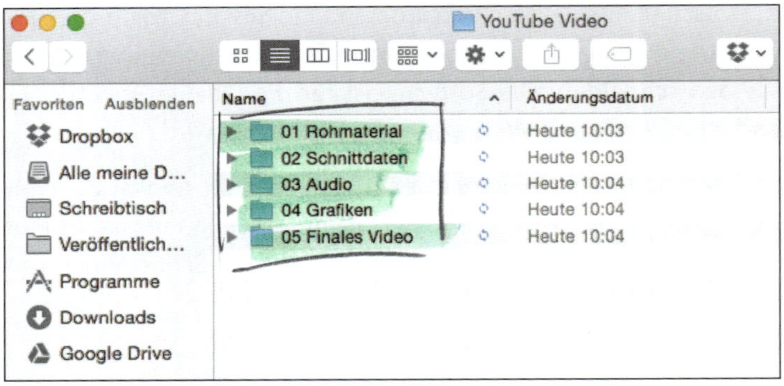

Abbildung 6.2 Ordnung auf deinem Computer

Bevor es an den eigentlichen Schnitt geht, muss das Projekt gut vorbereitet werden. Eine gute und strukturierte Herangehensweise hilft dir, immer den Überblick zu behalten, und ist sehr wichtig für ein gutes Schnittergebnis. Am besten erstellst du dafür einen eigenen Ordner auf deiner Festplatte, in dem du dann alle Dateien für das Projekt abspeicherst (Abbildung 6.2). In diesem Ordner sollte es einen Unterordner für das Rohmaterial geben, einen für Projektdateien, einen für Grafiken, einen für Ton/Musik/Soundeffekte und einen für den finalen Videoexport. Für eine gute Ordnung zu sorgen, macht dir das Leben leichter. Du solltest dir von Anfang an dein eigenes logisches Ordnungssystem aufbauen, denn es werden noch viele weitere Schnittprojekte folgen, und da ist es sehr wichtig, den Überblick zu behalten.

Bevor du ein Schnittprogramm öffnest und ein neues Projekt erstellst, solltest du dir einige Punkte merken. Achte stets auf eine passende Bezeichnung all deiner Dateien, damit du nicht durcheinanderkommst. Danach kannst du deine Videodateien und alles andere importieren.

Du solltest immer den Überblick behalten. Es ist sinnvoll, sich für jeden Bearbeitungsschritt eine eigene Timeline bzw. Sequenz anzulegen (Abbildung 6.3). Das ist das Hauptelement jedes Videoschnittprogramms. Auf der Timeline puzzelst du deine einzelnen Filmschnipsel dann zusammen und legst die Reihenfolge fest. Hier setzt du Effekte, Übergänge und den Sound ein.

Abbildung 6.3 Es gibt ein paar einfache Videoschnittprogramme wie hier iMovie.

Um überhaupt erst einmal eine Struktur in dein gesamtes Drehmaterial zu bekommen, empfehle ich dir ein bewährtes Vorgehen (Abbildung 6.4): Zuerst fertigst du einen Rohschnitt an, und danach folgt der sogenannte Feinschnitt. Glaub mir, es ist unglaublich hilfreich, in diesen Etappen vorzugehen. So gelangst du leichter und ohne große Mühe Stück für Stück zum fertigen Videoclip.

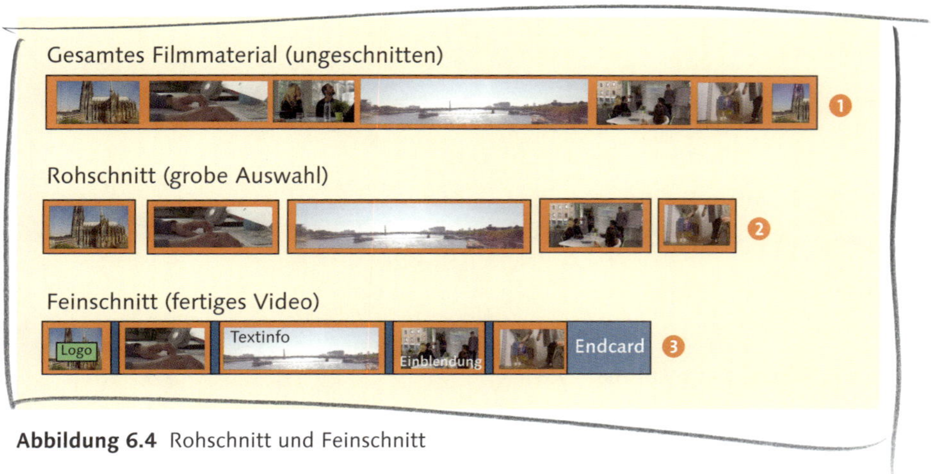

Abbildung 6.4 Rohschnitt und Feinschnitt

In die erste Sequenz kommt dein gesamtes Rohmaterial. Die Sequenz *1_projektname_rohmaterial* wird nicht weiterbearbeitet und dient dem Überblick ❶. Hier kannst du sehen, wie viel und was du gedreht hast. Als Nächstes kopierst du diese Sequenz und nennst sie um in *2_projektname_rohschnitt_1* ❷. Aus dieser Timeline wird alles herausgeschnitten, was definitiv nicht genutzt wird. Jetzt kannst du beginnen, die Schnipsel in eine sinnvolle Reihenfolge zu bringen. Nach diesem Schritt hast du eine Timeline mit vielen kleinen Filmschnipseln. Diese kopierst du erneut und nennst sie zum Beispiel *3_projektname_rohschnitt_2* ❸. Erst jetzt sind die Details dran, wie zum Beispiel in *3_projektname_feinschnitt_1*. Dann folgt etwa das Einfügen von Effekten, Einblendungen und Sound. Das ergibt auch erst jetzt Sinn, denn wenn du schon beim ersten Rohschnitt damit beginnen würdest, stiege der Aufwand für dich unnötig an. Es lohnt sich also am meisten, diese Feinheiten erst ganz zum Schluss umzusetzen. Somit schaffst du es vom Groben ins Feine, ohne komplett verwirrt zu sein und den Überblick zu verlieren.

6.1 Softwareempfehlungen für den Videoschnitt

Für den Videoschnitt gibt es eine Vielzahl an Programmen. Die wichtigsten sind die folgenden:

Vorinstallierte Programme:

- Apple iMovie
- Windows Movie Maker

Kostenlose Programme:

- AVID Media Composer First
- Lightworks

Professionelle Programme:

- AVID Media Composer (Abbildung 6.5)
- Adobe Premiere Pro CC (Abbildung 6.6)
- CyberLink PowerDirector
- MagiX Video Deluxe
- Sony Vegas Pro 13
- Coral Video Studio Ultimate X8

Wie bei allen Dingen im Leben gibt es den einfachen und den komplizierten Weg. Das ist auch bei Schnittprogrammen so. Standardmäßig gibt es, wenn du dir einen Computer kaufst, vorinstallierte Programme. Bei Windows ist das der Windows Movie Maker und bei Apple iMovie. Das sind sehr einfache Programme, die sich schnell und einfach auch vom Laien bedienen lassen. Für den Schnitt von sehr simplen YouTube-Clips kannst du diese Tools einsetzen. Du kannst sofort loslegen, musst kein Geld für die Software ausgeben und arbeitest dich schnell ein. Hast du vor, langfristig richtig coole YouTube-Videos zu schneiden? Dann sollte dein Ziel sein, dich direkt an die professionellen Programme heranzuwagen. Du wirst früher oder später nicht darum herumkommen, ich spreche hier aus Erfahrung. Mit den vorinstallierten Programmen quälst du dich auf lange Sicht sonst nur herum, da hier aufgrund der Einfachheit viele wichtige Funktionen fehlen. Mit anderen auch teils kostenfreien Schnittprogrammen würde ich nur als Notlösung arbeiten. Du wirst sonst mit dem Endergebnis nicht wirklich zufrieden sein.

Abbildung 6.5 AVID Media Composer

Abbildung 6.6 Adobe Premiere Pro CC 2018

Es braucht zwar einige Zeit, bis du mit einem professionellen Schnittprogramm vertraut geworden bist, aber die Mühe lohnt sich! Ich rate dir, dich direkt zu Beginn für ein bestimmtes Schnittprogramm zu entscheiden, mit dem du auch später größere und professionellere Projekte schneiden kannst und das ebenfalls von vielen anderen Usern benutzt wird. Bei den ersten beiden genannten professionellen Programmen ist das der Fall, denn sie sind sehr verbreitet. Die Möglichkeit zur Vernetzung mit anderen Programmen spielt auch eine sehr große Rolle.

Abbildung 6.7 Schnitt im Profiprogramm

Der AVID Media Composer (Abbildung 6.5) wird vor allem beim Fernsehen und für Spielfilme genutzt, da das Programm eine gute Performance bei großen Datenmengen zeigt und über verschiedene Plug-in-Erweiterungen über eine hohe Anzahl von Einstellungsmöglichkeiten und Features verfügt. Da das Programm aber wenig intuitiv zu bedienen und sehr komplex ist, würde ich dir als Einsteiger davon abraten. Auf der Website von AVID (*www.avid.com*) kannst du dir den AVID Media Composer First kostenlos mit allen Profitools herunterladen.

Ich arbeite seit Jahren ausschließlich mit dem Schnittprogramm Premiere Pro von Adobe. Es gibt mehrere Gründe, warum ich das Schnittprogramm besonders empfehle. In den letzten Jahren hat Premiere Pro immer mehr an Bedeutung gewonnen und Final Cut Pro von Apple sowie andere Videobearbeitungssoftware des Consumer- und Prosumer-Markts weitestgehend verdrängt. Heutzutage wird vorwiegend Premiere Pro von vielen kleinen und mittleren Produktionsfirmen verwendet. Der Siegeszug ist zurückzuführen auf die gute Vernetzung der Programme der Adobe Creative Suite (CS). Premiere Pro lässt sich sehr gut mit Adobe Photoshop und Adobe After Effects (und mit weiteren Programmen aus der CS) verwenden. Erstellte Videos, Grafiken und Fotos müssen nicht mehr exportiert werden, sondern können direkt in Premiere Pro (Abbildung 6.8) eingesetzt und in den Programmen bearbeitet und angepasst werden.

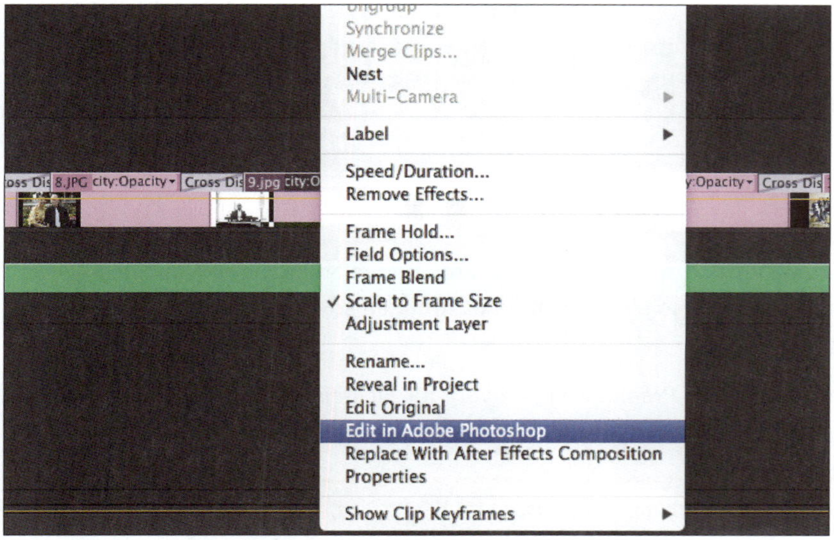

Abbildung 6.8 Einfache Zusammenarbeit mit anderen Programmen in Adobe Premiere Pro

Die gute Vernetzung ist ein sehr großer Vorteil gegenüber anderen Schnittprogrammen. Zudem ist die Bedienung von Premiere Pro sehr intuitiv, und es gibt eine Vielzahl kostenloser Tutorials im Web, um das Programm zu lernen. Als Tipp möchte ich dir die Trainingsplattform von Adobe, dem Hersteller der Software, ans Herz legen, die du hier findest: *https://helpx.adobe.com/de/premiere-pro/tutorials.html*. Dort erhältst du in den drei Abschnitten Überblick, Grundlagen und Praxis hilfreiches Grundwissen – und das vollkommen gratis. Zu Beginn erwartet dich ein Video, das dir »Premiere Pro in 60 Sekunden« erklärt. Danach kannst du selbst entscheiden, was du lernen möchtest. Wenn du dich noch gar nicht mit Premiere Pro vertraut gemacht hast, schau dir die Grundlagenlektionen komplett an. Spezielle Tipps und die Verwendung von Animation für deine Logos findest du dann unter den Praxislektionen.

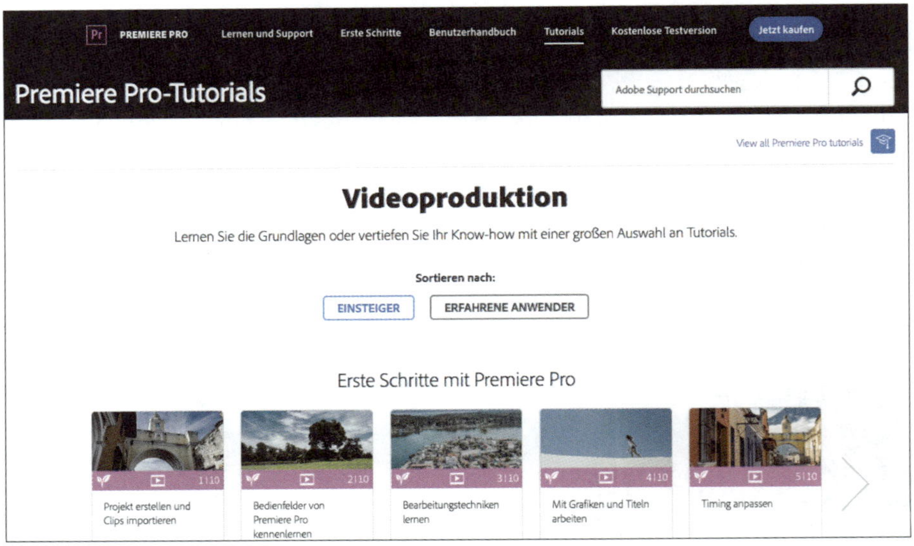

Abbildung 6.9 Die Trainingsplattform von Adobe

Ein weiterer Vorteil ist, dass Premiere Pro von vielen anderen Webvideo-Cuttern verwendet wird und so ein gemeinsames Arbeiten an einem Schnittprojekt erleichtert wird.

Alles in allem bietet Premiere Pro sowohl für Einsteiger als auch für Fortgeschrittene sowie Profis alle Möglichkeiten für einen guten Schnitt.

Tipp: Adobe Premiere im Abo günstiger

Anstatt ein Schnittprogramm zu kaufen, kannst du es auch einfach mieten. Das ist wesentlich günstiger. Verzichte darauf, ein Programm für Hunderte oder gar Tausende Euro anzuschaffen. Du zahlst im Abo eine monatliche Gebühr und kannst das Programm in der neuesten Version mit allen Features nutzen.

Infos gibt es unter *https://creative.adobe.com*.

6.2 Welche Geschichte willst du erzählen?

Jetzt ist es so weit: Der Zeitpunkt im Schnitt, an dem dein Talent als Geschichtenerzähler gefragt ist, ist gekommen! Das Rohmaterial ist gut sortiert, jetzt gilt es, die Schnipsel in eine Reihenfolge zu bringen. Dabei solltest du dir genau überlegen, wie du die Geschichte erzählen willst. Wenn man noch nicht so viel Erfahrung im Videoschnitt hat, werden die meisten nur eine Zusammenfassung des Drehmaterials grob zusammenschneiden. Dabei übersehen sie jedoch die Möglichkeiten, die sich ihnen bieten, um eine wirklich spannende Geschichte zu erzählen.

Abbildung 6.10 Schreibe dein Videokonzept.

Das Video sollte einem inhaltlichen roten Faden folgen (Abbildung 6.10). Ganz grob lässt sich dein Video in Einleitung, Hauptteil und Schluss unterteilen. Mit der Einleitung geht's natürlich los. Eine coole Anfangsanimation mit deinem Logo und einem Soundeffekt sollte höchstens drei bis vier Sekunden dauern. Wenn du noch nicht so weit bist, eine eigene Animation zu bauen, kannst du dir zum Beispiel eine bei *videohive.net* in der Kategorie OPENERS besorgen und selbst anpassen. Dann folgt direkt die Begrüßung mit Einführung des Themas. Es sollte schnell auf den Punkt gebracht werden, um welches Thema es in dem Video geht, damit der Zuschauer nicht gelangweilt das Video wegklickt. Danach kannst du eine kurze Rückschau auf die letzte Folge bringen, wenn es zum Beispiel hitzige Diskussionen in den Kommentaren gab. So zeigst du deinen Zuschauern, dass du sie ernst nimmst und dich mit ihnen beschäftigst.

Im Hauptteil wird das eigentliche Thema des Videos behandelt. Als YouTuber wirst du die meiste Zeit in die Kamera zu deinen Zuschauern sprechen. Der Trend der letzten Jahre ist, alles Unnötige rauszuschneiden und einfach *Jump Cuts* (gleiche Einstellung bei den Schnitten) zu setzen. Am Anfang ist dies der einfachste Weg und sehr praktisch, weil du dich häufiger versprechen wirst. Der Nachteil ist, dass es schnell sehr hektisch und abgehackt wirken kann. Deswegen solltest du mit zunehmender Erfahrung immer weniger Jump Cuts verwenden und versuchen, solange es geht, am Stück zu erzählen. Das ist für den Zuschauer angenehmer anzuschauen, es wirkt zudem viel authentischer, und kleine Versprecher machen dich dabei nur menschlicher und ehrlicher. Und genau das willst du ja auch rüberbringen. Um dein Video abwechslungsreich zu gestalten, ist es wichtig, dich nicht nur beim Erzählen zu zeigen, sondern deine Geschichte mit Fotos und weiteren kleinen Videos zu unterlegen oder zwischendurch auch einfach mal eine Bilderstrecke mit unterlegter Musik einzubauen. Achte nur unbedingt darauf, dass du die Rechte an dem Material hast, also verwende nicht einfach irgendwelche Fotos und Videos aus dem Internet.

Zu guter Letzt folgt der Schluss deines Videos. Dort gibst du eine kurze Zusammenfassung des Hauptteils, dann folgt die Verabschiedung und auf jeden Fall eine Aufforderung zum Kommentieren oder Liken deines Videos. Das war's? Nicht ganz, denn nach dem Schluss sollte noch eine Endcard folgen. Du fragst dich jetzt, was das das wohl ist? Ganz einfach: Endcards sind Tafeln mit verlinkten Schaltflächen am Ende deiner Videos. Setze zum Beispiel in den letzten zehn Sekunden deines Videos eine solche Tafel ein, um deinen Nutzern weiterführende Verlinkungen anzubieten.

Das Besondere: Du kannst im Videoschnitt schon coole Grafiken oder Hintergründe in deine Endcard hineinschneiden, wie es Colin Furze beispielsweise macht (Abbildung 6.11). Nutze dazu zum Beispiel die letzten zehn Sekunden in deinem Clip, um Handlungsempfehlungen für deine Zuschauer zu geben. Sehr schick kommen dabei stimmungsvolle Hintergrundbilder daher. Möchtest du also ein Video verlinken? Dann zeig es auf der Endcard! Lass dafür einfach Platz auf der Endcard, damit du es nach dem Upload dort einblenden kannst. Das sorgt für besonders viel Dynamik und macht Lust, das vorgeschlagene Video anzuklicken. Mehr dazu findest du in Abschnitt 7.1, »Viele Klicks durch Endcards«, und Kapitel 9, »Pimp deine Videos für mehr Reichweite«.

Wird im Video eine neue Location gezeigt, ist die normale Herangehensweise, dass diese zunächst durch eine Totale eingeführt wird. Danach folgen abwechselnd Halbnah-, Nah- und Detaileinstellungen. Du kannst auch andersherum vorgehen. Manchmal wird mit einer oder mehreren Detaileinstellungen begonnen und dann mit jedem Schnitt ein wenig mehr gezeigt. Dies ist ein guter Weg, um Spannung aufzubauen. Außer bei den Jump Cuts ist es ratsam, keine gleichen oder ähnlichen Einstellungen aneinanderzuschneiden. Solche Schnitte wirken meist nicht natürlich. Übergänge solltest du gekonnt einsetzen, damit keine Langeweile entsteht. Schnelle Schnitte sorgen für Dynamik und lassen deine Zuschauer aufmerksam bleiben.

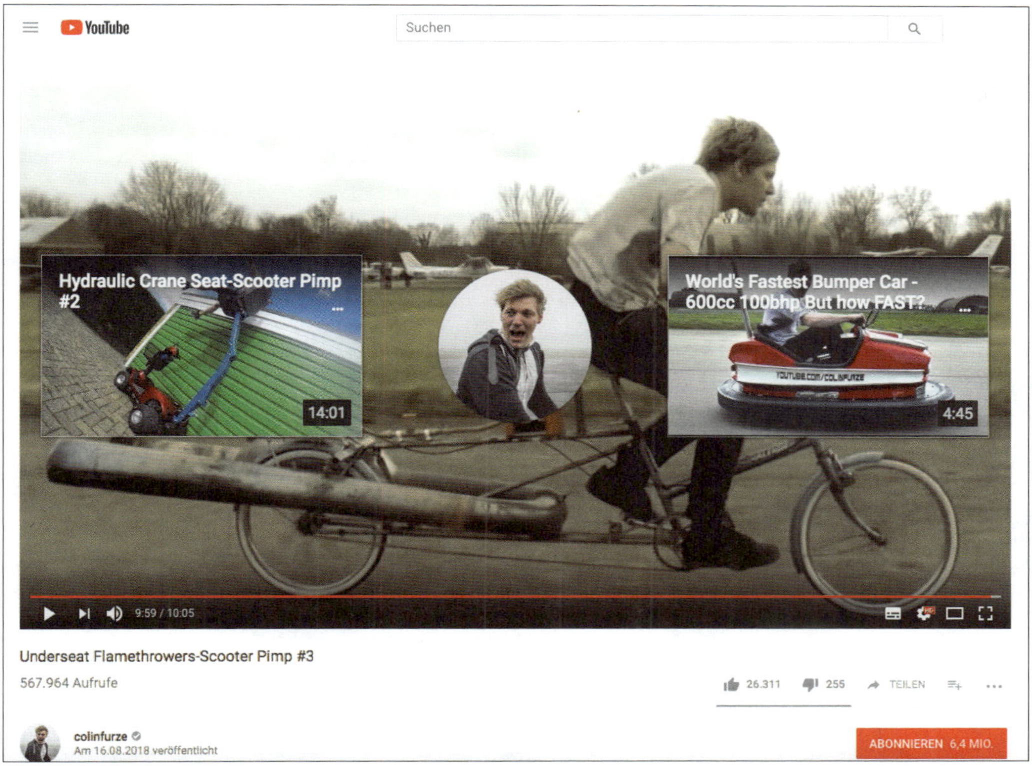

Abbildung 6.11 Endcard von Colin Furze (www.youtube.com/watch?v=NBq7fh7uvW8)

Tipp: Vergleiche mit bekannten YouTubern anstellen!

Lass dich von anderen Videos auf YouTube inspirieren und suche nach Möglichkeiten, deine eigenen Vorstellungen umzusetzen. So wirst du schnell herausfinden, was momentan »in« ist und was noch fehlt. Vielleicht schaffst du gerade dadurch deinen eigenen Stil und somit auch die Unverwechselbarkeit, die dich besonders macht.

6.3 Der letzte Schliff

Sobald die Reihenfolge deiner Einstellungen feststeht, kopierst du wieder die Timeline und nennst sie zum Beispiel *4_projektname_feinschnitt_2*. Im nächsten Schritt können nun Musik und Soundeffekte an ausgewählte Stellen gelegt und die Schnipsel an die Musik angepasst werden. Dann kannst du die Timeline erneut kopieren und mit *4_projektname_feinschnitt_3* benennen. Jetzt solltest du deine Anfangsanimation, Schriften, Fotos und Grafiken in deinem Video verteilen, gestalte Einblendungen, wie zum Beispiel Bauchbinden oder Überschriften, möglichst plakativ.

Idealerweise sind diese auch in der Verkleinerung gut lesbar. Rufe dir ins Gedächtnis, dass viele User YouTube über Smartphones und somit auf kleinen Bildschirmen nutzen. Hier sollte deine eingeblendete Schrift (Abbildung 6.12) immer noch gut erkennbar und lesbar sein.

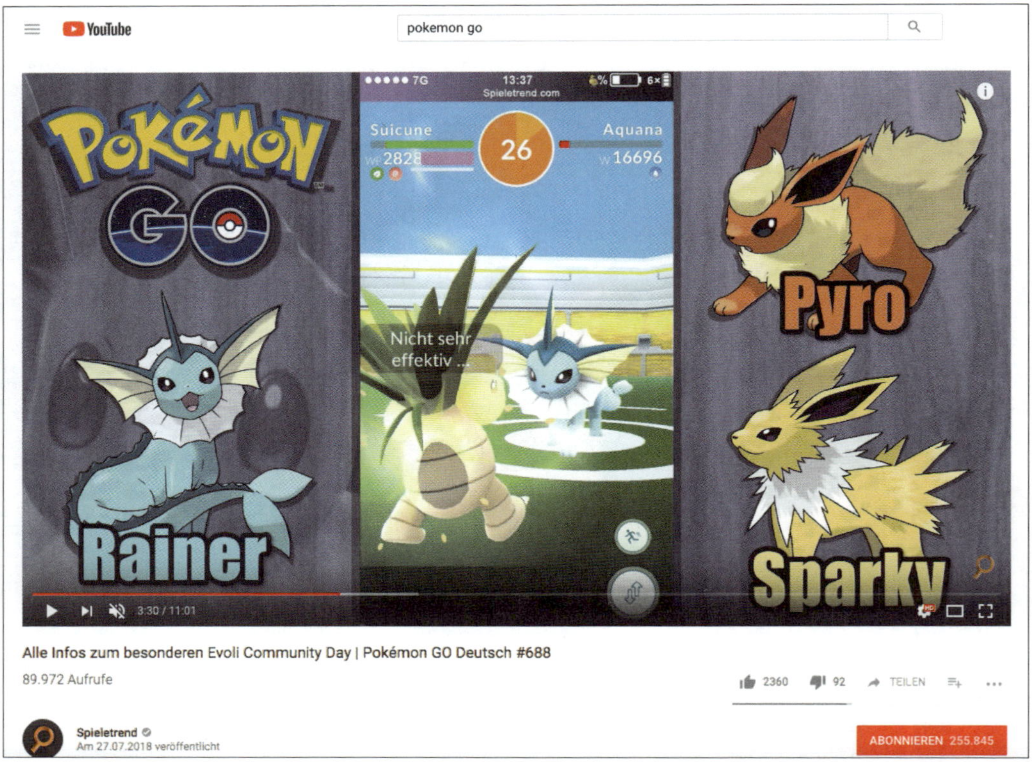

Abbildung 6.12 Gut lesbare Einblendungen im Video

Damit dein Video lebendiger und kurzweiliger wirkt, solltest du dir Gedanken darüber machen, welche Intros, Übergänge usw. du einsetzen möchtest. Um es ganz einfach zu halten, kannst du dir Animationen günstig anfertigen lassen. Nutze die Vielfalt, und suche dir zum Beispiel 3D-Animationen oder coole Styles für dein Logo aus. Dienstleister bieten auf Plattformen wie *fiverr.com* (Abbildung 6.13) ihre Dienste genau hierfür an. Das Coole: Jeder Auftrag kostet nur 5 US$! Das heißt, du kannst eine sehr frische Videoanimation für umgerechnet knapp 4,50 € erstehen. Von Angeboten wie »1000 Likes für 5 Dollar« solltest du die Finger lassen. Diese gibt es auch auf der Plattform *fiverr.com*. Kleine Animationen kannst du hier jedoch bedenkenlos bestellen. Suche einfach nach »YouTube Intro« oder »Video Animation«, und schon erhältst du sehr viele Suchergebnisse von Anbietern für eine Customized Animation. Wähle das passende Angebot für dich aus und übermittle bei der

Bestellung dein Logo und deinen Namen. So bekommst du ein individuelles Video zurückgeliefert. Bei vielen ist auch schon Musik mit einbegriffen. Rechne nach der Bestellung ein paar Tage Wartezeit mit ein, bis du deine fertige Animation in den Händen hältst.

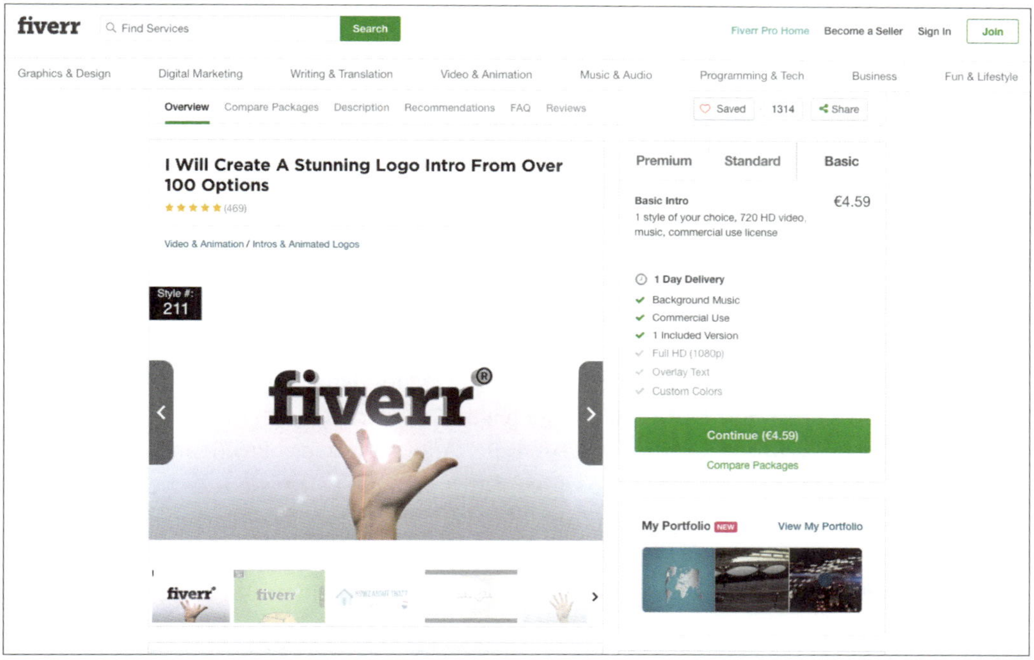

Abbildung 6.13 YouTube-Animationen bei fiverr.com

Das Video ist so weit fertig, und die Schnitte und die Länge werden nicht mehr verändert. Jetzt kann die Audiospur bearbeitet werden. Die meisten Schnittprogramme haben für die Audiobearbeitung einige Basiseinstellungen. Wenn diese nicht ausreichen, kann die Tonspur einzeln exportiert und in einem Audioprogramm bearbeitet werden.

Im letzten Schritt folgt nun die Farbkorrektur, auch Colorcorrection genannt, und das Colorgrading. Bei der Colorcorrection korrigierst du den Weißabgleich und passt die Hell-dunkel-Kontraste an. Danach folgt die hohe Kunst des Colorgradings. Jeder Cutter hat seine eigene Art und Weise, die Filter und Effekte zu benutzen. Mithilfe von verschiedenen Tools können Hell-dunkel-Kontraste, Farben und die Sättigung nach Belieben angepasst werden. Um einzelne Farben oder Bereiche zu bearbeiten, benutzen Fortgeschrittene verschiedene Masken. Bei allen gängigen Videobearbeitungsprogrammen lassen sich zudem sogenannte *LUTs* (*Lookup Tables*) importieren. Diese LUTs lassen sich dann einfach auf einen Clip legen und erzeugen einen vordefinierten und durchgängigen Look. Wenn du Spaß am Colorgrading hast und erfahrener bist, kannst du dir die Videobearbeitungssoftware DaVinci Resolve kostenlos herunterladen: *www.blackmagicdesign.com/de/products/davinciresolve/*. DaVinci Resolve bietet dir umfangreiche Möglichkeiten für professionelles Colorgrading.

Schau dir viele Tutorials im Internet an und probiere verschiedene Wege aus. Suche auch einfach mal auf Google nach »Video Colorgrading«. Ohne es selbst auszuprobieren, kommst du nicht weiter. Irgendwann wirst du einen Weg finden, der für dich am besten funktioniert. Am Anfang neigen viele noch dazu, ihre Bilder zu stark zu bearbeiten. Jedoch gilt hier der oft zitierte Spruch: Weniger ist mehr! Die Bildbearbeitung sollte am besten unauffällig, aber wirkungsvoll sein. Ausnahmen sollten immer zum Inhalt des Videos passen. Ein Beispiel dafür sind bei Schwarz-Weiß hohe Kontraste, wenn eine bedrohliche Situation stattfindet, oder ein sehr helles, kontrastarmes und farbenfrohes Bild, wenn eine gute Stimmung vermittelt werden soll.

Nun hast du alle Zutaten, um professionelle YouTube-Videos zu drehen und zu schneiden. Exportiere deinen fertigen Videoclip, damit du ihn bei YouTube hochladen kannst. Oft gibt es in den gängigen Schnittprogrammen bereits ein entsprechendes Export-Preset für YouTube. Bei Adobe Premiere Pro nennt sich das YOUTUBE WIDESCREEN. Das ist perfekt! Du musst dir keine weiteren Gedanken um Exporteinstellungen machen (Abbildung 6.14) und kannst einfach auf EXPORTIEREN klicken – schon läuft der Speichervorgang für dein Video. Je nachdem, wie schnell dein Computer und wie lang der Clip ist, dauert das ein paar Minuten bis maximal ein paar Stunden.

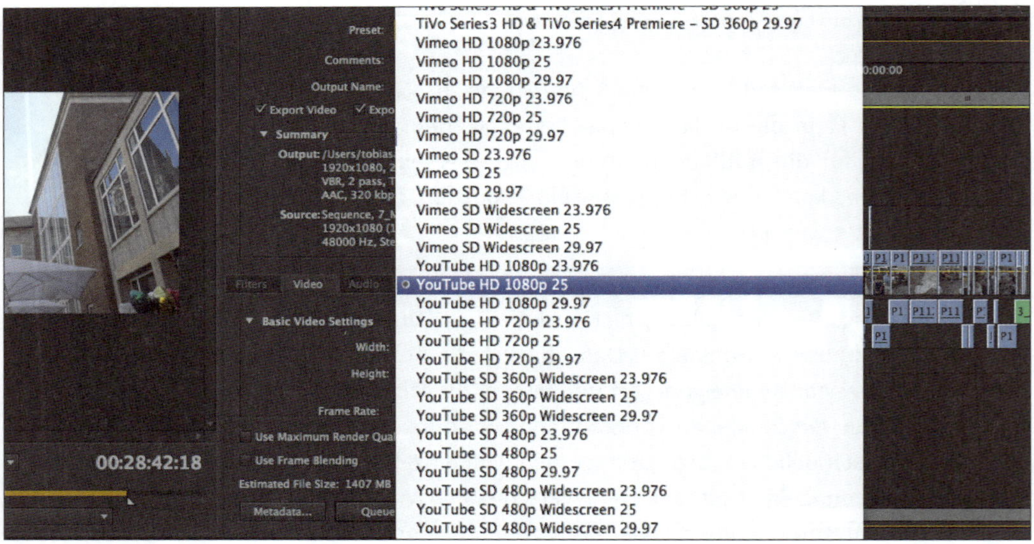

Abbildung 6.14 Beim Videoexport YouTube-Vorgabe wählen

Damit dein Video von YouTube akzeptiert wird, musst du es in einem YouTube-Format speichern. Sollte es in deinem Schnittprogramm kein Speicherprofil für YouTube geben, wähle manuell eines der folgenden Formate aus und achte auf eine Auflösung von mindestens 1.080p. Beim Ton empfehle ich dir eine möglichst hohe Samplerate von 48.000 Hz. Auch diese kannst du manuell einstellen. YouTube akzeptiert folgende Videoformate:

- AVI (Audio Video Interleaved)
- 3GPP (3rd Generation Partnership Project)
- MOV (QuickTime Movie)
- MP4 (Motion Picture Experts Group Part 14)
- MPEG oder MPG (Motion Picture Experts Group)
- FLV (Adobe Flash)
- M4V (h.264)
- WMV (Windows Media Video)
- WEBM (HTML5)

Tipp: Sei kreativ und probiere viel aus!

Die meisten Regeln sind nicht in Stein gemeißelt und können variiert und gebrochen werden. Nur dadurch findest du mit der Zeit deinen persönlichen Stil, der dich und deine Videos einzigartig macht. Also trau dir ruhig auch mal zu, andere Wege zu gehen, um deine Kreativität zu erforschen!

7 Tricks für mehr Reichweite – Videovorbereitung

Stelle schon vor dem ersten Upload deines Videos alle Ampeln auf Grün! So hast du später ein leichtes Spiel bei der Koordination und der reichweitenstarken Verbreitung deiner Videoclips.

Reichweite ist dein Lebenselixier auf YouTube! Du brauchst sie wie die Luft zum Atmen, um auf der Videoplattform zu überleben. Je mehr Videoklicks und Abonnenten du bekommst, desto stärker wird deine Präsenz. Videoklicks abzustauben, ist genau wie das Punktesammeln in einem Computerspiel. Du kommst je nach Menge der Klicks in ein höheres Level. Ganz oben angekommen sind deutsche YouTube-Stars wie Dagi Bee, LeFloid oder Lionttv. Ein Video von LeFloid hat im Durchschnitt Aufrufe im fünf- bis siebenstelligen Bereich. Es kann aber auch mal vorkommen, dass man über 5.000.000 Hits für nur einen einzigen Clip einsackt (Abbildung 7.1).

Abbildung 7.1 YouTuber LeFloid hat mehrere Millionen Aufrufe pro Video (www.youtube.com/watch?v=5OemiOryt3c).

Bis du diese Aufmerksamkeit erreichst, musst du dich erst Level für Level hocharbeiten. Nicht jeder schafft es, und es gibt keine Garantien. Daher solltest du alles daransetzen, stets dein Bestes zu geben. Und das beginnt schon vor deinem Video-Upload, indem du die Weichen perfekt stellst.

Versetz dich mal in deine Zuschauer hinein: Beim Surfen auf YouTube klickt jemand zufällig dein Video an. Und dann? Am besten bleibt es nicht nur bei dem einen! Überzeugst du inhaltlich und gibst einen Ausblick auf deine weiteren Angebote, kannst du die Nutzer in deine Welt einladen, und sie werden auch kommen. So gelangst du über kurz oder lang an Stammzuschauer. Diese sind extrem wichtig für das Überleben deines Channels auf YouTube. Nur dank regelmäßiger Einschaltquoten deiner Zuschauer hältst du deine Position und baust sie beständig aus. Deine Reputation im Social Web steht und fällt mit wiederkehrenden Nutzern. Einmalige Besucher sind zwar gut, aber Stammzuschauer sind viel besser! Daher kannst du dir direkt in der Videovorbereitung Gedanken machen, wie genau du das schaffen kannst. YouTube bietet permanent neben dem Clip (Abbildung 7.2) und standardmäßig am Ende eines Videos (Abbildung 7.3) Videovorschläge an.

Abbildung 7.2 Videovorschläge auf der YouTube-Wiedergabeseite

Das ist spannend für die Nutzer. Das Problem ist aber, dass das nicht immer deine Videos sind. Sorge also dafür, dass deine Nutzer nicht zu einem fremden Video weiterklicken. Sonst verlierst du deine Zuschauer direkt wieder. Der Sprung zum nächsten Katzenvideo ist nie weit entfernt. Miau! Die Nutzer sollen jedoch bei dir bleiben und tiefer in deine Videowelt einsteigen. Jede Ablenkung ist dabei kontraproduktiv. Ich empfehle dir daher vor allem, Handlungsempfehlungen in dein Video einzusetzen. Denn wenn jemand dein Video angesehen hat, kannst du den User in deinem Videokosmos halten. Mach proaktive Vorschläge! Was soll dein Nutzer tun, nachdem er dein Video angesehen hat? Das zeigst du am besten auf einer Endcard.

Abbildung 7.3 Weitere Videos nach einem YouTube-Video

7.1 Viele Klicks durch Endcards

Du kannst für verschiedene Zwecke jeweils eine eigene Endcard entwickeln. Dazu musst du dir aber vorher überlegen, wo du deine Zuschauer hinlenken möchtest. Der Mix an Videos und das Ziel sind entscheidend! Biete möglichst nicht nur eine Option an, sondern gib mehrere zur Auswahl. So ist die Chance höher, wenn du es nicht mit zu vielen Auswahlmöglichkeiten übertreibst, dass Nutzer auf etwas Interessantes klicken.

Die User von Leon Machère zum Beispiel schauen durch die Endcard noch viele weitere Videos (Abbildung 7.4), klicken auf seinen Channel oder abonnieren ihn direkt. Das kannst du auch bei deinen Videos umsetzen.

Abbildung 7.4 Mehr Abonnenten durch eine Endcard (www.youtube.com/watch?v=ZPT7baWCNO0)

Besonders attraktiv sind weiterführende Video- oder Playlist-Einblendungen, die du ebenso einfügen kannst. Das heißt, auf der Endcard zeigst du eine Vorschau auf ein oder zwei passende Videos, die für deine Nutzer ebenfalls interessant sein können. Durch diesen kleinen Ausblick machst du deine Fans direkt neugierig.

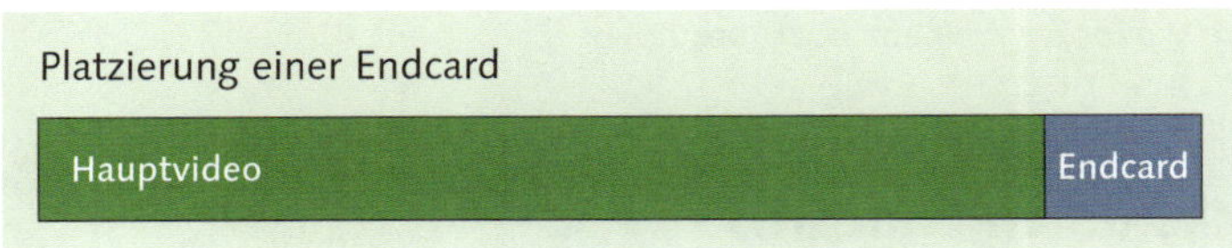

Abbildung 7.5 Einsatz einer Endcard nach Ende des Hauptvideos

Der Name Endcard sagt es ja schon – es ist quasi eine Videovisitenkarte am Ende mit weiteren Infos und Links. Der Einsatz einer Endcard erfolgt somit immer nach Ende des Hauptvideos (Abbildung 7.5). Warum eigentlich nicht am Anfang? Du möchtest deine Fans zu Beginn ja nicht mit zu vielen Infos überfordern. Deine Zuschauer sollten erst mal uneingeschränkt das Videoerlebnis genießen können, und dabei stören am Anfang eingeblendete Hinweise, Infos oder Links. Also nutze den Platz für Hinweise besser nach der Mitte oder ganz am Ende deiner Clips. Das macht aus meiner Erfahrung am meisten Sinn. Somit erreichst du auch nur die sehr interessierten Zuschauer, die von dir zu einer weiterführenden Handlung aufgefordert werden. Denn nur derjenige, der dein Video so gut findet, dass er es auch bis zum Ende schaut, ist für dich ein wichtiger Nutzer, dem du Links anbieten solltest.

Abbildung 7.6 YouTube-Endcard von »KinoCheck« (www.youtube.com/watch?v=v1WDEvNNfgY)

Zum Leben erwecken musst du deine Endcard durch einen sogenannten Abspann. Diese Funktion bietet YouTube, um Infos und Verlinkungen direkt in deinen Videos zu ermöglichen. Das sind Verlinkungen zu deinen Videos, deinen Playlists, deinem Channel oder zu einer verknüpften Website, die du direkt auf deinen Videos platzieren kannst. Aber seien wir mal ehrlich: Hübsch sind diese Kästchen ohne einen ansprechenden Hintergrund nicht. Daher hat sich die Methode durchgesetzt, weitere Infos zu den Endcard-Elementen sowie eine ansprechende Hintergrundgrafik hinzuzufügen. Du hältst die Hand darauf, wie die Elemente letztlich auf der Endcard positioniert werden und was du genau verlinkst (Abbildung 7.6).

Im Prinzip gibt es zwei Arten von Endcards, die du verwenden kannst. Zum einen gibt es die Möglichkeit, einfach an dein eigentliches Hauptvideo eine maximal 20-sekündige Endcard anzuhängen, oder du integrierst sie bereits beim Videodreh in die Abmoderation (Abbildung 7.7). Durch einen Splitscreen kannst du so zum Beispiel auf der einen Seite in deinem Videofenster Endcard-Informationen zeigen und auf der anderen Seite selbst zu sehen sein. Teste, was das Richtige für dich ist, was dir am besten liegt und wo deine Zuschauer am ehesten dranbleiben. Wie du die Anzahl der Klicks auf deinen Endcard-Links messen kannst, erfährst du in Kapitel 12, »Durch Kontrolle der Zahlen dauerhaft erfolgreich sein«.

Damit eine Endcard so cool aussieht, wie du es dir wünschst, solltest du diese immer direkt in das Video mit hineinschneiden. Bedenke das also bereits im Schnitt und mach dir vorher Gedanken, was du gern verlinken möchtest. Das ist bei der Vorbereitung ganz wichtig, da dieses Element immer zu deinem Video gehören sollte. Hast du dein Video erst mal hochgeladen und auf YouTube veröffentlicht, kannst du es leider nicht mehr ändern.

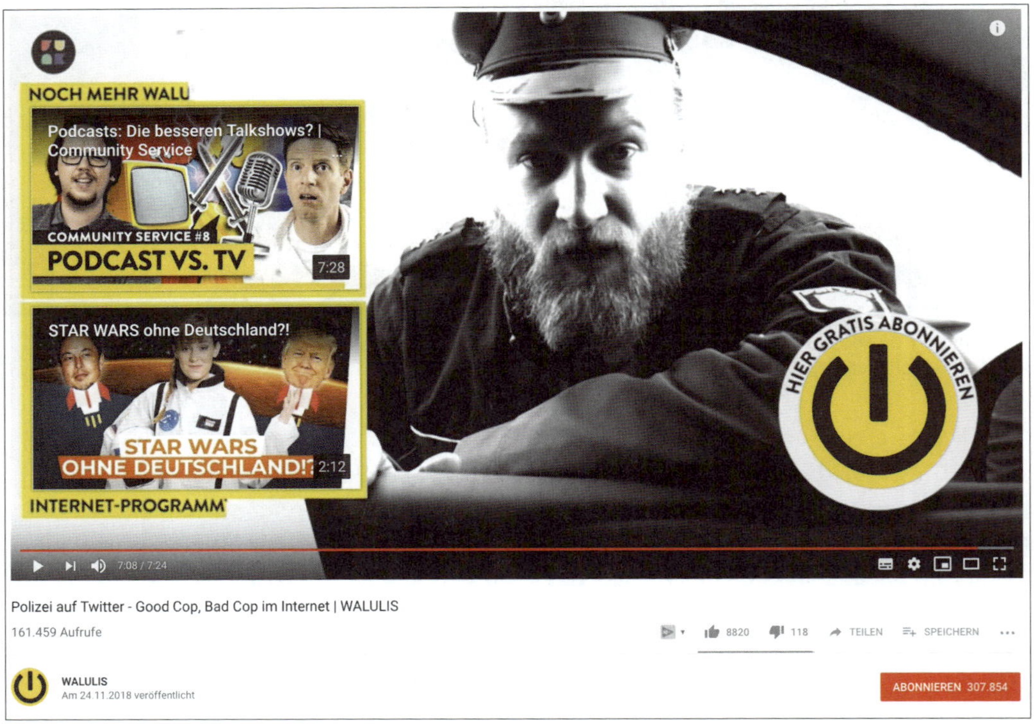

Abbildung 7.7 Video-Endcard mit Moderation von »WALULIS« (www.youtube.com/watch?v=xocxskUtYyY)

Was kannst du alles verlinken? Eigentlich kannst du Verlinkungen auf fast alles setzen. Achte aber darauf, die Zuschauer nicht zu überfordern. Deine Endcard sollte stets aufgeräumt und nicht zu vollgestopft wirken. Du kannst deine und fremde Videos verlinken, aber auch Playlists, deinen eigenen YouTube-Channel oder deine Website.

Achtung: Voraussetzungen für die Verlinkung auf deine Website

In deiner Endcard darfst du neben den YouTube-eigenen Funktionen – Link auf weitere Videos, Playlists oder dein Kanalabo – nur externe Links z. B. zu deiner Website einsetzen, wenn du bestimmte Voraussetzungen erfüllst. Die Teilnahme am YouTuber-Partnerprogramm ist hierbei Pflicht. Mehr dazu findest du in Abschnitt 11.3.

Du kannst auch einen Button einbinden, mit dem die User direkt deinen Channel abonnieren können. Da Stammzuschauer sehr wichtig für deine Reputation sind, solltest du diese Schaltfläche sehr auffällig gestalten. Der als Abspannelement eingesetzte ABONNIEREN-Button zeigt nur das Profilbild deines Kanals, solange man nicht mit dem Mauszeiger darüberfährt. Platziere daher daneben am besten noch einen Hinweis mit dem Wort »Abonnieren« und eventuell auch einen Pfeil, der auf den eingebundenen ABONNIEREN-Buttons von YouTube zeigt. Somit wird deine Botschaft deutlich, und viele Zuschauer klicken hoffentlich auf den Button, um Abonnent zu werden. Neben dem Begriff »Abonnieren« ist die englische Alternative »Subcribe« ebenfalls geeignet – je nachdem, ob dein Publikum deutsch oder sogar international ist.

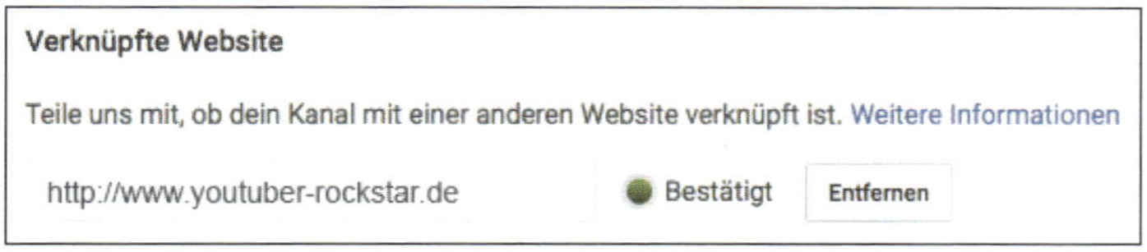

Abbildung 7.8 Verknüpfung von Website mit YouTube-Channel

In deinen Clips kannst du deine Zuschauer gezielt auffordern, zum Beispiel deinen Merchandise-Shop zu besuchen. Nimm dein Publikum also immer an die Hand, und sie werden dir folgen. Mache Angebote und erziele somit mehr Wirkung mit deinem Video. Sobald du YouTuber-Partner bist, kannst du diese Funktion aktivieren. Damit du auch auf externe Seiten außerhalb von YouTube verlinken kannst, musst du deinen Kanal dafür freischalten. Unter YouTube Studio • Kanal • Erweitert gibt es dazu den Punkt Verknüpfte Website (Abbildung 7.8). Dort kannst du deine eigene Website eintragen. Gib deine URL ein und klicke auf Bestätigen. Folge nun den Anweisungen, um zu bestätigen, dass du auch wirklich der Inhaber der Website bist. Nach der erfolgreichen Kopplung deiner Website mit deinem YouTube-Channel leuchtet die Anzeige grün. Daneben steht das Wörtchen Bestätigt. Du kannst deine Website später auch noch mal ändern oder eine neue verlinken, indem du auf Entfernen klickst.

Abbildung 7.9 Achte auf den blauen Hinweis.

Jetzt weiß YouTube, dass du berechtigt bist, genau diese Links zu deiner Website einzusetzen. Sobald du das nächste Mal auf VIDEO-ABSPANN klickst, um einen Link einzubinden, poppt folgender Hinweis auf: EXTERNE LINKS AKTIVIEREN (Abbildung 7.9). Klicke auf AKTIVIEREN, und schon kannst du Links auf deine Website aus deinem Video heraus setzen. Bedingung für den Einsatz eines Website-Links ist immer die Verwendung deiner Domain, die du gerade gekoppelt hast. Stell dir vor, deine Website hieße zum Beispiel »www.youtuber-rockstar.de«. So kannst du auf diese und auf alle deine Unterseiten verlinken, zum Beispiel auf »www.youtuber-rockstar.de/merchandise«.

Tipp: Vermeide Weiterleitungen

Auf fremde Websites darfst du durch Weiterleitungen jedoch nicht mehr verlinken. Bis 2017 war es gang und gäbe, Fans auf diese Weise beispielsweise auf Social-Media-Kanäle zu bringen. Dazu legte man beispielsweise eine Unterseite namens »www.youtuber-rockstar.de/twitter-weiterleitung« an, die die Nutzer auf ein Twitter-Profil leitete. Dies ist von YouTube jedoch nicht mehr gestattet und wird im schlimmsten Fall mit der Löschung des betroffenen Videos oder des gesamten Channels bestraft (siehe Abbildung 7.10).

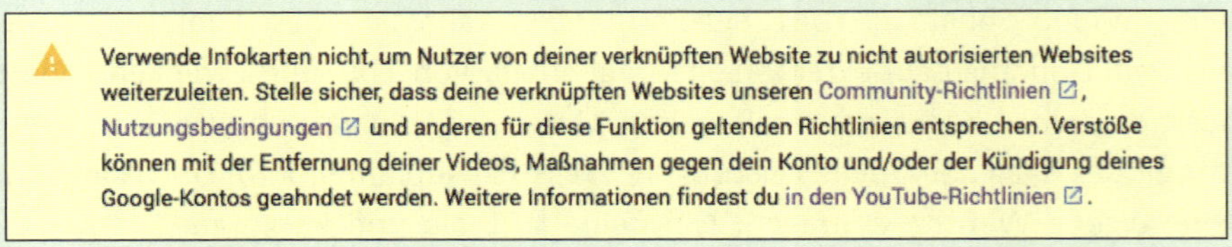

Abbildung 7.10 Keine Weiterleitungen im Abspann erlaubt

Wie du Links und Abspannelemente einfügst, zeige ich dir Schritt für Schritt in Kapitel 9, »Pimp deine Videos für mehr Reichweite«. Jetzt hast du schon mal Infos darüber, was möglich ist und was du in der Vorbereitung deines Videos mit bedenken solltest.

Bei Videolinks solltest du übrigens noch einen kleinen Trick anwenden, um mehr herauszuholen. Du kannst entweder ganz normal auf dein Video verlinken (Abbildung 7.11), oder du hängst noch eine Playlist mit dran (Abbildung 7.12).

Abbildung 7.11 Das YouTube-Video wird ohne Playlists abgespielt (www.youtube.com/watch?v=o5MK1t-xyNE).

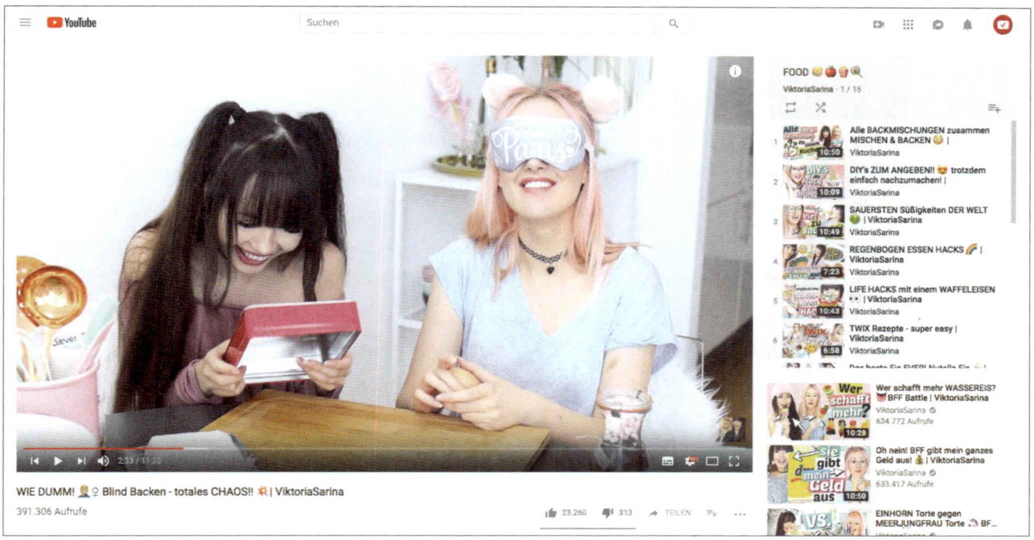

Abbildung 7.12 Das YouTube-Video wird in Playlists wiedergegeben (www.youtube.com/watch?v=o5MK1t-xyNE&list=PL5W8gOCgno3Y4jkScHk7x1l4mUCl45Vmt).

Das reichert dein Video an und gibt dem Zuschauer mehr Möglichkeiten. Statt eines Videos kann der Nutzer gleich eine ganze Menge weiterer Videos von dir ansehen. Das Einfügen ist etwas komplizierter, aber ich erkläre es dir ganz einfach: Durch das Anfügen der Playlist-ID zu deiner Video-URL aktivierst du diese Funktion. Überleg dir zunächst, welche Playlist du an dein Video anhängen möchtest. Dann gehst du in deinen Channel unter PLAYLISTS und rufst die entsprechende Playlist auf. In deinem Browser siehst du jetzt die URL der gewählten Videoliste. Damit das Anhängen an dein Video klappt, benötigst du einen Teil der Playlist-URL. In der Adresszeile kopierst du dazu die komplette Zeichenfolge ab dem Fragezeichen. Somit hast du deine Playlist-ID gerade in die Zwischenablage kopiert. Um sie nun an dein Video anzuhängen, fügst du den kopierten Teil einfach nach deiner Video-URL ein. Schon ist dein Video mit Playlist-Anhang fertig. Mit diesem Spezial-Link gelangt der Nutzer nun nicht nur auf dein reguläres Video, sondern gleich auf dein Video zusammen mit einer ganzen Reihe weiterer passender Videos. Das bringt dir in der Summe viel mehr Klicks über deine Endcard. Somit hast du die Nutzer quasi direkt in einer Playlist-Schleife. Wenn sie am Ende des Videos nicht wegklicken, läuft die Playlist automatisch weiter. Auf diese Weise verschaffst du dem Publikum einen Link zu deinem eigenen, automatisch weiterlaufenden Programm ihres Interesses. Der Zuschauer kann sich jetzt entspannt berieseln lassen. Hier siehst du ein Beispiel dafür, wie die URLs aneinandergekoppelt werden, probier es aus:

www.youtube.com/watch?v=o5MK1t-xyNE

+

&list=PL5W8gOCgno3Y4jkScHk7x1l4mUCl45Vmt

= Videolink mit angehängter Playlist

Die Vernetzung durch Links bringt deinen Zuschauern einen echten Mehrwert. Auch auf Mobilgeräten können deine Abspannelemente angeklickt werden. Dies ist eine große Verbesserung im Vergleich zu den sogenannten Anmerkungen, die es früher bei YouTube gab. Wenn du weitere Videovorschläge zeigst, einen Abo-Button oder andere Infos einbindest, können die User auch auf Smartphones direkt mit dem Finger darauf tippen und so zum weiterführenden Inhalt gelangen. Zusätzlich solltest du alle Endcard-Links noch mal in deine Beschreibung des Videos einfließen lassen. Somit können deine Zuschauer die Links noch einmal sehen und haben eine weitere Möglichkeit, bereits darauf zuzugreifen, während das Videos abläuft.

7.2 Sichere dich ab! – Rechtliche FAQs für YouTuber

Jura studiert haben musst du als YouTuber nicht. Mach es dir aber zur Regel, über rechtliche Entwicklungen im Internetbereich auf dem Laufenden zu bleiben. Die häufigsten Rechtsfragen für YouTuber fasst Rechtsanwalt Niklas Plutte (Abbildung 7.13) in den folgenden FAQs für dich zusammen. Bitte beachte, dass es sich nur um einen Überblick handelt.

Abbildung 7.13 Rechtsanwalt Niklas Plutte

Was darf ich bei YouTube hochladen?

Das Hochladen eines Videos bei YouTube ist eine sogenannte öffentliche Zugänglichmachung, die nur erlaubt ist, wenn du die nötigen Rechte an den hochgeladenen Inhalten besitzt. Prüfe am besten gedanklich, ob du sowohl am Video (Film, eingefügte Fotos, Text) als auch am Ton (zum Beispiel Hintergrundmusik) alle Rechte innehast. Von fremden Videos, wie zum Beispiel Sequenzen aus Kinofilmen, TV-Sendungen oder auch anderen YouTube-Videos, solltest du die Finger lassen. Gleiches gilt für Musik. Nur weil ein Song gut zu einem Video passt, heißt das nicht, dass man ihn als Hintergrundmusik verwenden darf. Wenn du fremde Musik in dein Video einbinden willst, solltest du dich daher genau erkundigen, ob die Verwendung bei YouTube erlaubt ist, ob und welche Kennzeichnungspflichten bestehen und was die Nutzung kostet.

Creative Commons

Suche einfach mal im Internet nach Musik unter Creative-Commons-Lizenz (Abbildung 7.14), diese Songs stehen zur freien Verfügung. Super wichtig: Kennzeichne diese immer richtig, auch wenn es »freie« Musik ist!

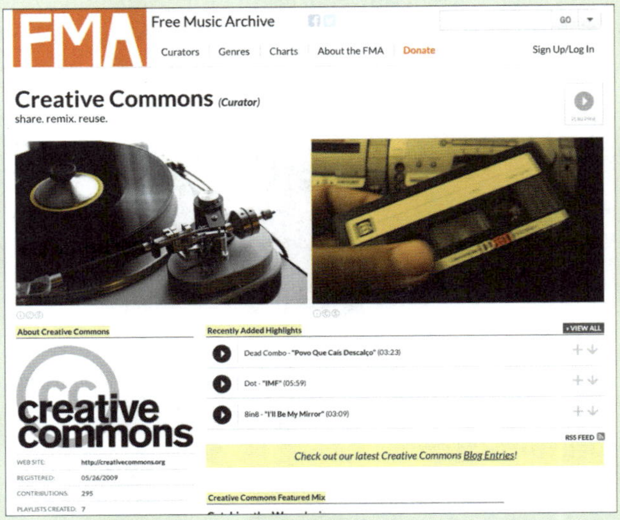

Abbildung 7.14 Einige Plattformen bieten freie Musik mit CC-Lizenz an.

Schließlich solltest du prüfen, ob dein Video möglicherweise fremde Persönlichkeitsrechte verletzen könnte. Kritik ist erlaubt, Beleidigungen sind es nicht. Intime oder andere bloßstellende Videos gehören ebenfalls nicht auf YouTube, selbst wenn du das Video selber erstellt hast und damit dessen Urheber bist. Übrigens: Auch Unternehmen können in ihren Persönlichkeitsrechten verletzt werden, zum Beispiel durch Schmähkritik, unwahre Tatsachenbehauptungen oder Boykottaufrufe.

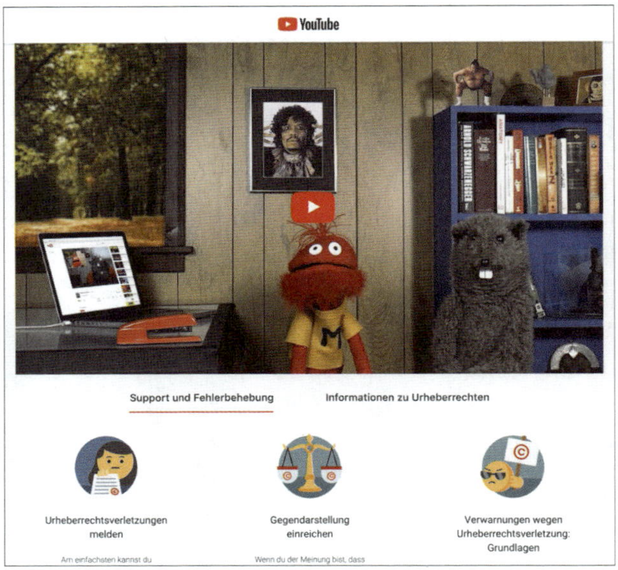

Abbildung 7.15 Infos zum Umgang mit dem Urheberrecht auf YouTube

Darf ich fremde Inhalte (Video, TV, Bild, Text) in meine Videos einbinden?

Fremde Videos, TV-Mitschnitte, einzelne Sequenzen und sogar Standbilder aus fremden Videos sind stets urheberrechtlich geschützt. Texte sind nur geschützt, wenn sie die sogenannte Schöpfungshöhe erreichen. Das bedeutet: Der Grad deiner Schöpfung muss relativ hoch und neu sein und nicht nur eine bloße Kopie von anderen Inhalten. Wann dies der Fall ist, lässt sich leider nicht pauschal sagen. Bei Tweets gehen die meisten Juristen zum Beispiel davon aus, dass diese aufgrund ihrer Kürze in 99 % aller Fälle nicht urheberrechtlich geschützt sind. Als Faustregel solltest du lieber davon ausgehen, dass fremder Text immer urheberrechtlich geschützt ist – zumindest dann, wenn er länger als ein Tweet mit 140 Zeichen ist.

Mehr Informationen zum Urheberrecht erhältst du auf YouTube selbst unter *www.youtube.com/yt/copyright/de/* (Abbildung 7.15). Jedoch werden dort nur recht allgemeine Tipps auf globaler Ebene gegeben. Da es ein amerikanischer Konzern ist, enthalten die Guidelines lediglich oberflächliche Infos, die nicht zu 100 % auf die deutschen Gesetze eingehen. Die zwei Puppen Fafa und Mario erklären dir im Video die Basics (Abbildung 7.16).

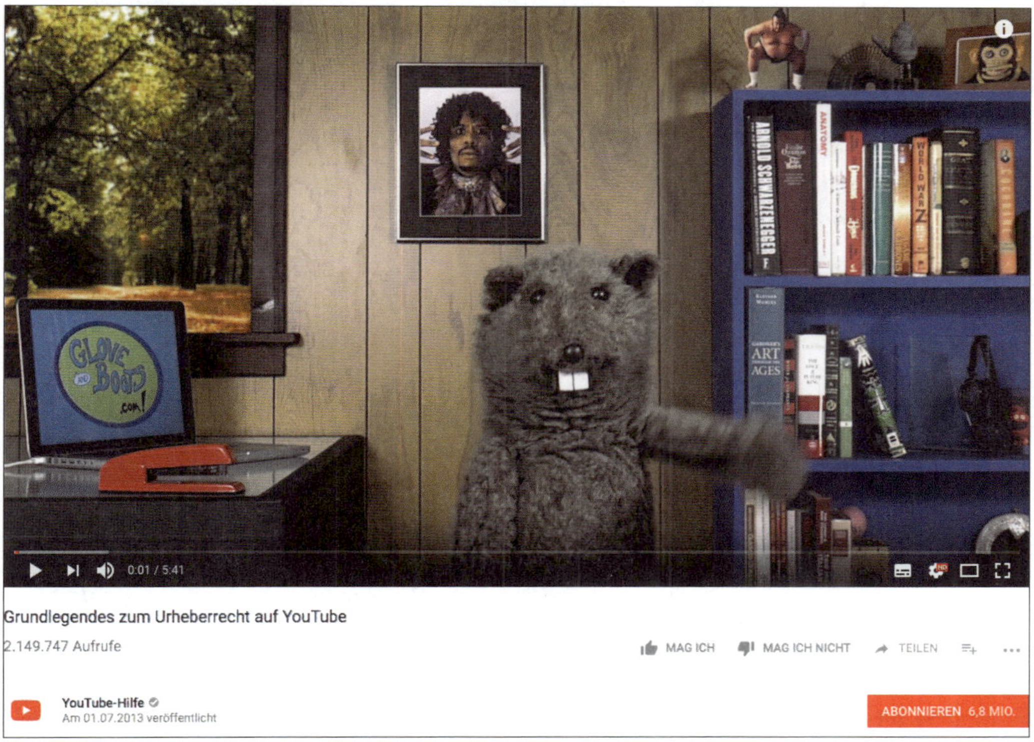

Abbildung 7.16 Fafa und Mario erklären dir das Urheberrecht (www.youtube.com/watch?v=Cp1Jn4Q0j6E).

Nehmen wir an, du möchtest einen urheberrechtlich geschützten Inhalt in dein Video übernehmen, zum Beispiel ein fremdes Foto oder eine Videosequenz. Wenn du eine – am besten schriftliche – Erlaubnis vom Rechteinhaber erhältst, ist das natürlich erlaubt. Vielleicht hast du mit einer freundlichen Anfrage beim Rechteinhaber sofort Erfolg, zum Beispiel wenn die Verwendung für ihn mit einer Werbewirkung verbunden ist. Also trau dich einfach zu fragen! Beachte aber, dass solche Anfragen schnell als Spam wahrgenommen werden, vor allem wenn sie per Telefon oder E-Mail erfolgen.

Solltest du nicht über eine Erlaubnis des Rechteinhabers verfügen, kann die Verwendung des fremden Inhalts ausnahmsweise trotzdem vom Zitatrecht gedeckt sein (§ 51 UrhG) – ähnlich, als würde man ein Gedicht von einem bekannten Dichter wiedergeben. Aber Vorsicht, das Zitatrecht wird oft falsch verstanden. Als Erstes muss der übernommene Teil legal veröffentlicht worden sein. Aus einem illegal bei YouTube hochgeladenen Video darf man also beispielsweise nie zitieren. Wurde der fremde Inhalt legal veröffentlicht, reicht es nicht, wenn du ihn in dein Video einfügst und den Urheber quasi als Ausgleich per Copyright-Hinweis benennst (Beispiel: »© Niklas Plutte«). Das Zitatrecht setzt nämlich voraus, dass du dich mit dem fremden Inhalt geistig auseinandergesetzt hast. Dafür genügt es nicht, fremden Content zusammenhanglos einzufügen oder anzuhängen. So wäre es zum Beispiel nicht erlaubt, ein Foto oder einen Videoausschnitt als bloße Illustration des eigenen Videos zu verwenden, weil das thematisch gut passt. Entscheidend ist, dass eine innere Verbindung mit den eigenen Gedanken hergestellt wird. Das Oberlandesgericht Köln urteilte zur Einblendung eines Filmausschnitts in einem YouTube-Video beispielsweise:

> *»Ein Zitat ist deshalb grundsätzlich nur zulässig, wenn es als Belegstelle oder Erörterungsgrundlage für selbstständige Ausführungen des Zitierenden erscheint. An dieser Voraussetzung fehlt es jedenfalls dann, wenn der Zitierende sich darauf beschränkt hat, das fremde Werk unter Beifügung einiger dürftiger Bemerkungen mehr oder minder mechanisch auszugsweise zu wiederholen. Werden Filmsequenzen um ihrer selbst willen in eine Sendung integriert, ohne dass sie die Grundlage für eigene inhaltliche Ausführungen des Moderators bilden, für die die übernommene Sequenz als Beleg oder als Erörterungsgrundlage dienen könnte, so wird dies vom Zitatrecht nicht gedeckt.« (OLG Köln, Urteil vom 13.12.2013, Az. 6 U 114/13)*

Viele Screenshots und Videosequenzen, die man in YouTube-Videos findet, dürften somit Urheberrechtsverletzungen darstellen. Zur Sicherheit solltest du also immer auf die gezeigten fremden Inhalte eingehen und ein paar Sätze, wie etwa deine eigene Meinung, dazu sagen.

Darf ich fremde Videos oder Tonspuren bei YouTube herunterladen?

Wenn das YouTube-Video legal hochgeladen wurde, darf jeder sowohl das Video als auch die Tonspur herunterladen und auf dem eigenen Computer speichern (Recht zur Privatkopie). Du findest im Netz entsprechende kostenlose Software (Abbildung 7.17). Problematisch bleibt, dass du von außen meist nicht erkennen kannst, ob das Video rechtmäßig hochgeladen wurde. Solange du nur herunterlädst, sind die rechtlichen Risiken im Ergebnis aber gering.

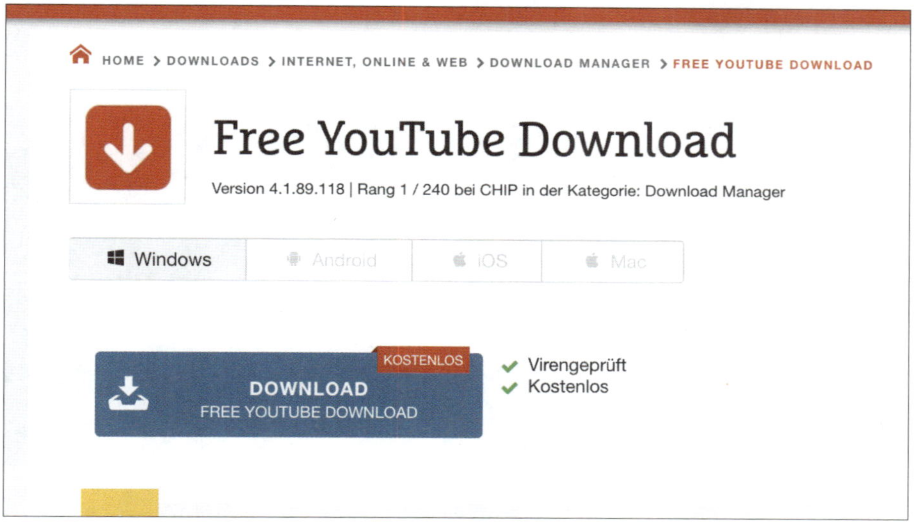

Abbildung 7.17 Software für YouTube-Video-Downloads

Einwilligung des Rechteinhabers einholen

Selbst wenn du ein Video bzw. dessen Tonspur legal herunterladen durftest, bedeutet das nicht, dass du die Inhalte im Rahmen deines eigenen Videos neu hochladen darfst. Dies ist nur mit Einwilligung des Rechteinhabers oder im Rahmen des Zitatrechts erlaubt (siehe vorheriger Abschnitt, »Darf ich fremde Inhalte (Video, TV, Bild, Text) in meine Videos einbinden?«).

Was muss ich bei Hintergründen in meinen Videos beachten?

Wenn du Videos selbst erstellst, kann es vorkommen, dass fremde urheberrechtlich geschützte Werke im Hintergrund auftauchen (zum Beispiel Plakate, Logos, Fotos oder Gemälde) (Abbildung 7.18). Als Faustregel gilt: Wenn man das Werk weglassen oder austauschen könnte, ohne dass es einem normalen Betrachter auffällt oder ohne dass dies die Gesamtwirkung deines Videos in irgendeiner Weise beeinflusst, handelt es sich um ein unwesentliches Beiwerk. In diesem Fall brauchst du keine

Erlaubnis des Rechteinhabers. Wenn das Werk dagegen stil- oder stimmungsbildend wirkt bzw. eine bestimmte Wirkung oder Aussage deines Videos unterstreicht, ist es im rechtlichen Sinne keine Nebensächlichkeit mehr. Die Verwendung ist dann nur mit Erlaubnis des Rechteinhabers zulässig.

Abbildung 7.18 Das Coca-Cola-Logo auf einem Truck im Hintergrund

Was muss ich beachten, wenn fremde Personen in meinem Video erscheinen?

Im Grundsatz darfst du ein Video nur dann erstellen und ins Internet hochladen, wenn alle darin erscheinenden Personen mit der Herstellung des Videos und dessen Veröffentlichung einverstanden sind. Die Erlaubnis solltest du dir im Optimalfall für jede Person schriftlich einholen, E-Mails reichen auch aus. Eine Ausnahme von diesem Grundsatz besteht dann, wenn Personen im Video auftauchen, die als bloßes Beiwerk einzustufen sind (Beispiel: Passanten auf der Straße, die zufällig durchs Bild laufen). Aufnahmen von größeren Menschenansammlungen sind ebenfalls ohne Einwilligung der einzelnen Personen erlaubt, aber nur solange Einzelne nicht besonders in den Fokus genommen werden, zum Beispiel per Zoom.

Die rechtlichen Details sind komplex. Ganz grob gilt: Wenn dein Video einen Beitrag zur öffentlichen Meinungsbildung leistet und nicht nur der Befriedigung der Neugier der Öffentlichkeit dient, benötigst du keine Einwilligung der abgebildeten Person. Falls du sichergehen willst, solltest du vorab rechtliche Beratung einholen oder auf die kritische Videosequenz verzichten.

Wenn ich nicht einfach jede beliebige Musik in meine Videos einfügen darf, welche kann ich dann verwenden, und wie muss ich diese genau kennzeichnen?

Du kannst zum einen gemeinfreie Musik verwenden, die nicht mehr urheberrechtlich geschützt ist, was zum Beispiel auf viele Titel der klassischen Musik zutrifft. Denn gemeinfrei ist Musik, wenn der Urheber seit mehr als 70 Jahren verstorben ist, und das trifft ja auf Beethoven, Mozart usw. zu. Zum anderen besteht die Möglichkeit, im Internet nach freier Musik zu recherchieren. Es gibt zum Beispiel aktuellere Musik und Sounds, die unter Creative-Commons-Lizenz für jedermann frei nutzbar sind, also ohne die Zahlung von Lizenzgebühren. Achte in diesem Fall aber genau darauf, unter welcher Creative-Commons-Lizenz das jeweilige Stück steht. Beispielsweise kann ein Titel nur für die redaktionelle, nicht aber die kommerzielle Nutzung freigegeben sein. Einfach erklärt, bedeutet kommerziell, dass du damit Geld verdienst oder zumindest verdienen willst. Das ist am Anfang deiner YouTube-Karriere bestimmt noch nicht der Fall, aber vielleicht später. Du musst jedoch von Beginn an darauf achten, nur Songs zu verwenden, die freigegeben sind, denn du hast ja die Absicht, Geld mit deinem Video zu verdienen. Speziell bei Musik musst du außerdem prüfen, ob eine Bearbeitung des Musikstücks vom Urheber erlaubt wurde, ob du also auch nur Teile des Stücks verwenden oder gar ändern darfst, indem du einen anderen Beat darunterlegst. Außerdem ist es extrem wichtig, dass eine korrekte und inhaltlich präzise Lizenzkennzeichnung erfolgt. Meiner Meinung nach reicht es aus, den Creative-Commons-Lizenz-Hinweis in der Beschreibung des Videos aufzuführen. Musik unter Creative-Commons-Lizenz findest du beispielsweise unter *https://creativecommons.org/about/program-areas/arts-culture/arts-culture-resources/legalmusicforvideos/*.

Darf ich fremde Videos erneut (mit Änderungen) in meinem YouTube-Account hochladen?

Frei nach dem Motto »Alle machen es, dann muss es auch bei mir erlaubt sein« findest du im Internet unzulässige Videos fremder Urheber, die von Nutzern heruntergeladen und bearbeitet im eigenen Account erneut hochgeladen werden. Zum Beispiel wird der Trailer eines neuen Kinofilms mit Sprüchen unterlegst und dann wieder hochgeladen. Diese Praxis nennt man *Freebooting*. Hat sich der ursprüngliche Urheber mit der erneuten Veröffentlichung in deinem Account nicht vorab einverstanden erklärt, handelt es sich allerdings durchweg um Urheberrechtsverletzungen, die kostenpflichtig abgemahnt werden können. Dann bekommst du irgendwann einen bösen Brief von einem fremden Anwalt und musst Strafe zahlen. Parallel kann der Urheber auch noch YouTube dazu auffordern, dein Video von der Plattform zu löschen (das sogenannte Notice-and-take-down-Verfahren).

7.3 Plane die Verbreitung deiner Videos

Starte mit einem Paukenschlag! Mach viel Lärm direkt nach dem Upload deines Videos. Dabei hilft dir ein guter Plan. Überlege dir schon vorab: Was kannst du tun, sobald dein Video frisch hochgeladen ist? Mit dem Teilen deiner Inhalte, durch Aktionen zur Verbreitung und mit aktiver Vernetzung kannst du ordentlich für Wirbel sorgen. Diesen Aufwind brauchst du, damit dein Video sichtbarer wird, also Usern mehr auffällt. Mit aller Kraft der dir zur Verfügung stehenden Mittel geht's los. Mach dir eine Checkliste mit all deinen Maßnahmen, dann hast du direkt einen Überblick und kannst nach dem Upload einfach abhaken, was du schon erledigt hast:

1. Plane die Einbettung deines Videos auf deiner Website, am besten auf der Startseite oder einem gut besuchten Teil deiner Webpräsenz. Somit steigerst du die Aufmerksamkeit für dein Video.
2. Falls du darüber hinaus noch ein Blog hast, kannst du auch direkt einen Blogartikel über das Videothema verfassen. Bereitest du den Blogartikeltext schon vorher vor, kannst du ihn ziemlich zügig nach dem YouTube-Upload veröffentlichen. Du machst deine Blogleser so darauf aufmerksam, was du Neues bei YouTube zu bieten hast.
3. Wenn du regelmäßig Newsletter an deine Follower schickst, kannst du auch eine Sonderausgabe zu deinem Video entwerfen.
4. Denke darüber nach, wo du potenzielle Zuschauer ansprechen kannst und willst. Wo sind deine Freunde und Fans im Web unterwegs? Genau dort solltest du dein Video ankündigen. Vielleicht bist du in einem bestimmten Forum oder in einer Facebook-Gruppe sehr beliebt? Dann solltest du dort dein Video zusätzlich teilen.

Pushe deine Videos, so gut es geht. Du siehst, es gibt dafür viele Möglichkeiten. Überlege dir, was für dich davon sinnvoll sein könnte. Die Punkte schreibst du dann auf deinen Maßnahmenplan. Nur mit vereinten Kräften vieler kleiner Maßnahmen bekommst du den gewollten Aufschwung für dein Video!

Gibst du dir hierbei viel Mühe, schaffst du einen gewaltigen Reichweitensprung. Die Anfangsphase ist hierbei besonders wichtig. Nur durch jede Menge Action in den ersten Stunden machst du dein Video bekannt. Dazu zählen Videoaufrufe, Nutzerinteraktionen und Videoshares. Du bist schließlich nicht die einzige Person, die gerade plant, ein Video zu veröffentlichen. Setze dich also gegen die Konkurrenz durch. Um das zu schaffen, gibt es viele Mittel und Wege. Überlege dir, was du aktiv zur Reichweitensteigerung beitragen kannst. Unterstütze dein Video wie ein kleines Pflänzchen, das gehegt und gepflegt werden möchte. Am Anfang musst es liebevoll betreuen, damit es gut gedeihen kann. Im Idealfall hältst du alle Fäden deiner Maßnahmen zusammen in deinen Händen. Auf dem Zeitfaktor sollte dabei dein besonderer Fokus liegen. Wie in einem Pferderennen setzt sich das Video auf YouTube durch, das am schnellsten viel Aufmerksamkeit bekommt. Dadurch entsteht meist noch mehr Aufmerksamkeit, und die Klickzahlen klettern ganz nach oben. Es ist nicht verwunderlich, dass der Plattformbetreiber YouTube genau darauf achtet, wo Videos hochgeladen werden, die sich blitzschnell verbreiten. Solche Inhalte werden in der Regel dann mehr Nutzern angezeigt, da sie trendy sind. Liegst du mit deinem Clip also über den Durchschnittswerten der Verbreitungsgeschwindigkeit anderer Videos, hast du viel bessere Chancen, ganz nach oben zu kommen (Abbildung 7.19). Ein schnelles Seeding (zu Deutsch Säen) bedeutet für dich eine hohe Reichweite. Das Video rankt besser und erhält mehr Aufrufe.

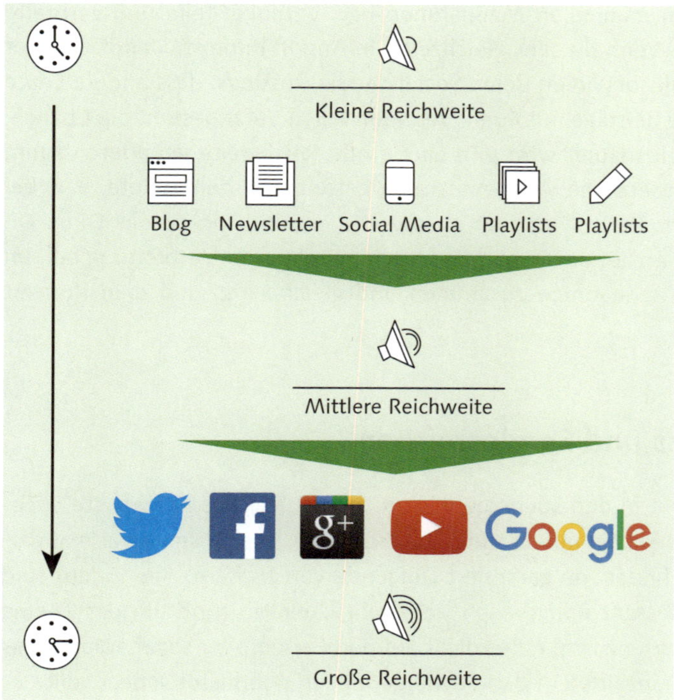

Abbildung 7.19 Der Zeitfaktor ist für die Verbreitung entscheidend.

Jedes neue Video hat am Anfang eine kleine Reichweite. Das ist ganz normal. Du musst dafür sorgen, dass es nicht so bleibt. Es liegt ganz an dir. Die Reichweite ab dem ersten Aufruf kannst du durch aktive Verbreitung immer weiter steigern. Nach einer gewissen Grundreichweite steigt die Aufmerksamkeit für deinen Clip. Jetzt musst du dranbleiben! Setze alle Hebel in Bewegung, um mehr Klicks zu erhalten. Verbreite dein Video wie vorher geplant auf deiner Webseite, in deinem Blog, innerhalb deiner Playlisten auf YouTube, um eine mittlere Reichweite zu erlangen.

Durch die Verbreitung in Social-Media-Portalen kannst du noch mehr Aufmerksamkeit erhalten. Poste über dein Video also auch in allen sozialen Netzwerken, auf denen du einen Account hast! Schreibe deinen Freunden und Fans, was du Neues zu berichten hast. Auch wenn es am Anfang mühsam ist, entscheidet sich hier dein Erfolg. Hast du erst mal ein paar Hundert bis ein paar Tausend Aufrufe erhalten, verbreitet sich das Video immer besser, und es geht noch schneller, mehr Klicks zu akquirieren.

Jetzt läuft es wie geschmiert. Du koordinierst alle Maßnahmen wie ein Dirigent sein Orchester. Nur wenn alle Instrumente perfekt zusammenspielen, ergibt sich ein starkes und harmonisches Gesamtergebnis. Die Konkurrenz ist groß, und dein Clip muss sich erst mal durchsetzen. Damit dein Video auch erfolgreich wird, müssen eben diese genannten manuellen Maßnahmen her. Verlinke, teile und verbreite deine Videos immer! Wenn du alles gleichzeitig in Angriff nimmst, klappt es sogar noch besser. Bestenfalls bewirken deine Social-Media-Postings, dass andere Leute dein Video bzw. deine Beiträge mit ihren Freunden teilen. Jetzt besteht die Chance, dass das Video ein Selbstläufer wird und eine große Reichweite generieren kann, die nur noch durch zusätzliche Werbeschaltung getoppt werden könnte. Wie bei einem Konzert setzen alle Instrumente gleichzeitig ein und rocken das Ding. Du stehst mit deinem Video auf der Bühne und trägst proaktiv zur Verbreitung bei. Im Idealfall wirken alle Maßnahmen zusammen und gleichzeitig, und dein Konzert wird ein voller Erfolg!

7.4 Thumbnails und Sonderzeichen

Hebe dein Video direkt in den Suchergebnissen hervor! Nur das attraktivste Suchergebnis hebt sich ab. Suchst du ein Video bei YouTube, wie beispielsweise »Beatboxen für Anfänger«, findest du garantiert Dutzende von Treffern. Alle Videos sind somit potenziell interessant und drehen sich wahrscheinlich rund um das Thema Beatboxen. Die Konkurrenz ist dir also dicht auf den Fersen oder sogar voraus. Das heißt, wenn Nutzer dein Video in den Suchergebnissen überhaupt sehen, sollte es am besten auch noch herausstechen. Dein Video darf nicht untergehen, sonst kriegst du keine Klicks und Fans! Idealerweise sorgst du daher für eine prägnante Darstellung deines Videotreffers in der Suche. Durch individuelle *Thumbnails* (Videovorschaubilder) und dank Sonderzeichen im Text kannst du mehr auffallen (Abbildung 7.20).

Normalerweise schlägt dir YouTube nach dem Upload automatisch drei Thumbnails vor. Das sind einfach drei Standbilder, die irgendwo mitten aus deinem Video stammen. Das Problem dabei ist die automatische Auswahl. Es kann dir passieren, dass alle drei Thumbnails unvorteilhaft sind. Das Erste, was man von deinem Video sieht, sollte aber kein Vorschaubild sein, auf dem dein Mund ungünstig offen steht oder du die Augen geschlossen hast. Daher empfehle ich dir, den perfekten Videoausschnitt herauszusuchen und manuell hochzuladen. Das sogenannte *Custom Thumbnail* bereitest du am besten vor dem Upload vor. Grundvoraussetzung für die Verwendung der Custom Thumbnails ist, dass du deinen Channel »bestätigt« hast (siehe Kapitel 2, »Wie baue ich meine eigene Marke auf?«).

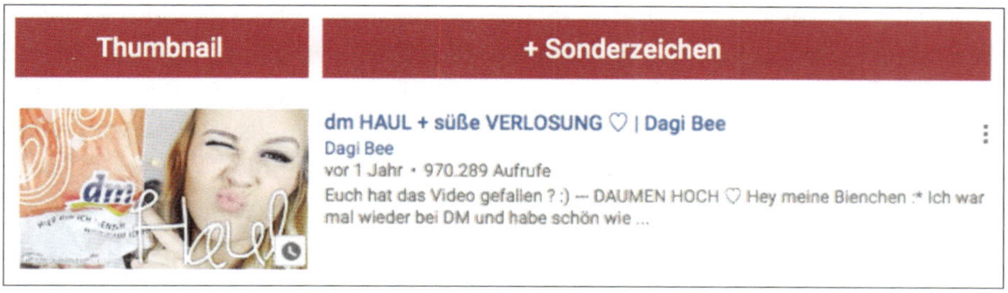

Abbildung 7.20 Thumbnail mit Sonderzeichen kombiniert

Anreichern kannst du das Vorschaubild mit grafischen Elementen. Bringe zum Beispiel dein Logo sichtbar in den Vordergrund. Zudem kannst du Beschriftungen auf deinen Thumbnails hinzufügen. Lass deine Zuschauer auf den ersten Blick wissen, worum es in deinem Video geht. Nenne die Kategorie, dein Thema oder Schlagwörter direkt im Thumbnail. So hebst du dich von der Masse ab.

Die perfekten Maße für Video-Thumbnails bei YouTube sind 1.280 × 720 Pixel. Mit einem Grafikprogramm kannst du ganz einfach diese Größe anlegen. Achte darauf, die Datei als JPG oder PNG abzuspeichern. So gewährleistest du ein passendes Format mit guter Qualität für dein Vorschaubild.

Abbildung 7.21 Thumbnail des YouTubers »Sturmwaffel« (www.youtube.com/watch?v=yIAH-6_xh1M)

Überleg dir ein einheitliches Grundraster für die Gestaltung der Thumbnails (Abbildung 7.21). Durch den gleichen Look deiner Vorschaubilder schaffst du ein einheitliches Wiedererkennungszeichen für alle deine Videos. Auch im Channel ist die homogene Gestaltungslinie dann deutlich zu erkennen. In den Suchtreffern nimmt man deine Videos so definitiv schneller wahr. Vergiss also nicht, schon vor dem Upload ein cooles Video-Thumbnail vorzubereiten.

Möchtest du noch ein i-Tüpfelchen draufsetzen, nutzt du am besten zusätzlich Sonderzeichen. Das sind besondere Highlights, die du in deinem Videotext unterbringen kannst. Eine ganze Reihe von Tastatursymbolen eignet sich für diesen Zweck. Nicht alle Sonderzeichen werden in den Suchergebnissen dargestellt. Probiere daher am besten die Symbole im Kasten unten einmal bei dir aus. Ganz zu Beginn kannst du beispielsweise einen Hinweispfeil oder ein Sternchen einsetzen. Dadurch bleibt das Auge des Besuchers beim Lesen eher »hängen«. Falls es passt, kannst du auch eine Musiknote, ein Häkchen oder ein Blümchensymbol platzieren, je nachdem, wie gut die Zeichen zu deinem Inhalt passen. Achte jedoch darauf, sparsam mit den Sonderzeichen umzugehen, damit du den Videotext, der im Suchtreffer angezeigt wird, nicht überfrachtest.

Sonderzeichen für den Videobeschreibungstext

♥ ♡ ♀ ♂ ☺ ❀ ✿ ❁ ✾ ♪ ♫ ♩ ♬ ♭ ★ ☆ ✩ ✯ ✰ ☼ ☀ ☾ ☽ ☂ ❄ ❅ ❆ ✓ ✔ ☑ ☒ ✕ ✖ ✗ ✘ ✂ ✄
✍ ✎ ✏ ✐ ☚ ☛ ☜ ☞ ☝ ☟ ☎ ☏ ✆ → ← ↔ ↑ ↓ ↕ ► ◄ ▲ ▼ ♚ ♛ ♜ ♝ ♞ ♟ ♔ ♕ ♖ ♗ ♘ ♙
♥ ♦ ♣ ♠ ♢ ♤ ☣ ☢ ♨ ✈ ✡ † ✝ † ☥ ☦ ☧ ☩ ☪ ☫ ☬ ☭

7.5 Du hast keinen Plan? – Dann mach dir einen!

Planung ist das halbe Leben. Du lädst ja nicht nur ein Video hoch, sondern im besten Fall alle paar Tage neue Clips. Das macht es schon schwieriger, alle Schritte im Kopf zu behalten. Ein guter Plan hilft dir, den Überblick zu behalten. Eines fehlt dir dafür noch – ein Redaktionsplan (Abbildung 7.22). Was ist das? Eigentlich nichts Besonderes. Ein Redaktionsplan oder etwas Ähnliches wird in fast allen Redaktionen benutzt, damit es ein Dokument gibt, in dem alle Informationen gesammelt stehen und an dem alle gemeinsam und gleichzeitig arbeiten können. Bei Radiostationen oder TV-Sendern, die viele Sendungen am Tag ausstrahlen, wird ein Redaktionsplan auch zum ganzheitlichen Verwalten genutzt. Da geht es meistens um den »Weg« bis zum Ausstrahlen der Sendung, und dieses bewährte Prinzip kannst du nun in reduzierter Form für dich auf YouTube übertragen, um deine Filme zu verbreiten. Du hast ja schon gelernt: Pläne machen im Kopf ist gut, schwarz auf weiß alles festhalten ist besser! Ob als Ringbuch oder digital oder in Stein gemeißelt: Mach dir einen schriftlichen Plan, an den du dich idealerweise auch hältst. Kauf dir ein zusätzliches Ideenheft oder mehrere, um dir Gedanken über deine Postings auf Social Media zu machen. Zwei Hefte, und du bist glücklich. Auf dem

Schreibtisch sollte immer eines liegen, und das andere Heft nimmst du überallhin mit. Oder du legst Listen im Smartphone an. Der Punkt ist, dass einem meistens Ideen kommen, wenn man unterwegs ist, und nicht gerade in dem Moment, in dem man auf dem Stuhl sitzt und auf den Rechner glotzt.

Deine Aktivitäten auf Social Media solltest du grundsätzlich ebenso penibel planen, damit du dich besser selbst strukturierst und vor allem pünktlich fertig bist mit den Videos. Natürlich kannst und solltest du auch direkt deren Verbreitung mit einplanen, gerade wenn noch andere Personen an dem Prozess beteiligt sind. Und solltest du den Post aus Versehen löschen, steht zum Glück noch alles im Redaktionsplan, und du kannst deinen Fehler wiedergutmachen – rauskopieren, neu machen, fertig. Ein Redaktionsplan kann also grundsätzlich sehr hilfreich sein! So oder so musst du lernen, diese Dinge vorauszuplanen, damit du genügend Zeit dazu hast, richtig gute Videos zu drehen und zu schneiden. Am Anfang braucht man für jeden Schritt sowieso immer ein bisschen länger, später kann man auch aus der Hüfte schießen. Aber gehen wir zunächst mal den ersten Schritt auf den Redaktionsplan zu.

Der Redaktionsplan stellt sich für dich erst mal als gähnend leeres Blatt dar. Es beginnt schon mit der Frage, ob es überhaupt eine Tabelle sein muss oder nicht. Die Antwort lautet wie so häufig: Wie du möchtest! Aber eine Tabelle ist nicht unpraktisch. Und der Anfang ist ganz schnell getan. Schreib das Datum rein, für jeden Monat die einzelnen Tage, und fülle diese vorab mit allen Gedenktagen, Feiertagen, Ferien und besonderen Tagen, die in deinem Leben relevant sind. Denk auch daran, welche Tage im Jahr grundsätzlich für deine zukünftigen Fans wichtig sind. Sind es Videos über Italien, sollten zum Beispiel auch italienische Feiertage enthalten sein. Dadurch ergeben sich Postings oft schon ganz von allein. Dein individueller Redaktionsplan wird am Ende den Unterschied machen.

Das Wichtigste zum Posten auf Social Media sind erst mal die Tage und deine Basisideen zu den Inhalten und Videos sowie zu den dazugehörigen Texten. Vergiss nicht den Videotitel! Jedes Video muss schließlich richtig beschrieben werden. Aber dazu gibt es später in Kapitel 8, »Zeig es der Welt! – Der erste perfekte Video-Upload«, mehr. Du kannst deine Säulen farbig markieren, damit du den Überblick darüber behältst, welche Inhalte mal wieder dran wären, weil du sie vernachlässigt hast. Du planst beispielsweise einen Koch-Tutorial-Clip passend zum Valentinstag. Es gibt ein verführerisches Pasta-Gericht für romantische Stunden. Das Video muss also gedreht, geschnitten und vor dem Upload fertig gemacht werden, und der *muss* ja am 14. Februar stattfinden, da hast du keine andere Wahl! Also muss in den Redaktionsplan auch rein, wer welche Aufgaben übernehmen muss, falls du ein Team an Leuten hast. Das reicht erst mal. An jedem Tag, an dem du dann einen Post veröffentlichen möchtest, trägst du alles Besagte ein. Und dann füllt sich dein Redaktionsplan mit der Zeit immer ein wenig mehr!

Redaktionsplan YouTube							
Datum	**Anlass**	**Idee**	**Text + Titel**	**Video/Grafik**	**Aufgaben**	**Werbung**	**Freigabe/ Finaler Check**
16.01.							
17.01. **Säule 1**	Internationaler Tag der italienischen Küche	Pasta-Schlacht	Die beste deutsche Pasta-Schlacht! Heute koche ich gegen Cornelia Poletto, die beste Pasta-Köchin Deutschlands. In meiner Küche etc.		Dreh und Schnitt selber mit Stativ in eigener Küche am 05.01.	Anzeigen geschaltet	ERLEDIGT FREIGABE + TEST VIDEO
18.01.							
...							
13.02.							
14.02. **Säule 1**	Valentinstag	Rezept der Verführung	Happy Valentinstag-Pasta-Rezept! Für alle Verliebten da draußen – gibt es das verführerischste Pasta-Rezept zum Selbstkochen!		@Nina macht Logo auf die Grafik @Tom & ich drehen Video mit Rezept	Keine Ads	OFFEN
15.02.							

Abbildung 7.22 Beispiel eines Redaktionsplans für YouTube in Excel

Das war jetzt nur ein kleines Beispiel. Nimm die Punkte, die du für deine Clips vorbereiten musst, mit in den Plan auf: Location, geplantes Drehdatum, Abnahme durch deinen persönlichen Kontrolleur (Mami, Freund/-in oder dein kritisches Alter Ego) und woran du noch alles denken musst. Auch solltest du jedes fertige Video nochmals durch eine Testschleife laufen lassen. Heißt, das Video darf keine Audio- oder Schnittfehler enthalten – das kannst du nach dem Upload nicht mehr ändern, ebenso wenig den Text. Vor allem geht das dann nicht, wenn du schon ein paar »Daumen hoch« bekommen hast. Nimm auch andere Social-Media-Kanäle mit in den Redaktionsplan auf, wenn du bereits Accounts in anderen Netzwerken hast. Sobald du weißt, dass du ein Video auf YouTube uploaden wirst, solltest du das auch auf Facebook & Co. verbreiten. Bedenke aber, dass zum Beispiel Videos auf Instagram im Gegensatz zu IGTV nur 60 Sekunden lang sein dürfen. Dann musst du zusätzlich eine kürzere Version schneiden oder einen Teaser, um die Leute zu deinem YouTube-Channel zu ziehen. Somit entsteht wieder mehr Planung. Dann hilft ein Redaktionsplan garantiert! Aber jetzt willst du erst mal deine Video-Uploads auf YouTube planen. Du hast drei Säulen, die durchdacht sind und die du jederzeit bedienen kannst. Also ran!

Wie oft sollte man eigentlich Videos hochladen? Mindestens ein Video in der Woche wäre toll, und wenn du richtig gut drauf bist, dann machst du gleich zwei Videos pro Woche. Diese sollten am besten verschiedenen Säulen zugeordnet werden, damit dein »Programm« abwechslungsreich bleibt. Am besten definierst du dafür feste Tage und teilst das deinen Fans auch mit – im Text und im Video: »Leute, jeden Dienstag gibt es ein unvergessliches Pasta-Rezept und freitags immer die Italia-Tipps to go fürs Wochenende!« Damit wirst du auch deine Fans langfristig binden können, denn jeder Mensch ist nun mal ein Gewohnheitstier und kann Vorfreunde empfinden. Mit dem Redaktionsplan kannst du also zu Hause deine Produktion bestens vorplanen, wie auch die Postings auf Social Media. Für deine Reisen stellt sich das etwas anders dar, da viel mehr Punkte geplant werden müssen: Tagesausflüge, Roadtrips, Dreh-Locations, Interviews usw. Hier musst du eventuell mehrere Dokumente nutzen.

Für einmalige Erlebnisse wie einen Trip zum Affenhaus im Zoo musst du schließlich ebenfalls eine separate Checkliste anfertigen. Kamera eingepackt? Akkus geladen? Affenfutter dabei? Ein Affen-Outfit mit Banane auf dem Kopf sollte auch am Vorabend rausgelegt werden – kleiner Scherz. Aber vielleicht das Hemd mit Bananenmuster, das dann gewaschen und gebügelt sein muss. Langsam verstehst du, was ich meine, oder? Das Ziel von Plänen ist grundsätzlich, sich selbst zu strukturieren und zu überprüfen, damit man nichts aus den Augen verliert. Stell dir vor, dein Videoschnitt wird nun von deinem Kumpel gemacht, der aber nach deinem Italienurlaub direkt für zwei Monate in Caracas ist. Dumm gelaufen, wäre aber mit Redaktionsplan nicht passiert! Außerdem musst du deine Säulen stets kontrollieren. Die starken Säulen solltest du mit stets neuen Videos pushen, schwache Säulen, die keine Likes einbringen, nach ein paar erfolglosen Malen direkt wieder rausnehmen und durch bessere Content-Ideen ersetzen. Bau dafür eine weitere Spalte in den Plan ein und schreibe immer rein, wie viele Aufrufe, Daumen hoch/runter und Kommentare dein Video nach einem Monat bekommen hat. Damit prüfst du zeitversetzt jedes Video und ergänzt diese Info. Das reicht für den Anfang, und du wirst sehen, welches Video in letzter Zeit besonders gut angekommen ist, denn da sind die Zahlen natürlich am besten. Der Redaktionsplan hilft dir also, alle deine Videos und Säulen direkt auszuwerten und deren Performance zu kontrollieren. Dazu liest du im Detail mehr in Kapitel 12, »Durch Kontrolle der Zahlen dauerhaft erfolgreich sein«. Nur wer variabel ist, sich verändert, flexibel auf die Zielgruppe eingeht und sich an Bedürfnisse anpasst, hat langfristigen Erfolg. Wer stehen bleibt, ist raus.

Wenn du es jetzt ganz perfekt machen möchtest und die absolute Vogelperspektive à la Superman einnehmen willst, machst du dir noch einen Balkenplan, mit dessen Hilfe du für das gesamte Jahr alle Aufgaben grob monatlich oder tageweise einplanst. Damit macht man sich selbst noch etwas mehr Druck, weil man sieht, dass es doch ein riesiger Berg ist, der abgearbeitet werden will – jedoch mit genug Zeitpuffer für jede Aufgabe, denn den hast du schließlich auch eingeplant. Ein zeitlicher Balkenplan ist auch universell einsetzbar. Deine Aktionen, die geplant werden müssen, sind für die kommenden Monate eingeplant. Also werden Aktionen und Zeitraum gegenübergestellt (Abbildung 7.23). Auf der linken Seite stehen kurz und knapp mit einem Wort die Aufgaben, die erledigt werden müssen, von der Planung über die Recherche bis hin zum finalen Akt, dem Upload.

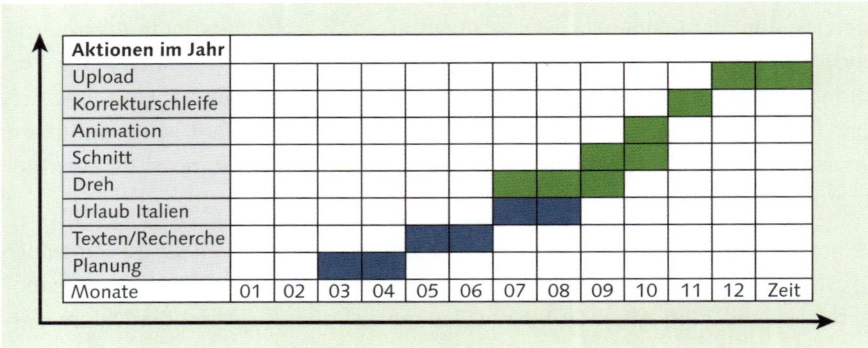

Abbildung 7.23 Dein Balkenzeitplan für deine Aktivitäten

Du kannst ebenso perfekt festhalten, wann du deine Säulen jeweils ausstrahlen möchtest, um auch da den Überblick zu behalten. So weißt du immer, welcher Content bereits ready for Take-off bzw. Upload zur Verfügung stehen muss. Deine Mama-Italia-Rezepte sendest du beispielsweise das ganze Jahr durchgehend, weil die einfach zu Hause in deiner Küche schnell produzierbar sind. Also könntest du zum Beispiel eine wöchentliche Produktion in Betracht ziehen und einplanen. Oder du bündelst die Videoproduktion direkt in einer sogenannten Staffelproduktion, in der du in einem bestimmten Zeitraum ganz viele Videos am Stück drehst, damit du dich danach nur noch mit dem Schnitt beschäftigen musst. Für solche Entscheidungen hast du nun die notwendige Vogelperspektive, um deine zukünftigen Videoaktivitäten entspannt und übersichtlich vorauszuplanen (Abbildung 7.24). Glückwunsch! Die Kombination aus der Arbeit mit den Balkenplänen und dem Redaktionsplan werden beim Kampf um die Fans und den Erfolg im YouTube-Kosmos deine Waffen sein. Jetzt bist du schon mal sehr strukturiert aufgestellt. Und wie sagt man so schön: Vertrauen ist gut, Kontrolle ist besser!

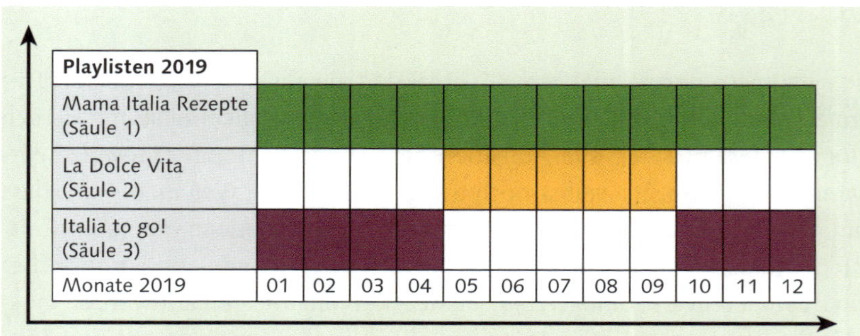

Abbildung 7.24 Dein Balkenzeitplan für deine Playlist-Uploads in den nächsten zwölf Monaten

8 Zeig es der Welt! – Der erste perfekte Video-Upload

Dein Video ist fertig gefilmt und geschnitten. Jetzt ist es bereit, um deinen Zuschauern präsentiert zu werden. Erfahre, wie der Upload auf YouTube im Handumdrehen gelingt.

Du könntest jetzt denken: »Ach, ein YouTube-Upload ist doch ganz easy …« Das ist es auch. Tausende Menschen machen das auf YouTube jeden Tag. Einfach auf HOCHLADEN geklickt, das Videofile ausgewählt, und los geht's. Wenn du aber zu den echten Top-YouTubern gehören möchtest, musst du schon etwas mehr tun als der normale Durchschnitts-User. Nur so kannst du aus der Masse herausstechen. Lerne in diesem Kapitel, worauf es bei deinem perfekten Upload ankommt. Idealerweise wird dein Channel direkt nach einem neuen Video-Upload von deinen Fans und von vielen neuen Zuschauern angeklickt (Abbildung 8.1).

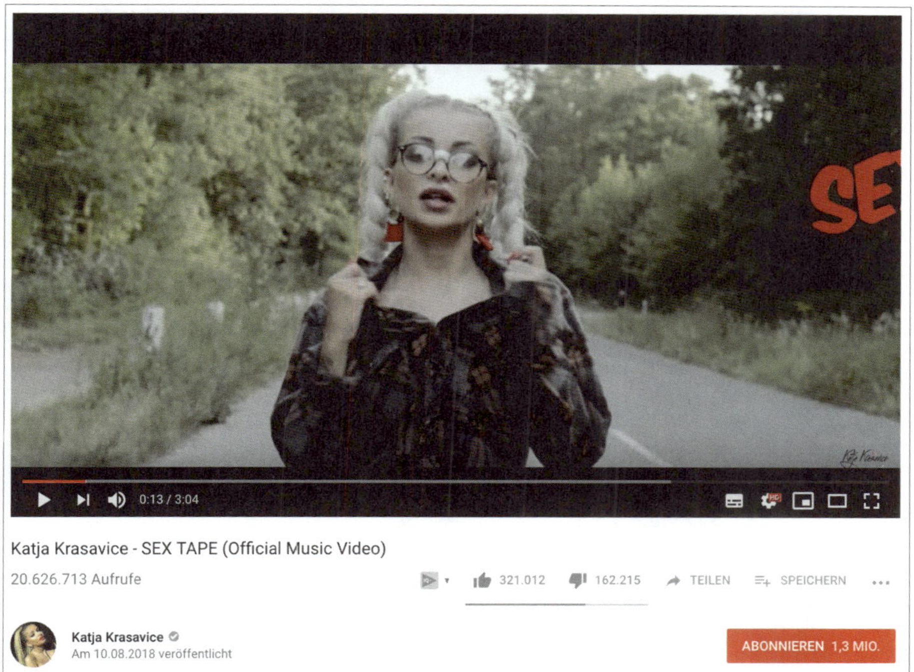

Abbildung 8.1 Aufrufzahlen in Millionenhöhe

Es prasseln sofort Dutzende Kommentare herein, und die Nutzer geben dir scharenweise Likes für dein Video – bei YouTube heißt das übrigens »Daumen hoch«. Das Feedback und die hohe Reichweite sind nicht selbstverständlich, sondern bedeuten Arbeit. Es gibt einige Dinge zu beachten, damit du auch wirklich das beste Ergebnis herausholen kannst.

Durchschaust du den Masterplan von YouTube, verstehst du auch, wie du das System für dich nutzen kannst. Es ist so: YouTube will die beste und beliebteste Videoplattform der Welt sein. Damit das klappt, müssen alle Zuschauer happy sein. Jeder Nutzer bekommt genau das gezeigt, was er gerade am liebsten schauen möchte. Aus glücklichen Zuschauern werden regelmäßig wiederkehrende Besucher. Das macht die Plattform immer größer und beliebter. Ein ausgefuchstes System sorgt dafür, dass es so bleibt. YouTube verwendet einen sogenannten *Algorithmus* (Abbildung 8.2). Diese mathematische Formel sorgt dafür, dass die besten Inhalte bevorzugt in den Suchergebnissen angezeigt werden. Das Ganze basiert auf verschiedenen Faktoren, um zu messen, welche Videos die beliebtesten sind. Daraus ergibt sich dann folgendes Ranking: Nicht so populäre oder unpassende Filmchen rutschen auf den Suchergebnisseiten weit nach hinten, sehr beliebte Videos werden dagegen bevorzugt und ganz weit vorne in den Suchtreffern angezeigt.

Abbildung 8.2 Der YouTube-Algorithmus bevorzugt beliebte Inhalte.

8.1 Darf ich vorstellen: Ranking-Faktoren

Eine positive Beeinflussung der Auffindbarkeit deiner Videos im Web kannst du ganz leicht selbst vornehmen. Dabei nutzt du den Algorithmus positiv für deine Zwecke. Das System wird durch Ranking-Faktoren bestimmt. Bei geschickter Verwendung können diese dabei helfen, deine Videos groß rauszubringen. Jeder Clip erhält nach dem Upload automatisch eine sogenannte *Ranking-Position* (also eine Ranglistenposition), vergleichbar mit der Startaufstellung bei der Formel 1. Jeder möchte am liebsten die Pole Position ganz vorne ergattern. Bei YouTube werden alle neu hochgeladenen Videos verglichen und nur die besten ganz weit oben in den Suchergebnissen angezeigt. Genau das muss dein Ziel sein, denn somit bekommst du viel mehr Aufrufe.

Abbildung 8.3 YouTube scannt Videos auf zwei Weisen nach Keywords.

YouTube scannt pausenlos alle Inhalte und bewertet nicht nur all deine Videos, sondern auch alle anderen Videos auf der gesamten Plattform. Dabei liest YouTube alle Einblendungen und Texte, die in deinem Video auftauchen (Abbildung 8.3). So möchte das System besser verstehen, worum es in deinem Video wirklich geht. Sprichst du zum Beispiel über das beliebte Videospiel Far Cry und verwendest Begriffe wie Far Cry 5, Far Cry 6 oder Far Cry Soundtrack, weiß YouTube ganz genau, worum es in deinem Video geht – und das wohlgemerkt nur durch das Filtern und Abhören deiner Stimme abseits des Videotitels, den du eingegeben hast. Da jeder andere Suchbegriffe bei YouTube eingibt, kannst du dich so besser auffindbar machen (Abbildung 8.4). Es gibt ganz viele Stellen, an denen YouTube die relevanten Keywords aus deinen Videos auslesen kann. Die Stimme und die Einblendungen sind nur zwei davon. Fokussierst du dich an all diesen Stellen auf ein Keyword oder auf eine Keyword-Gruppe, hast du gute Chancen, für das Thema eine hohe Ranking-Position zu ergattern. Wird dein Video gefunden, muss es dann aber auch gut sein! Wird es gut bewertet oder kommt es eher langweilig rüber? Das Ergebnis ist entscheidend für deinen Erfolg. YouTube möchte ja keine langweiligen Videos auf der Plattform haben und wird diese immer abwerten. Das heißt, es wird genau geguckt, wie gut deine hochgeladenen Videos angenommen werden. Dieses Prozedere durchläuft im Übrigen jedes neue Video. Würde YouTube eine Jury aus echten Mitarbeitern einstellen, um alle neu hochgeladenen Videos zu bewerten, bräuchte es mehrere 10.000 Angestellte für diese Aufgabe. Das ist total utopisch, und daher haben sich die Plattformbetreiber etwas Schlaues überlegt: Alle Zuschauer werden einfach, ohne es zu wissen, in eine Jury verwandelt.

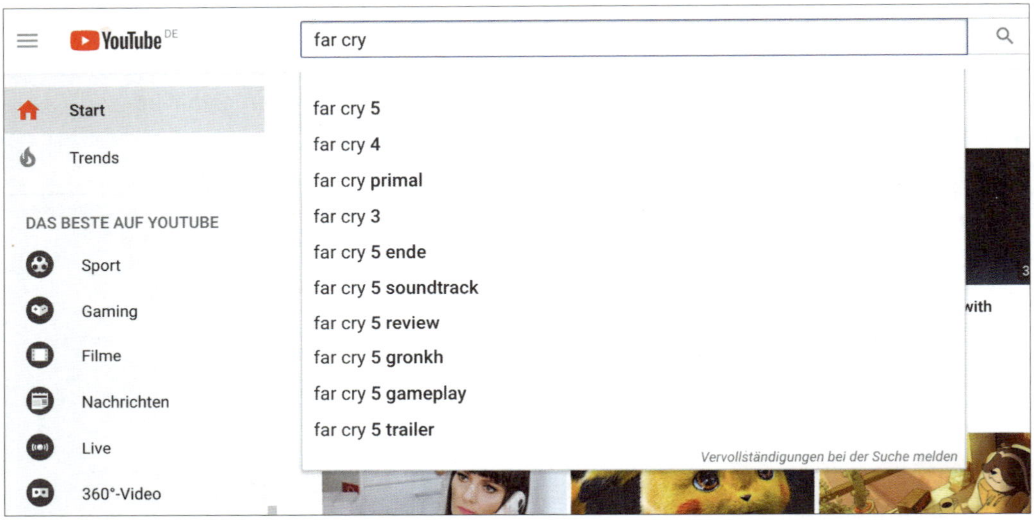

Abbildung 8.4 Verschiedene Suchbegriffe führen zum gleichen Ziel.

Wusstest du, dass YouTube dein Sehverhalten beim Abspielen eines Videos misst und auswertet? Genau das passiert nämlich, während du dir ein Video anschaust. Es wird gemessen, wie lang ein Video im Durchschnitt angeschaut wird, ob es geteilt wird, ob es viele Kommentare erhält und vor allem in welcher Geschwindigkeit Interaktionen entstehen. Selbst wenn dein Video nur halb angeschaut wird, ist das ein eindeutiges Signal der Zuschauer an YouTube. Daraus ergibt sich dann die Startposition für jeden einzelnen Clip. Liegst du über dem Durchschnitt, hast du gute Karten! Das heißt, es ist unglaublich wichtig, dein Zielpublikum zu begeistern, damit eine Flut von Interessenbekundungen entsteht. Liegen dir deine Fans zu Füßen, bist du auf der gesamten Plattform reichweitenstark sichtbar. Du hebst dich mit deinen Videos ab und lässt im besten Fall die Konkurrenzvideos weit hinter dir. Eins ist sicher: Konkurrenz gibt es auf YouTube nicht wenig, daher gilt: Halte dich an die nachfolgenden Ranking-Faktoren und versuche, diese perfekt umzusetzen. Dann steigst du in der Sichtbarkeit auf YouTube am wahrscheinlichsten ganz nach oben.

Ich habe die Ranking-Faktoren in vier Gruppen unterteilt, damit sie leichter nachvollziehbar sind. Jede einzelne Säule ist wichtig und trägt ihren Teil zu deinem gesamten Erfolg auf YouTube bei (Abbildung 8.5).

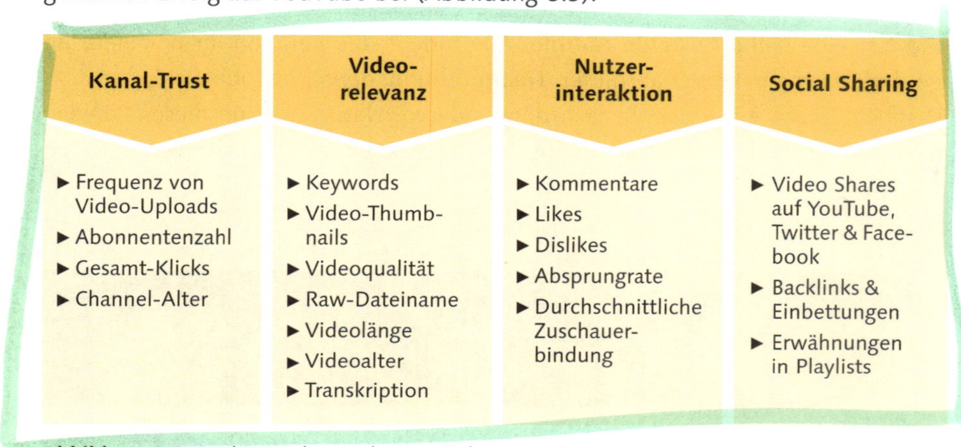

Abbildung 8.5 Ranking-Faktoren bei YouTube

Der Kanal-Trust beschreibt, wie groß und stark dein Channel mittlerweile geworden ist. Etablierte Kanäle, die schon lange existieren und beliebt bei den Fans sind, haben automatisch einen sehr hohen Kanal-Trust. Man kann sich das wie ein Ergebnis der Stiftung Warentest vorstellen, nur eben von YouTube für die einzelnen Channels. Der Kanal-Trust beruht auf der Anzahl der Abonnenten, der Menge an Videos, die hochgeladen wurden, und der Anzahl der insgesamt gesammelten Klicks (Abbildung 8.6).

Abbildung 8.6 Der Channel-Trust zeigt sich zum Beispiel durch die Anzahl der Videos und Abos (www.youtube.com/user/JamieOliver).

Jeder Channel, der frisch angelegt wird, startet zunächst bei null. Du musst dir deine Lorbeeren mit der Zeit erst verdienen. Die Power deines Channels ist vor allem für deine Videoreichweite entscheidend. Dagi Bee hat, als eine der erfolgreichsten deutschen YouTuberinnen, einen sehr hohen Channel-Trust (Abbildung 8.7).

Ihren Kanal gibt es seit 2012, und er hat unglaubliche 3,9 Millionen Abonnenten und fast eine halbe Milliarde Aufrufe. Alle Videos, die neu von ihr hochgeladen werden, starten mit einer absoluten Traumposition, denn YouTube weiß, von dem Channel kommt ein Videohit nach dem anderen. Natürlich kann dieses Ranking auch ganz schnell wieder sinken, sobald keine neuen Videoinhalte hochgeladen werden.

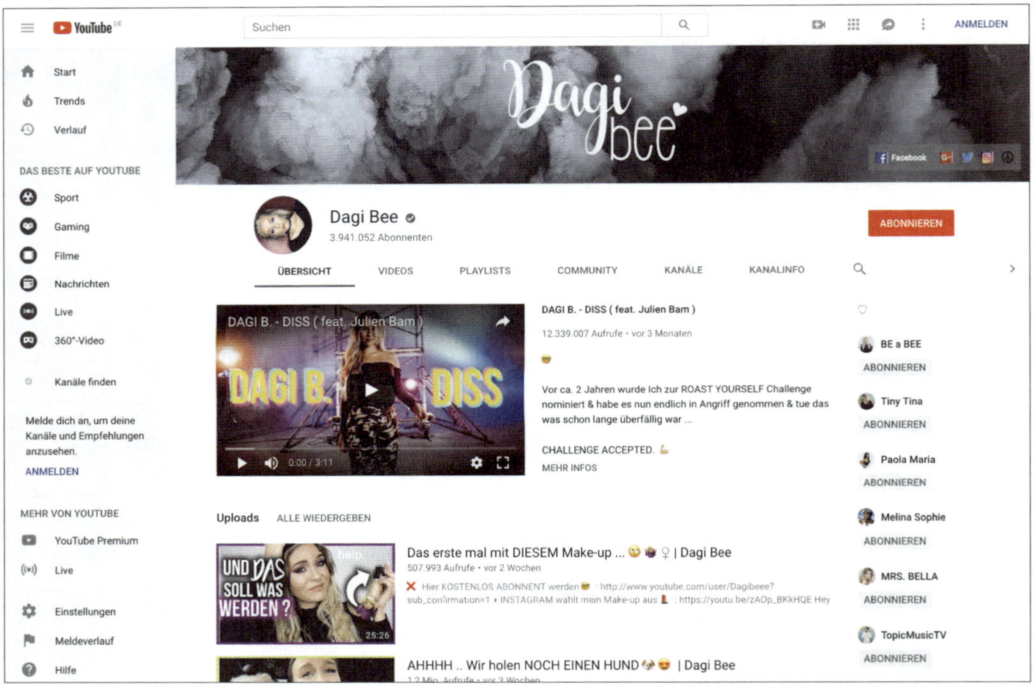

Abbildung 8.7 YouTube-Channel von Dagi Bee (www.youtube.com/user/Dagibeee)

Frische und Regelmäßigkeit sind für das Überleben eines YouTube-Channels entscheidend! Die Häufigkeit, in der neue Filmchen hochgeladen werden, sagt aus, wie aktuell du bist (Abbildung 8.8). Du solltest keine wochenlangen Pausen zwischen den Video-Uploads einlegen, sondern stetig nachliefern. Lädst du pro Woche mehrere Videos hoch, die bei den Zuschauern auch noch gut ankommen, kannst du deinen Channel-Trust kontinuierlich erhöhen. Die Fans und YouTube sind deine Jury bei deiner Filmvorstellung, also gib dir lieber ein wenig Mühe, sonst wird nie was draus.

Abbildung 8.8 Regelmäßig frische Uploads bei Dagi Bee (www.youtube.com/user/Dagibeee/videos?sort=dd&view=0&shelf_id=1)

Wie relevant ist dein Video für deine Zielgruppe? Um genau diese Frage geht es bei den Ranking-Faktoren, die deine Videorelevanz beeinflussen. Durch die Verwendung der richtigen *Keywords* (Schlüsselbegriffe) gelangst du bei passenden Suchabfragen in den sichtbaren Bereich. Sucht ein Nutzer nach dem Thema, das du in deinem Video besprichst, solltest du dazu idealerweise auf Platz eins gefunden werden. Dafür musst du dein Video gut beschriften, um der Maschine zu sagen, wie sie dein Video einordnen soll. Nähere dich dem Thema also am besten über das, was Nutzer auch tastsächlich suchen. Dabei werden oft keine kompletten Sätze oder Fragen eingegeben, sondern nur einzelne Begriffe oder Wortgruppen. Das Wichtigste dabei ist, dass du dich immer in die Nutzer hineinversetzt. Wonach könnten die User suchen? Was geben sie als Suchabfrage ein? Wie formulieren die Nutzer den Suchbegriff?

Nehmen wir mal an, dass du ein Video für das perfekte Risotto-Rezept produzierst. Dann werden Nutzer viele verschiedene Wörter eingeben, um zu deinem Rezeptvideo zu gelangen. Fast niemand sucht ganz genau nach der Frage: »Wie gelingt ein perfektes Risotto?« Stell dich darauf ein, dass deine potenziellen Zuschauer auch einfach mal nur Wortfetzen oder falsch geschriebene Begriffe eingeben. Begriffskombinationen, verwandte Begriffe und Varianten sind im Suchverhalten an der Tagesordnung (Abbildung 8.9). Genau daraufhin solltest du dein Video optimieren. Was genau du eingeben musst und wie du dein Video perfekt auf Keywords trimmst, zeige ich dir in Abschnitt 8.2, »Videobenennung richtig gemacht!«.

Abbildung 8.9 Mögliche Keywords für deinen »Risotto«-Videotitel

Wird dein Risotto-Video dann von einem Nutzer gefunden, wird nicht nur dein Clip angezeigt, auch viele weitere Risotto-Rezepte anderer Publisher werden dem Suchenden vorgeschlagen. Der User hat jetzt die Qual der Wahl, welches Rezeptvideo für ihn möglicherweise das beste ist.

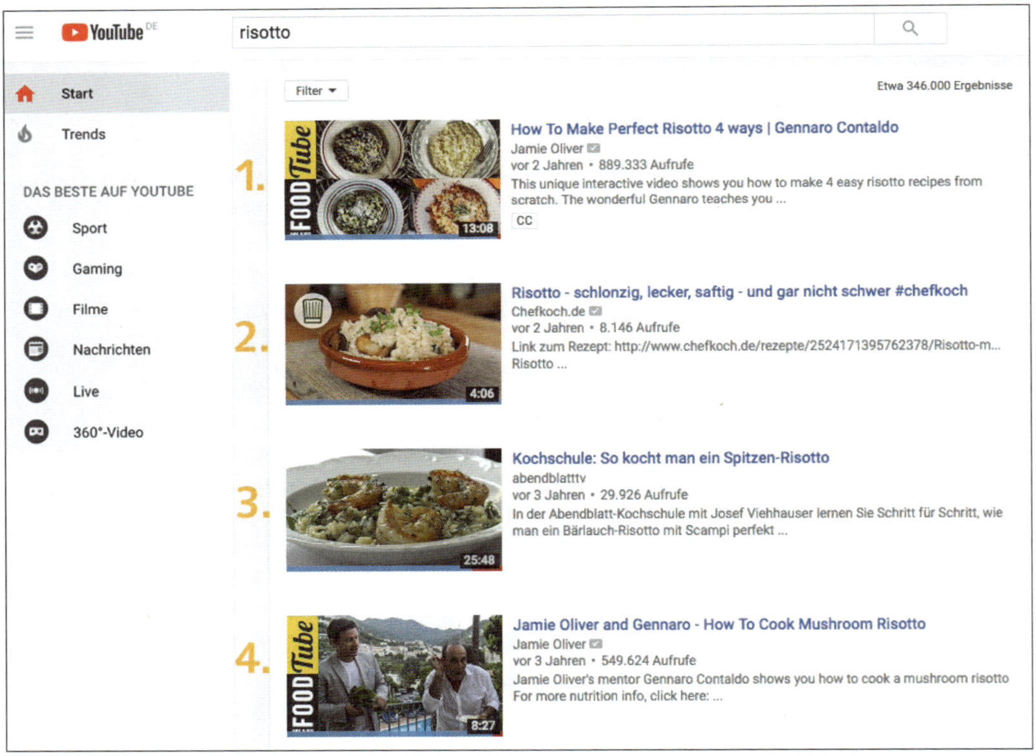

Abbildung 8.10 Suchergebnisse für den Begriff »Risotto«

Bei YouTube werden auf der ersten Suchergebnisseite genau 20 Videos angezeigt. Die ersten vier Treffer sind dabei im besonderen Fokus des Nutzers (Abbildung 8.10).

Ohne scrollen zu müssen, werden diese ersten Clips somit sehr prominent ganz weit oben angezeigt. Da musst du dir schon was einfallen lassen, um möglichst attraktiv zu wirken, sonst bekommst du keine Klicks. Denk immer daran: Dein Video muss das beste und coolste sein! Achtest du auf eine saubere Videoqualität und reicherst dein Video mit Thumbnails an (siehe Abschnitt 7.4, »Thumbnails und Sonderzeichen«), hast du bessere Chancen auf ein gutes Ranking. Ältere Videos sind auf YouTube automatisch unbeliebter als neue Videos. Das bedeutet, du musst dich stets mit frischen Inhalten positionieren. Ein nicht mehr so aktuelles Video, das gute Rankings erzielt hat, solltest du lieber noch einmal neu aufnehmen und somit als aktualisierte Fassung hochladen. Dadurch vergrößerst du deine Chancen, am Ball zu bleiben. Qualität geht hierbei immer vor Quantität. Produziere lieber ein sehr gutes, wohlüberlegtes, perfekt vorbereitetes Video als fünf minderwertige Clips. Du erhältst mehr Reichweite und Klicks, da du eine bessere Ranking-Position hast. Ein Video, für das du dir Zeit nimmst, um ein wirklich tolles Resultat zu erzielen, wird am Ende besser performen als ein Schnellschuss, der ganz fix im unendlichen Videodschungel verschwindet.

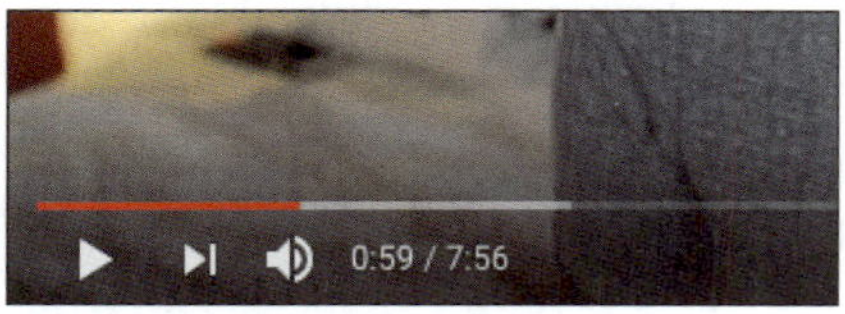

Abbildung 8.11 Videolänge

Achte zudem auf die Länge deiner Videos (Abbildung 8.11). Eine Faustregel für die ideale YouTube-Videolänge gibt es nicht. Meine Erfahrungen zeigen jedoch, dass vor allem kurze Videos von unter drei Minuten besser bei der YouTube-Community ankommen. Für dich entscheidend ist die Antwort auf die Frage: Wie lang schaffst du es, deine inhaltliche Dichte im Clip konstant hochzuhalten? Das soll heißen, dass der Zuschauer stets unterhalten werden muss und deswegen auch dranbleibt. Genauso lang darf dein Video nämlich dauern. Ob es 30 Sekunden oder 3 Minuten werden, hängt ganz vom gewählten Thema und der Dramaturgie ab. Du kannst genau messen, wie lang deine Zuschauer am Ball bleiben und wann sie abspringen (Abbildung 8.12). All deine Videos, bei denen viele Nutzer an einer ganz bestimmten Stelle abspringen, musst du zukünftig anders aufbauen. Dank dieser Messwerte kannst du deine neuen Videos dann optimieren. Entscheidend ist auch, wie viele Nutzer aus Langeweile oder Desinteresse das Video verlassen. Ist die durchschnittliche Wiedergabedauer besonders niedrig, bedeutet das nichts Gutes. Es zeigt die fehlende Lust deines Publikums, dein Video bis zum Schluss anzuschauen. In Kapitel 12, »Durch Kontrolle der Zahlen dauerhaft erfolgreich sein«, zeige ich dir, wo du die Messwerte in deinem Channel findest und wie du diese Erkenntnisse nutzen kannst, um besser zu werden.

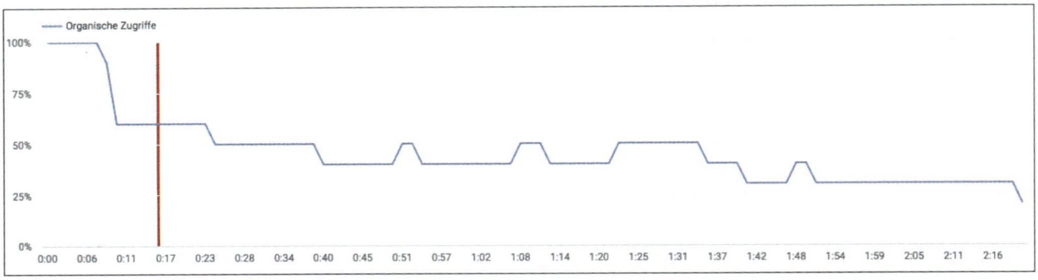

Abbildung 8.12 Zuschauerbindung nach Prozent und Dauer

Hohe Nutzerinteraktionen bedeuten automatisch mehr Sichtbarkeit für dein Video. Die Reaktionen der Zuschauer auf dein Video sind also grundsätzlich entscheidend für deine Auffindbarkeit in Suchmaschinen wie YouTube oder Google. Ein sehr umfangreiches Feedback erhältst du über die Kommentarfunktion unter deinen Videos. Durch diese direkte Rückmeldung bist du ganz nah an den Gedanken deiner Zuschauer dran. Du bekommst gespiegelt, was bereits gut ankommt, was das Publikum im nächsten Video von dir erwartet und welche Themen eventuell nicht gut angekommen sind. Und auch hier zählen wieder die Keywords. YouTube schaut ganz genau darauf, was deine Nutzer unter deinem Video für Begriffe verwenden.

Perfekt ist es, wenn dein Publikum passende Begriffe in den Kommentaren aufgreift. Unterhalten sich die Nutzer in den Kommentaren über die gleichen Begriffe wie die aus deinem Videotitel, stärkt dies im Idealfall deine Auffindbarkeit in diesem bestimmten Themengebiet (Abbildung 8.13).

Abbildung 8.13 Kommentare mit Keywords

Jede Form von Nutzerinteraktion ist übrigens hilfreich für dich. Nach dem Motto »Bad news are good news!« tragen selbst negative Bewertungen zu einer gesteigerten Sichtbarkeit bei. Hauptsache, du polarisierst mit deinem Thema. Das beste Beispiel ist Rebecca Black (Abbildung 8.14), die mit ihrem Song »Friday« ordentlich danebengegriffen hat.

Abbildung 8.14 YouTube-Video mit negativem Feedback (www.youtube.com/watch?v=kfVsfOSbJY0)

Rebeccas quietschige, penetrante Stimme und die sinnbefreiten Songtexte zogen eine Menge Dislikes (Daumen runter) nach sich. Unterm Strich bleibt aber auch etwas Positives: Die Nutzer zeigen ein hohes Interesse, das sie durch Dislikes und Hater-Kommentare ausdrücken. Rebecca Black kann es egal sein, denn mit 127.481.389 Klicks hat sie erst mal richtig viel Bekanntheit erlangt. Ihre Single »Friday« war in den USA sogar sechs Wochen lang in den Charts.

Nicht zu unterschätzen ist das Social Sharing. Damit ist gemeint, wie oft ein Video über Social-Media-Kanäle geteilt wird. Hierdurch verbreiten sich Videos besonders reichweitenstark. Dabei ist nicht nur die Tatsache relevant, dass viele Personen deine geteilten Videos sehen, sondern es wird ebenso ein positives Ranking-Signal an YouTube gesendet. Je mehr User ein Video im Internet teilen, desto stärker wird auch die Reputation des Videos. Für den Plattformbetreiber steht somit fest: Je mehr Interesse durch Shares an einem Video gezeigt wird, desto wichtiger ist es auch für weitere Zielgruppen. Daher rankt YouTube ein oft geteiltes Video in den Suchergebnissen immer weiter vorne. Zu den Videoshares zählt im weitesten Sinne auch das Einfügen von Videos auf Websites, Blogs oder Foren. Möchte jemand über dein Video berichten, kann er die »Embedding«-Funktion (zu Deutsch Einbetten) nutzen und deinen Clip auf seinem Blog einbetten. Je mehr Websites auf ein Video verweisen, desto höher ist die Relevanz des Clips im Internet. Dies trägt wiederum dazu bei, dass sich die Sichtbarkeit auf der Plattform YouTube erhöhen kann. Auch das Einfügen eines Videos in die Playlists anderer YouTube-User wirkt als positives Signal. Sammelst du viele dieser Rückmeldungen im gesamten Web, stärkst du die Reputation deiner Videos erheblich!

8.2 Videobenennung richtig gemacht!

Überzeuge mit starken Texten! Damit dein Video von möglichst vielen Zuschauern gefunden wird, musst du es richtig betiteln und mit relevanten Informationen ausstatten. Der erste Eindruck zählt! Im Upload-Prozess wird dir die Möglichkeit gegeben, entsprechende Texte und Infos rund um das Video anzugeben. Frag dich selbst: Erfasst dein Zuschauer in den ersten zwei Sekunden, worum es geht? Nur dann ist dein Video-Snippet (Abbildung 8.15) richtig gut und bringt Aufrufe.

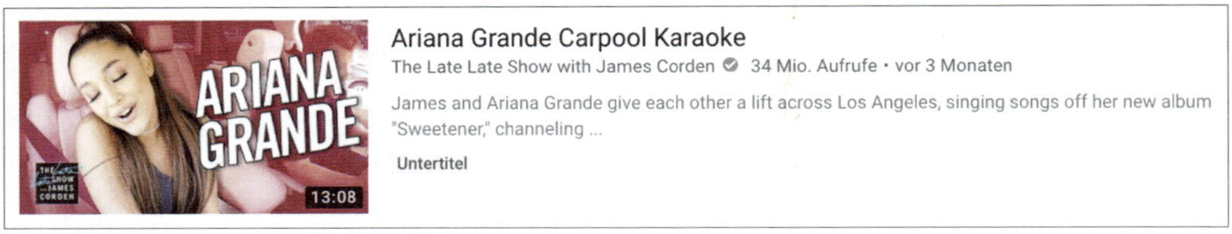

Abbildung 8.15 Video-Snippet in der YouTube-Suche

Befasse dich mit diesem Schritt wirklich gründlich, du wirst es mir später danken. Pro Video kannst du einen Titel, einen Beschreibungstext, Tags und ein Vorschaubild festlegen.

Nutze für jedes Video individuelle Texte! Ganz wichtig ist es, für jeden einzelnen Clip in deinem Kanal eine einzigartige Beschriftung zu vergeben. Dadurch erreichst du eine thematische Abgrenzung zu anderen Videos. Dopplungen werden vermieden, und du machst dir keine eigene Konkurrenz im eigenen Kanal. Jedes Video soll schließlich in seinem spezifischen Themengebiet gefunden werden. Und Mitbewerber, die alle für dein Thema in den Suchergebnissen gefunden werden wollen, gibt es wahrscheinlich schon genug. Achte also darauf, keine Videos ähnlich oder gleich zu betiteln. Zu empfehlen ist eine Optimierung auf ein Haupt-Keyword pro Video. Dieser Schlüsselbegriff oder die Wortgruppe findet sich dann im Idealfall im Titel, in der Beschreibung und in den Tags deines Videos wieder. Du fragst dich nun:

»Wie sieht eine perfekte Videobeschriftung denn aus?« Ich zeige dir jetzt den besten Weg.

Das Erste, was der Nutzer sieht, ist die Headline deines Videos. Darin sollte unbedingt kurz und knackig Folgendes stehen: Was gibt es gleich zu sehen? Damit versteht dein Zuschauer sofort, worum es geht. Der Aufbau eines Videotitels erfolgt im Optimalfall immer nach dem gleichen Schema. Vielleicht zeigst du ja ein Let's Play zum Videospiel Far Cry 5? Dann sieht das Ganze so aus wie in Abbildung 8.16.

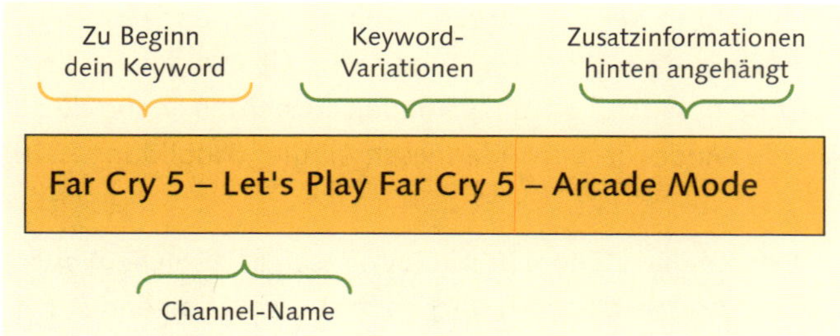

Abbildung 8.16 Struktur eines Videotitels

Zu Beginn setzt du das Keyword deines Videothemas ein, zum Beispiel »Far Cry 5«. Danach können Variationen des Schlüsselbegriffs folgen. Das kann zum Beispiel ein Synonym oder eine andere Schreibweise deines Videothemas sein. Falls noch Platz ist, kannst du eine kurze nähere Beschreibung anhängen. Insgesamt sollte der Videotitel nicht länger als 65 Zeichen sein, damit er bei der Darstellung in deinem Channel nicht abgeschnitten wird.

Checkliste Videotitel

- Formuliere das Thema knackig und treffsicher.
- Verwende maximal 65 Zeichen inklusive Leerzeichen.
- Setze das Keyword direkt an den Anfang.
- VERMEIDE GROSSSCHREIBUNG IM VIDEOTITEL.

Dann widmest du dich dem ideale Beschreibungstext (Abbildung 8.17).

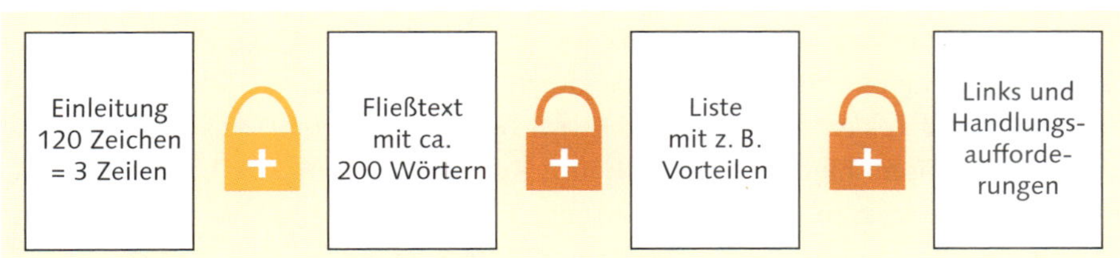

Abbildung 8.17 Elemente einer Videobeschreibung

Gib deinem Video eine aussagekräftige Beschreibung. So wissen nicht nur deine Zuschauer ganz genau, worum es in dem Video geht, und erhalten nützliches Hintergrundwissen. Du schlägst sogar gleich zwei Fliegen mit einer Klappe. Auch die Suchmaschinen bekommen nämlich ihr »Futter« in Form deines Videotexts. Schon bevor Zuschauer überhaupt auf dein Video klicken, muss YouTube wissen, was du in deinem Video zeigst. Sonst klappt das mit der Zuordnung und dem Ranking nicht. Am besten gibst du in Schriftform wieder, worum es in deinem Video geht, damit der YouTube-Algorithmus herauslesen kann, von welchem Thema dein Video handelt. So landet dein Clip in den Suchergebnissen auch an der passenden Stelle. Sucht ein User zum Beispiel nach einer Anleitung dazu, wie man ein Far Cry 5 im Arcade Mode spielt, hast du höhere Chancen, gefunden zu werden, wenn du auf das Thema »Far Cry 5 Arcade Mode« in der Videobeschreibung (Abbildung 8.18) eingehst.

Da die ersten ein bis drei Sätze deiner Videobeschreibung (ca. 120 Zeichen) sogar schon in den Suchtreffern als Vorschau zu sehen sind, solltest du auf Folgendes achten: Besonderes Augenmerk legst du am besten auf eine kurze, aussagekräftige Zusammenfassung des Videoinhalts, gespickt mit deinem für das Video festgelegten Keyword. Eine fesselnd formulierte Einleitung hilft, deine potenziellen Zuschauer neugierig zu machen.

Im Idealfall verwendest du im Fließtext deiner Videobeschreibung 100 bis 200 Wörter, in denen dein Keyword immer wieder in Variationen auftaucht. Verwende auch Aufzählungslisten, um den Text aufzulockern. Durch zusätzliche Handlungsempfehlungen, wie zum Beispiel »Abonniert meinen Channel« oder »Besucht auch mein Facebook-Profil«, bietest du den Usern weitere Möglichkeiten an, mit deinem Angebot in Verbindung zu bleiben.

Checkliste Videobeschreibung

- Beachte den sichtbaren Bereich und nutze die ersten 120 Zeichen clever.
- Lass dein Keyword und dessen Variationen geschickt in den Text einfließen.
- KEINE REINE GROSSSCHREIBUNG IM TEXT ANWENDEN.
- Arbeite mit Absätzen und Listen, um den Blocksatz aufzulockern.

Setze deine Videotags clever ein (Abbildung 8.19). Du hast die Möglichkeit, für jedes deiner Videos beim Upload individuelle Tags zu vergeben. Dahinter verbirgt sich nichts anderes als eine Sammlung von Begriffen, die den Inhalt deines Clips beschreiben. Tippe hier zuerst dein Haupt-Keyword ein und lass Variationen folgen. Das können zum Beispiel Unterschiede in der Getrennt- oder Zusammenschreibung oder Singular und Plural deines Schlüsselbegriffs sein.

Veröffentlicht am 17.01.2019

► Hier liest du eine wunderschöne Einleitung, die dich als Zuschauer neugierig machen soll. Ein Link in der Einleitung fällt dabei besonders ins Auge. ► http://bit.ly/1VH5HS8

Weit hinten, hinter den Wortbergen, fern der Länder Vokalien und Konsonantien leben die Blindtexte. Abgeschieden wohnen sie in Buchstabhausen an der Küste des Semantik, eines großen Sprachozeans. Ein kleines Bächlein namens Duden fließt durch ihren Ort und versorgt sie mit den nötigen Regelialien. Es ist ein paradiesmatisches Land, in dem einem gebratene Satzteile in den Mund fliegen. Nicht einmal von der allmächtigen Interpunktion werden die Blindtexte beherrscht – ein geradezu unorthographisches Leben. Eines Tages aber beschloß eine kleine Zeile Blindtext, ihr Name war Lorem Ipsum, hinaus zu gehen in die weite Grammatik. Der große Oxmox riet ihr davon ab, da es dort wimmele von bösen Kommata, wilden Fragezeichen und hinterhältigen Semikoli, doch das Blindtextchen ließ sich nicht beirren. Es packte seine sieben Versalien, schob sich sein Initial in den Gürtel und machte sich auf den Weg. Als es die ersten Hügel des Kursivgebirges erklommen hatte, warf es einen letzten Blick zurück auf die Skyline seiner Heimatstadt Buchstabhausen, die Headline von Alphabetdorf und die Subline seiner eigenen Straße, der Zeilengasse. Wehmütig lief ihm eine rhetorische Frage über die Wange, dann setzte es seinen Weg fort. Unterwegs traf es eine Copy. Die Copy warnte das Blindtextchen.

Ab 7. April mehr spannende Inhalte!

► Ein kleines Bächlein namens Duden fließt durch ihren Ort und versorgt sie mit den nötigen Regelialien. Es ist ein paradiesmatisches Land, in dem einem gebratene Satzteile in den Mund fliegen. Nicht einmal von der allmächtigen Interpunktion werden die Blindtexte beherrscht – ein geradezu unorthographisches Leben.

Weitere Links:

► Besuche mich auch auf meiner Website (Hier Link einsetzen)

► Abonniere jetzt meinen Kanal (Hier Link einsetzen)

► Schau doch auch auf (Hier Link einsetzen) vorbei!

► Lies jetzt den neuesten Artikel auf (Hier Link einsetzen)

Kategorie	Unterhaltung
Lizenz	Standard-YouTube-Lizenz

Abbildung 8.18 Optimaler Aufbau deiner Beschreibung

Abbildung 8.19 Struktur von Videotags

Du solltest auch mit Ergänzungen arbeiten und einen Bezug zu häufig genutzten Suchthemen herstellen. Suche Inspirationen in der Auto-Suggest-Suche bei You-

Tube für geeignete Tags. Hier siehst du oft gesuchte Begriffskombinationen (Abbildung 8.20).

Abbildung 8.20 Vorschlagssuche bei YouTube

Beschränke deine Videotags auf maximal zehn, die jedes für sich ganz genau zu deinem Hauptthema passen. Schweife nicht in zu allgemeine Begriffe ab, wie zum Beispiel »Spiel«, »spannend« oder »Deutschland«. Hier bist du schnell zu unspezifisch und hast aufgrund der großen Konkurrenz fast keine Chance, bei solch allgemeinen Begriffen gut zu ranken. Zum Beispiel könnten so die Tags und Branding-Tags für ein »Far Cry 5«-Video gestaltet werden:

Videotags: »far cry 5 lets play«, »far cry 5 let's play«, »far cry lets play«, »far cry 5 gameplay«, »far cry 5«, »far cry lets play«, »far cry V«, »lets play far cry«, »far cry 4 lets play deutsch«, »far cry 4 lets play german«

Branding-Tags: »gronkh«, »gronkh.de«, »gronkh minecraft«, »minecraft gronkh«, »gronkh lets play«

Der Trick mit den Branding-Tags

So schaffst du es auf der Watchpage bei YouTube, fremde Videovorschläge durch eigene zu ersetzen: Splitte deine Tags in zehn Videotags und fünf weitere sogenannte Branding-Tags auf. Verwende für die Branding-Tags immer die gleichen Begriffe in all deinen Videos. Somit knüpfst du ein unsichtbares Band zwischen all deinen Videos im Channel. Nutze dafür einzigartige Tags, die möglichst kein anderer Channel verwendet. YouTube wird nun ein Zusammenhang zwischen all deinen Videos suggeriert, und es werden bei deinem Clip fast nur Vorschläge aus deinen weiteren Videos angezeigt (Abbildung 8.21).

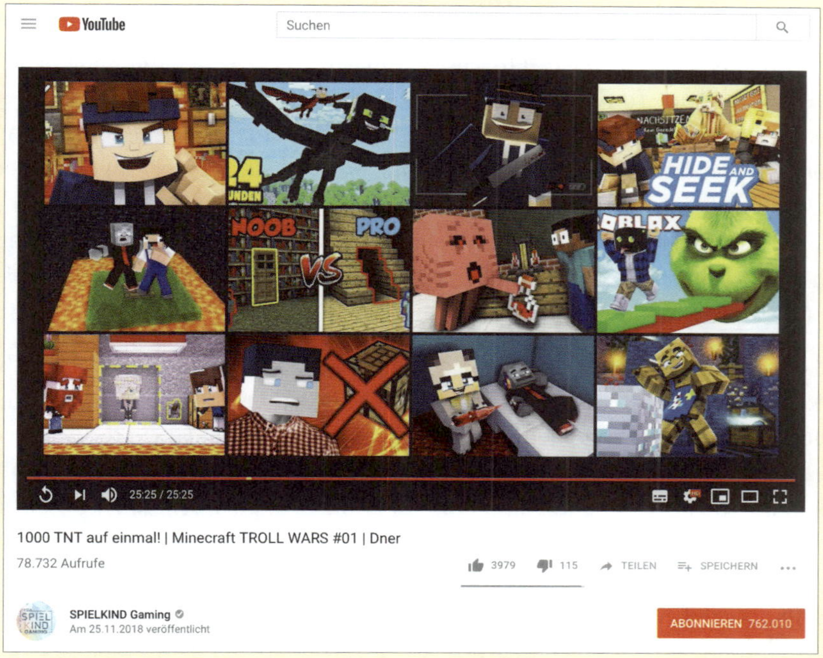

Abbildung 8.21 Videovorschläge nach und neben einem Video am Beispiel von YouTuber »SPIELKIND Gaming« (www.youtube.com/watch?v=d2uFjNYgKWU)

Checkliste Videotags

- Setze dein Haupt-Keyword als erstes Tag ein.
- Lass Variationen und verwandte Schreibweisen des Keywords folgen.
- Nutze maximal zehn thematisch passende, Keyword-bezogene Tags.
- Füge zusätzlich immer die gleichen fünf Branding-Tags mit ein.

Das Ergebnis für ein »Let's Play«-Video zu dem Spiel Far Cry 5 von YouTube-Channel Gronkh könnte im Idealfall so aussehen wie in Abbildung 8.22.

„far cry 5 lets play" „far cry 5 let's play" „far cry lets play" „far cry 5 gameplay" „far cry 5" „far cry lets play" „far cry V" „lets play far cry" „far cry 4 lets play deutsch" „far cry 4 lets play german"

„gronkh" „gronkh.de" „gronkh minecraft" „minecraft gronkh" „gronkh lets play"

Abbildung 8.22 Tags am Beispiel Far Cry 5

8.3 Der erste Video-Upload: Hallo Welt!

Jetzt bist du bereit für den nächsten Schritt, nun kann es losgehen mit deinem ersten Video-Upload auf YouTube. Yeah! Check ein letztes Mal, ob mit deinem Video wirklich alles stimmt, bevor du es hochlädst. Lass am besten noch mal einen Kumpel oder eine Freundin darüberschauen. Einmal hochgeladen, kannst du das Video bei YouTube nicht mehr ändern. Wenn du dann schon die ersten Aufrufe hast und merkst: »Mist! Da ist doch noch ein Fehler im Video!«, musst du es wieder komplett bei YouTube löschen und neu hochladen. Deine bis dahin gesammelten Klicks sind dann natürlich weg.

Dein Video ist fertig geschnitten, und du hast auch alle Endcard-Links bedacht (siehe Kapitel 7, »Tricks für mehr Reichweite – Videovorbereitung«)? Dann kann es jetzt wirklich losgehen mit deinem ersten Upload auf YouTube. Logge dich dazu in deinen YouTube-Channel ein und klicke auf Hochladen (Abbildung 8.23). Achte jedoch darauf, deine Videodatei auf dem PC bereits richtig zu benennen. Am besten verwendest du den geplanten Videotitel als Dateiname. Somit setzt du dein Keyword bereits in der Rohdatei ein und erfüllst einen weiteren Punkt für die bessere Auffindbarkeit. Um auf Nummer sicher zu gehen, stelle das Video nicht auf Öffentlich, sondern besser erst mal auf Privat. Jetzt hältst du dein Video so lange geheim, bis du alle Settings perfekt eingestellt hast. Auch wenn dein Video bereits fertig hochgeladen ist, während du noch an den Einstellungen arbeitest, bekommt es noch niemand zu Gesicht.

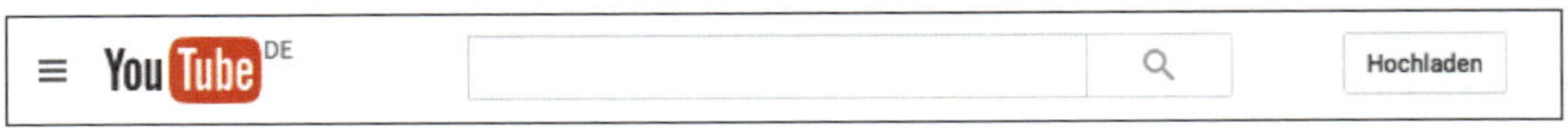

Abbildung 8.23 Video-Upload-Button

Jetzt öffnet sich ein Fenster, in das du praktischerweise einfach dein Videofile aus deinem Ordner mit der Maus hineinziehen kannst (Abbildung 8.24). Alternativ kannst du die Videodatei auch manuell auswählen. Dazu klickst du auf den großen Upload-Pfeil und suchst die Datei auf deinem Computer. Natürlich klappt der ganze Upload-Prozess auch über dein Smartphone mit der YouTube-App. Ich empfehle dir aber, deine Uploads immer über einen festen PC oder Laptop durchzuführen. Wahrscheinlich hast du dein Video in einem PC-Schnittprogramm sowieso etwas nachbearbeitet und den Clip somit bereits auf deinem Computer. Es lohnt sich, das Ganze in Ruhe an einem großen Bildschirm anzugehen und dein Video und den Upload dort zu bearbeiten. Du möchtest ja schließlich professionell arbeiten können.

Abbildung 8.24 Videodatei auswählen

Jetzt geht es richtig los! Der Upload startet (Abbildung 8.25). Nun brauchst du etwas Geduld, je nachdem, wie schnell deine Internetverbindung ist. In der Regel sollte ein Upload eines zweiminütigen Videos nicht mehr als 5 bis 30 Minuten dauern. Kalkuliere diese Zeit entsprechend ein, wenn du einen Upload planst. Du kannst den Tab oder das Fenster deines Browsers, in dem der Upload stattfindet, auch einfach im Hintergrund geöffnet lassen. In der Zwischenzeit kannst du dich mit anderen Dingen auf deinem Computer beschäftigen.

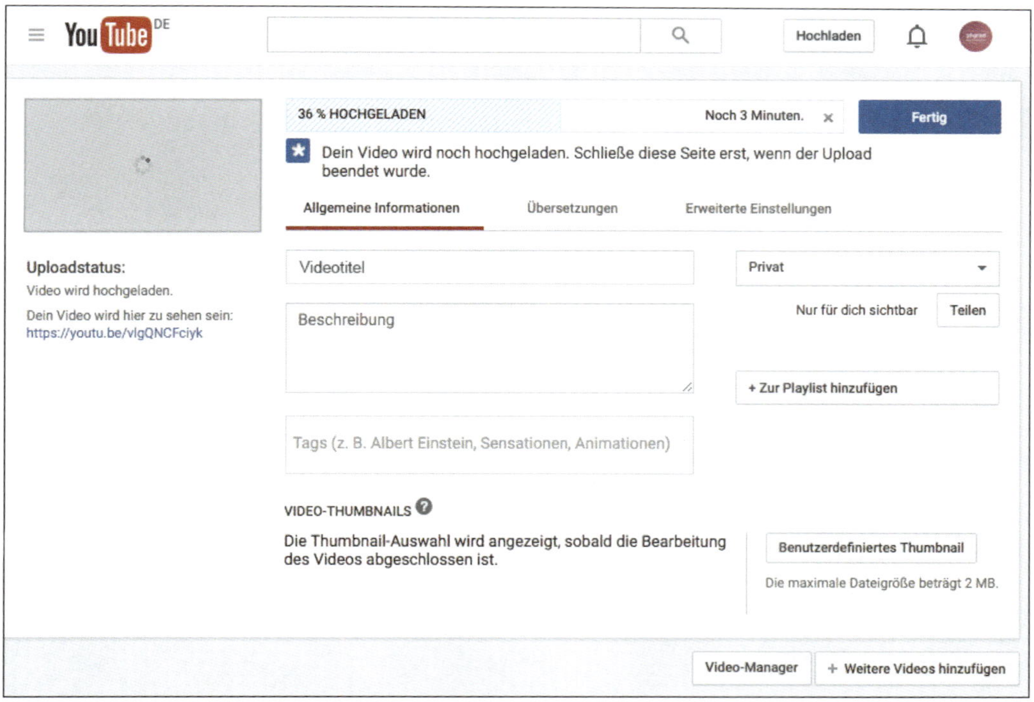

Abbildung 8.25 Beschriftung des Videos in der Upload-Maske

Nutze die Zeit sinnvoll, während dein Video hochgeladen wird, und pflege die entsprechenden Informationen zum Video ein. Hierbei kommt dir nun zugute, dass du dir bereits die richtigen Texte überlegt hast. Titel, Beschreibung und die Tags sollten also schnell eingetippt sein. Jetzt kannst du dich dem Thumbnail-Upload widmen. Klicke dazu auf den Button BENUTZERDEFINIERTES THUMBNAIL und lade es direkt hoch. So einfach geht das.

Dein YouTube-Video-Upload ist nun grundlegend fertig hochgeladen. Du hast alle Basisarbeiten erledigt. Zeit zum Ausruhen? Weit gefehlt! Um richtig durchzustarten, fehlen noch ein paar Handgriffe. Du willst ja schließlich besser sein als deine YouTuber-Kollegen. Dafür musst du auch ein bisschen mehr tun als die anderen. Zudem benötigst du etwas Geduld: YouTube-Rankings brauchen Zeit, um zu wachsen. Lerne im nächsten Kapitel die richtigen Handgriffe für mehr Erfolg mit deinen Videos.

9 Pimp deine Videos für mehr Reichweite

Mach dich direkt nach dem Upload an das Aufmotzen deiner Videos im Channel, damit du die maximale Sichtbarkeit erhältst. Getreu dem Motto »Klotzen, nicht kleckern!« nimmst du Feinjustierungen am Video vor und hebst dich von der Masse ab.

Dein Video ist hochgeladen (Abbildung 9.1), und nun legst du die Füße hoch? Auf gar keinen Fall! Jetzt geht es erst richtig los. Ja, ich weiß, irgendwie geht es schon das ganze Buch lang »richtig los« – so ist das eben auf YouTube, jeder Schritt ist absolut relevant. Die meisten Klicks gibt es schließlich nur für die besten Videos. Erfahre in diesem Kapitel, wie du mit deinem Video richtig Gas geben kannst.

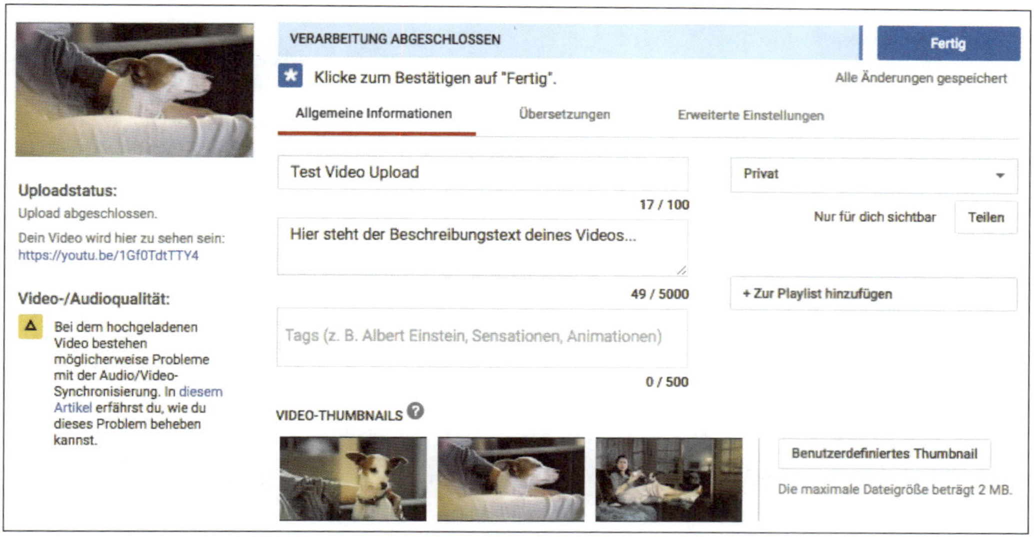

Abbildung 9.1 Der Video-Upload-Vorgang ist abgeschlossen.

Du befindest dich immer noch im BEARBEITEN-Modus deines Videos. Falls nicht, kannst du über den VIDEO-MANAGER zurück zu den Einstellungen für jedes einzelne Video. Der wichtigste Parameter ist die Datenschutzeinstellung. Ist hier PRIVAT eingestellt, bekommt dein Video niemand zu Gesicht. Das ist auch erst mal gut so, denn solange du noch an dem Set-up bastelst, hältst du dein Video besser geheim. Das bietet dir einen gewissen Schutz und bewirkt, dass deine Videos nicht für die Öffentlichkeit sichtbar sind, solange du die Inhalte noch bearbeitest. Wenn du dann später mit allem fertig bist, kannst du deinen ersten Film endlich veröffentlichen. Dazu stellst du die Einstellung einfach auf Öffentlich. Prüfe, ob auch unter Erweiterte Einstellungen alles korrekt ausgefüllt ist (Abbildung 9.2).

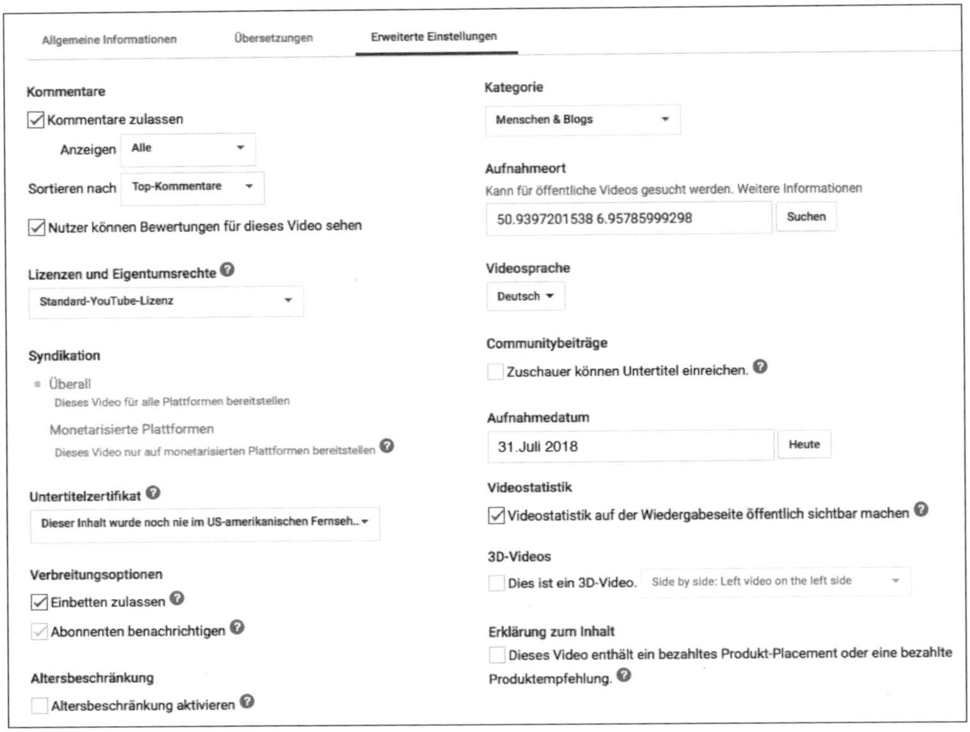

Abbildung 9.2 Bearbeitung deiner Videoeinstellungen bei YouTube

Gehe mit mir zum Abgleich doch einfach mal die Punkte durch. Unter dem Punkt Kommentare solltest du alles aktiviert lassen. Zu empfehlen ist es, hier alle Häkchen stehen zu lassen, denn ein Social-Media-Netzwerk wie YouTube lebt von Kommentaren und Bewertungen. Zeig dich also transparent und gehe mit möglicher Kritik offen um. Wenn du hier Häkchen rausnimmst, wirkt es auf die Community, als wolltest du dich verstecken – das möchten wir natürlich nicht.

Willst du anderen YouTubern gestatten, dein Video zu verwenden? Dann wähle Creative Commons unter Lizenzen und Eigentumsrechte aus. Hiermit kannst du erlauben, dass andere Channels dein Video in veränderter Form hochladen dürfen. Das kann die Bekanntheit deines Werks steigern. Die Nutzer können deinen Clip oder Ausschnitte davon für ihre Projekte verwenden. Natürlich findet das Ganze mit entsprechender Nennung deines Namens statt. Möchtest du das grundsätzlich nicht, ist die Einstellung der Standard-YouTube-Lizenz zu empfehlen. Dann darf offiziell keiner dein Video mopsen!

Wenn du dein Video monetarisieren, also zu Geld machen willst, kannst du unter SYNDIKATION einstellen, ob dein Video nur auf monetarisierten Plattformen gezeigt werden soll. Ich rate dir, es grundsätzlich überall bereitzustellen. So beschränkst du deine Reichweite nicht und bekommst mehr Aufrufe. Das gilt auch für die VERBREITUNGSOPTIONEN. Lass ein Einbetten auf anderen Websites immer zu. Nimmst du hier Häkchen heraus, beschneidest du womöglich die Sichtbarkeit deiner Videos im gesamten Web. Das solltest du auf keinen Fall tun, wenn du richtig erfolgreich werden möchtest. In dem unwahrscheinlichen Fall, dass bestimmte Teile deines Videos schon mal im US-Fernsehen ausgestrahlt wurden, musst du dich mit dem UNTERTITELZERTIFIKAT beschäftigen.

Achte immer darauf, korrekte Angaben zu machen, denn wer flunkert, den bestraft das Leben – oder in dem Fall YouTube. Machst du falsche Angaben, wird dein Video schnell mal gelöscht, und alle Aufrufe sind somit weg. Das gilt auch bei der ALTERSBESCHRÄNKUNG. Berücksichtige in jedem Fall den Schutz von Minderjährigen. Treten vulgäre Sprache, Gewalt oder nackte Tatsachen in deinem Video auf, ist es eventuell nicht für Zuschauer unter 18 Jahren geeignet. Klicke in so einem Fall auf ALTERSBESCHRÄNKUNG AKTIVIEREN. Dann bist du auf der sicheren Seite, und YouTube kann dir keinen Vorwurf machen. Es ist dabei auch immer hilfreich, in YouTubes Richtliniencenter (Abbildung 9.3) unter *https://creatoracademy.youtube.com/page/lesson/copyright-guidelines?hl=de* vorbeizuschauen.

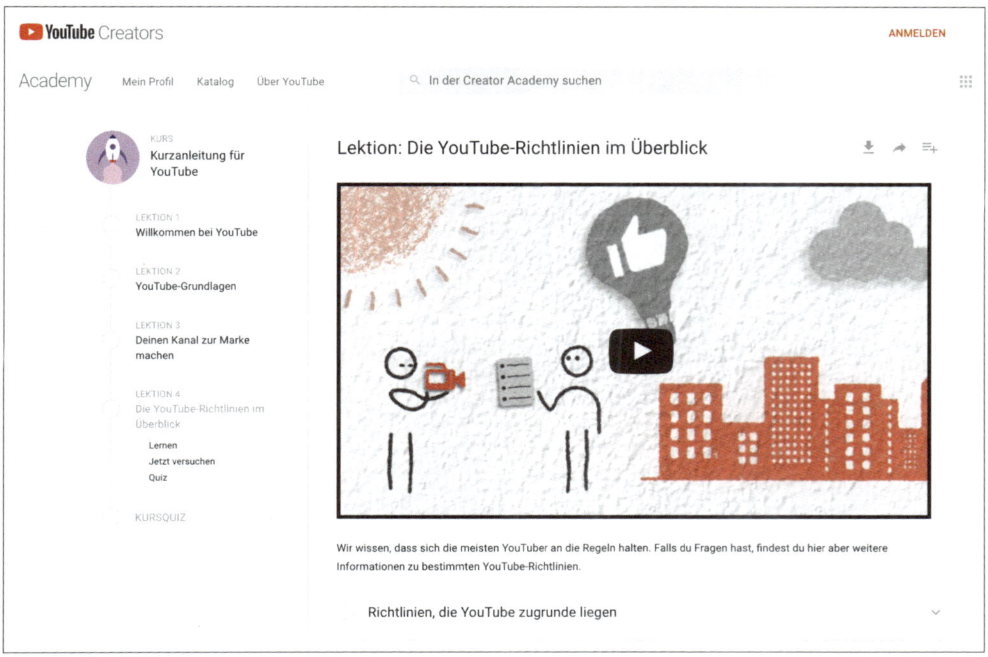

Abbildung 9.3 Richtliniencenter auf YouTube

Wähle als Nächstes die am besten passende KATEGORIE für dein Video aus. Dabei kannst du zwischen 15 Themenbereichen wählen (Abbildung 9.4). Wo passt dein Video am ehesten hinein? Entscheide dich für die zutreffende Kategorie.

Abbildung 9.4 Videokategorie auswählen

Gibst du deine Stadt, zum Beispiel Berlin, unter AUFNAHMEORT an, können deine Videos in anderen Google-Produkten mit lokalem Bezug gesucht werden. Du kannst über die Funktion SUCHEN deine Location auch auf der Landkarte auswählen (Abbildung 9.5).

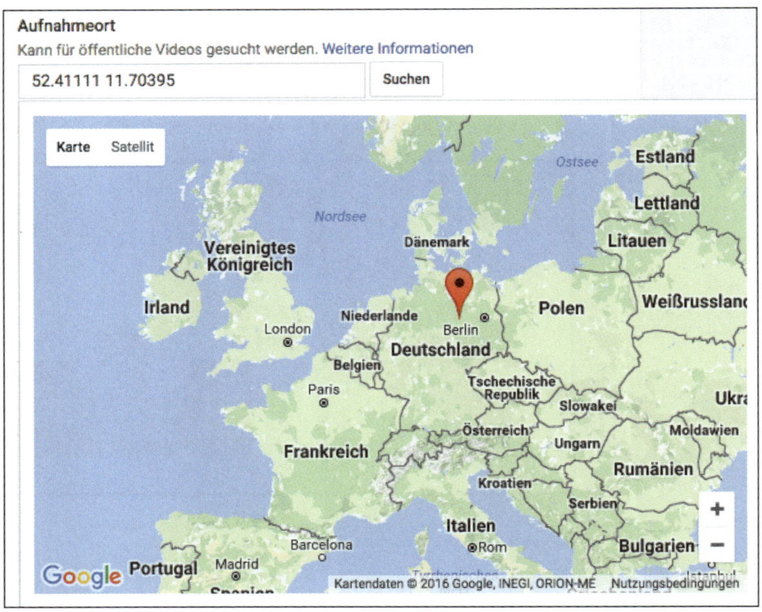

Abbildung 9.5 Standort der Aufnahme auswählen

Stelle nun die Landessprache ein, in der du in deinen Videos mit deinen Zuschauern kommunizieren möchtest. Solltest du Videos in verschiedenen Sprachen produzieren, stelle bei jedem Video die jeweils verwendete Landessprache ein. Falls du nicht selber Untertitel angegeben hast, kannst du Nutzer genau dies für dich übernehmen lassen. Du behältst die Zügel jedoch weiterhin in der Hand, indem du fremden Nutzern nicht erlaubst, Untertitel hinzuzufügen. Sorge am besten stets selbst dafür, dass korrekte Untertitel eingepflegt werden.

Im Register ÜBERSETZUNGEN kannst du mal nachschauen, ob YouTube schon von selbst Untertitel für dein Video erzeugt hat. Falls ja, musst du diese unbedingt überarbeiten (Abbildung 9.6).

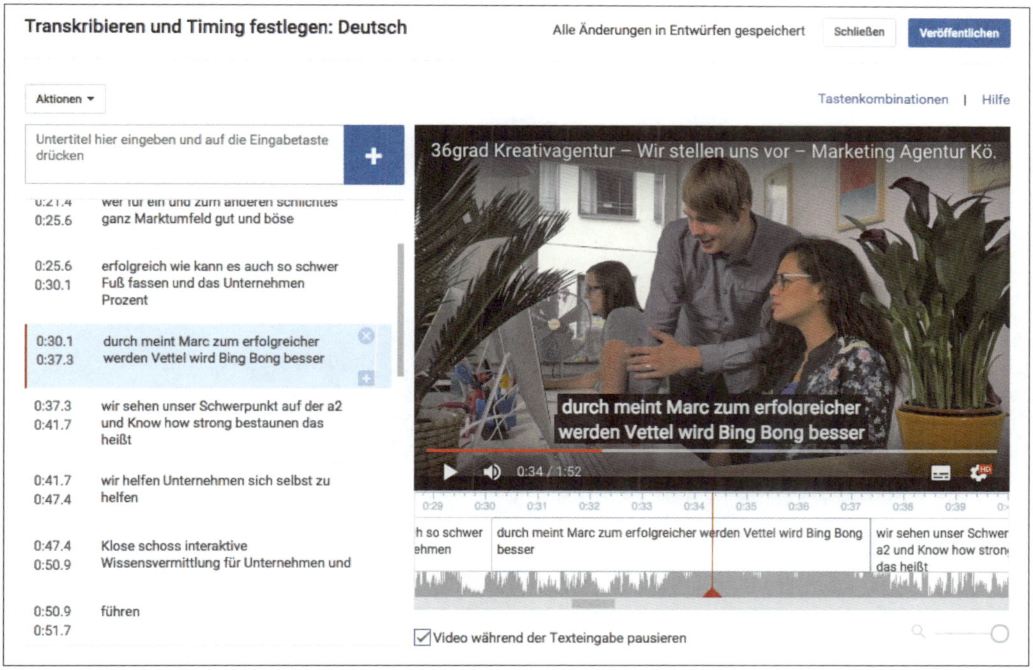

Abbildung 9.6 Falsch erkannte Untertitel solltest du korrigieren.

YouTube erkennt durch technisches Zuhören, was in deinem Video gesprochen wird. Dabei passieren jedoch oft einige Fehler. Der US-amerikanische Konzern hat, vor allem bei deutschen Begriffen, Probleme, diese einwandfrei zu erkennen. Klickst du auf BEARBEITEN, kannst du Korrekturen vornehmen. Achte vor allem bei deinen Keywords auf die richtige Schreibweise. Auch hier liest YouTube ab, um welches Thema es in deinem Video geht. Dies kann dein Ranking beeinflussen. Setzt du dein Keyword also an mehreren Stellen in deinen Untertiteln ein, kann dies ein positives Signal an die Suchmaschine sein. Den überarbeiteten Untertitel-Track speicherst du dann einfach ab und deaktivierst den automatisch erzeugten. Nun kannst du neben Deutsch auch weitere Sprachen als Übersetzung für deine Untertitel bereitstellen. Die User können beim Anschauen deiner Videos dann wählen, ob und welche Untertitel sie gerne sehen möchten.

Hat dein Video spezielle technische Anforderungen, wie zum Beispiel 3D? Dann kannst du einstellen, dass dein Video auch im 3D-Modus abgespielt wird. Achte jedoch darauf, dass nicht alle Nutzer im Besitz einer 3D-Brille oder eines entsprechenden Bildschirms sind. Daher rate ich dir, deine Videos immer erst mal in 2D hochzuladen. Gerne kannst du als Zusatz-Feature dein Video auch noch mal in 3D zur Verfügung stellen (Abbildung 9.7). Das ist aber eher als Erweiterung deines Basisangebots zu sehen.

Abbildung 9.7 YouTube-Video im 3D-Format (www.youtube.com/watch?v=vQOLnp5ramY)

Ganz oben siehst du weitere Register mit Zusatzeinstellungen.

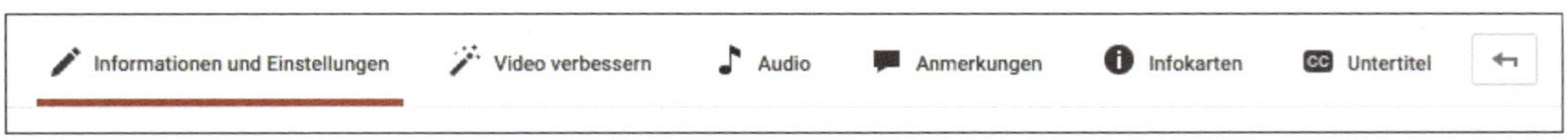

Abbildung 9.8 Mehr Einstellungen zur Videobearbeitung

Im Idealfall benötigst du die Vorschläge unter Video verbessern nicht. Diese greifen nur dann, wenn dein Video zu dunkel, verwackelt oder vom Sound her nicht optimal produziert wurde. Diese Fehler solltest du durch eine Qualitätskontrolle deiner Videos von vornherein verhindern bzw. im Schnittprogramm bereits bereinigt haben. Bei Audio kannst du Musik unter dein Video legen. Das kann ganz praktisch sein, wenn du keinen Ton im Video hast. Dabei kannst du aus über 150.000 Titeln auswählen. Diese sind werbefrei und dürfen auch für monetarisierte Videos genutzt werden. Zu empfehlen ist das aber nur, wenn nicht sowieso schon Sound in deinem Video enthalten ist. Dein gesprochener Text oder deine Hintergrundgeräusche sind nach dem Einfügen eines Musiktitels nämlich weg. Glücklicherweise kannst du den Originalsound deines Videos aber auch immer zurücksetzen lassen (Abbildung 9.9).

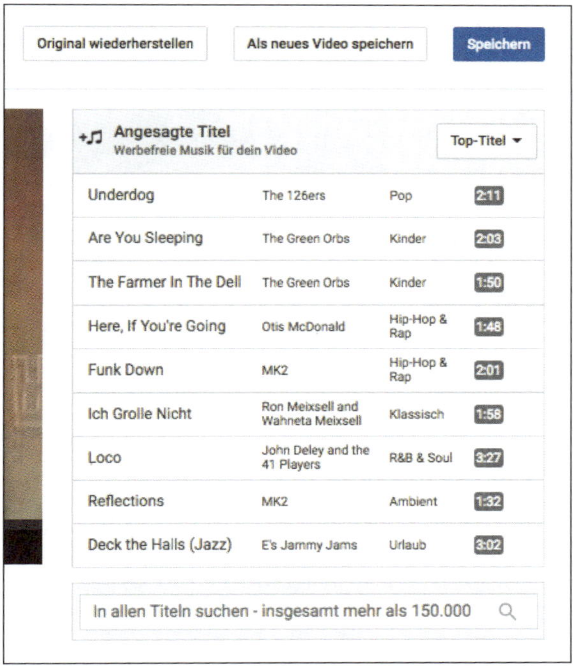

Abbildung 9.9 YouTube bietet 150.000 kostenlose Musiktitel.

Stelle die richtigen Weichen, damit du zukünftig ein leichteres Spiel beim Hochladen von Inhalten auf YouTube hast. Unter YouTube Studio • Kanal • Standardeinstellungen für YouTube-Uploads kannst du ein entsprechendes Preset (eine Voreinstellung) festlegen, damit du nicht bei jedem Video alles neu ausfüllen musst (Abbildung 9.10). Das heißt also, dass du auch standardisierte Voreinstellungen vornehmen kannst. Unter dieser Rubrik findest du sehr nützliche Voreinstellungen, die dafür sorgen, dass bei regelmäßigen Uploads die Standardwerte bereits festgelegt sind. So hast du schon mal den Grundschliff drin. Vielleicht passen deine Videos ja immer in die gleiche Kategorie, dann hast du es dir dadurch viel einfacher gemacht. Auf diese Weise kannst du nämlich einen Standard für all deine zukünftigen Uploads einstellen – schon mal einen Schritt gespart.

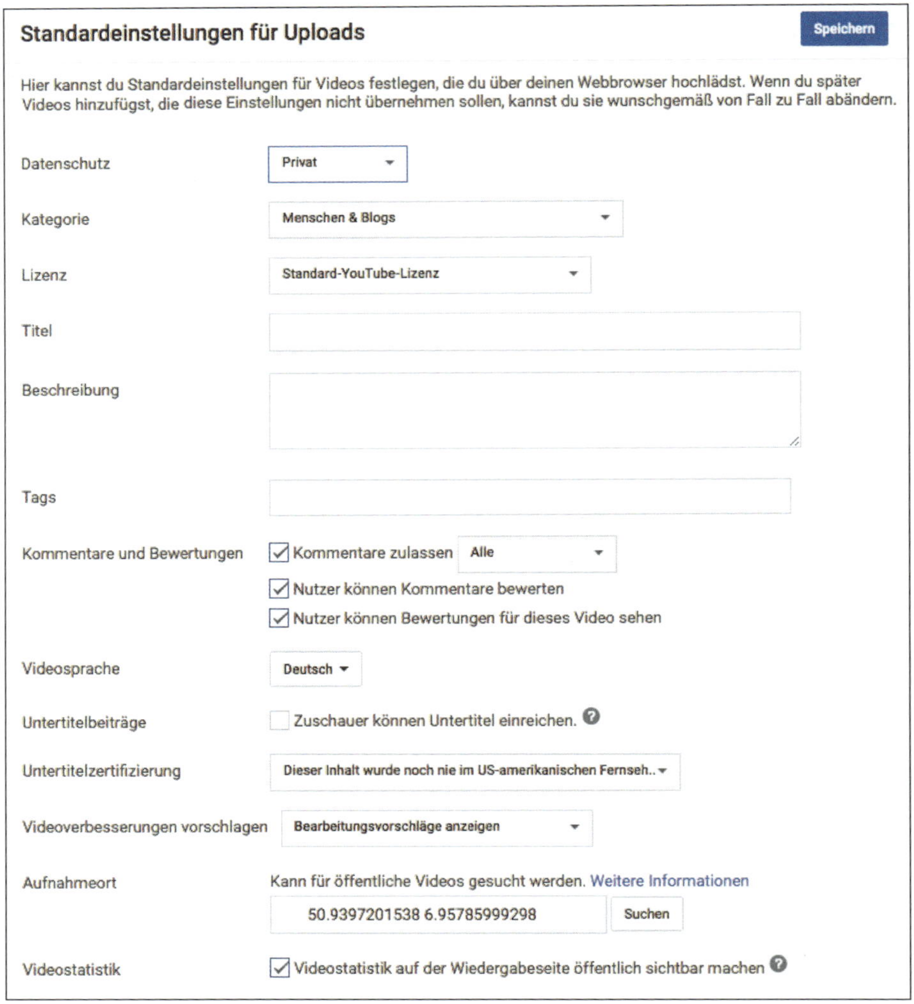

Abbildung 9.10 Voreinstellungen für Uploads definieren

Keine Sorge, du kannst diese vielen Werte auch später beim Upload einfach noch mal umändern. Dazu musst du in deinem YouTube-Account eingeloggt sein und siehst unter deinem Video eine Leiste mit Schnellzugriffen für die jeweiligen Bearbeitungsmenüs.

Icon	Beschreibung
	Über den Bleistift lassen sich allgemeine Informationen bearbeiten.
	Der Zauberstab hilft, die Qualität des Videos zu verbessern.
	Über die Musiknote kannst du Musik unter das Video legen.
	Die Einblendung von Infokarten im Video lässt sich über dieses Symbol bearbeiten.
	Über die Sprechblase kannst du den Abspann und Endcard-Verlinkungen justieren.
	Untertitel eines Videos bearbeitest du über das Closed-Captions-Symbol nach, und auch Übersetzungen legst du darüber an.
Analytics	Einen Schnellzugriff auf Zahlen und Analysen zu diesem Video ermöglicht dir dieser Button.
Video-Manager	Im Video-Manager hast du immer eine gute Übersicht über all deine hochgeladenen Videos und Playlists. Die Verwaltung und Bearbeitung ist hier jederzeit möglich, falls deine Videos das überhaupt nötig haben.

Tabelle 9.1 Schnellzugriffe

9.1 Feinschliff für deine Videos

Hole alles aus deinen Videos heraus, indem du dich intensiv um den Feinschliff kümmerst. Mit Links, Handlungsaufforderungen und Übersetzungen kannst du deine Inhalte aufwerten. Hast du ein internationales Publikum? Dann füge Übersetzungen deiner Videotitel und deiner Videobeschreibungen ein (Abbildung 9.11). So holst du auch Zuschauer aus anderen Ländern ab, wie zum Beispiel aus Amerika. Sie können dann zumindest mitlesen, auch wenn sie das Gesprochene nicht verstehen. Dazu gehst du in den BEARBEITEN-Modus deines Films und wählst das Register ÜBERSETZUNGEN aus. Hier kannst du entweder selbst deine Texte zum Beispiel in englischer Sprache schreiben, oder du holst dir Hilfe.

Gegen einen kleinen Betrag kannst du auch ein Übersetzungsbüro engagieren. Hierfür gibt es mittlerweile einige unkomplizierte Serviceanbieter (Abbildung 9.12). Um so einen Service zu nutzen, lädst du einfach deinen Text auf der Anbieter-Website hoch, und für ca. 15 bis 30 US$ bekommst du gute Übersetzungen relativ schnell geliefert. In der Regel dauert es zwei Werktage, bis dein Text in der gewählten Sprache fertig ist.

Abbildung 9.11 Übersetzung deines Titels und der Beschreibung

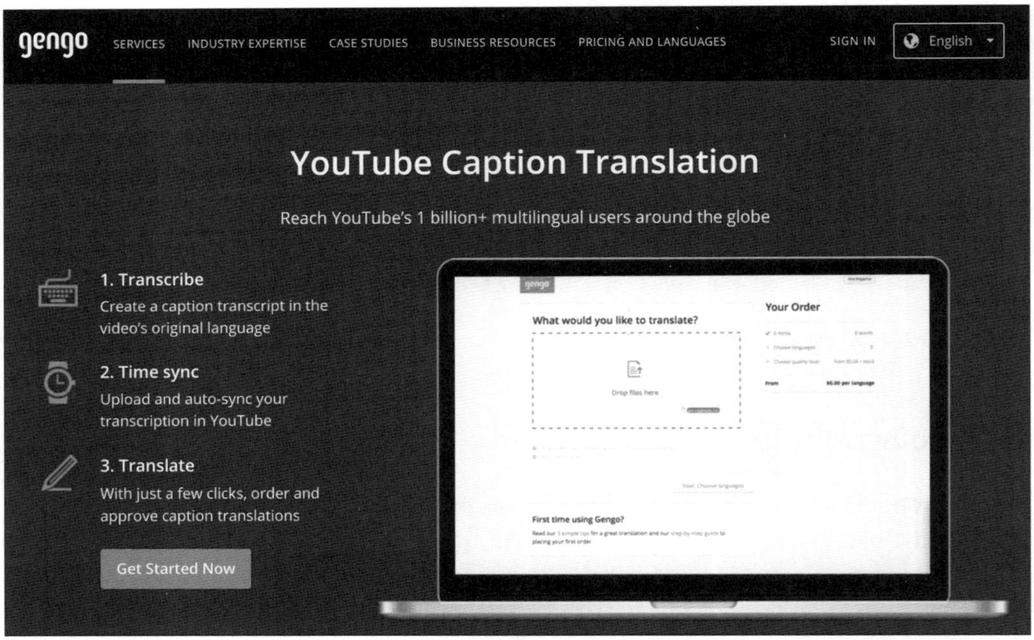

Abbildung 9.12 Übersetzungsbüro für YouTube-Videotitel und -Videobeschreibungen, z. B. https://gengo.com

Je mehr du dein Video mit Details spickst, desto größer ist die Chance auf eine hohe Sichtbarkeit. Gib deinen Zuschauern also viele Details an die Hand. Setze dazu auch aktive Links in Form von sogenannten Infokarten oder Endcards ein. Hast du einen interessanten Blogbeitrag zu deinem Videothema geschrieben? Dann verlinke ihn doch einfach als Infokarte in deinem Video (Abbildung 9.13). So können Nutzer noch mehr über dein Videothema lesen. Optimalerweise hast du dir dazu schon einige Gedanken in den vorigen Kapiteln gemacht und kannst diese nun endlich umsetzen. Prinzipiell kannst du die etwas aufwendigere Variante der Endcard verwenden, oder du beschränkst dich auf einfachere Infokarten. Im Register INFOKARTEN kannst du wählen, wohin du verlinken möchtest (Abbildung 9.14). Falls du auf eine passende Playlist oder auf ein weiteres Video hinweisen möchtest, kannst du auch hierfür Infokarten erstellen. Klicke dafür einfach auf KARTE HINZUFÜGEN (Abbildung 9.13), und los geht's.

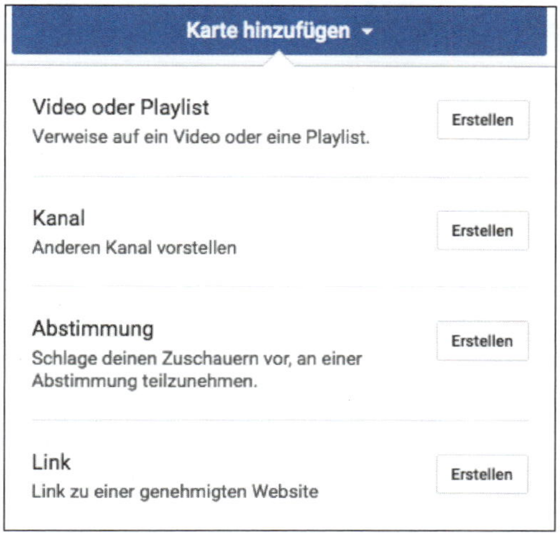

Abbildung 9.13 Infokarte auswählen und hinzufügen

Auch Abstimmungen rund um dein Video sind machbar. Frage hier beispielsweise, was deine Nutzer im nächsten Video sehen wollen. Es können direkt mehrere Antwortmöglichkeiten vorgegeben werden. Du kannst im Prinzip aussuchen, wann und wie lange deine Infokarte eingeblendet wird. Ich rate dir, eher zum Ende hin solche Informationen oder Links einzufügen. Du läufst sonst Gefahr, schon zu Beginn deine Zuschauer zu überrumpeln. Zu viele Infos können stören, und der User möchte ja erst mal in Ruhe das eigentliche Video anschauen. Der Vorteil ist jedoch, dass die Infokarten auch auf Mobilgeräten angezeigt werden. Achte hier ebenfalls darauf, dass die zusätzlichen Informationen nicht überhandnehmen, aber trotzdem relevant platziert werden.

Noch cooler sind die Gestaltungsmöglichkeiten mit Endcards. Hier kommen deine schicken Endcards zum Einsatz, die du bereits in das Video hineingeschnitten hast (siehe Abschnitt 7.1, »Viele Klicks durch Endcards«). Damit du die Links auf deiner Endcard auch anklicken kannst, musst du nach dem Upload entsprechende Einstellungen vornehmen. Gehe dazu auf die Registerkarte ABSPANN & ANMERKUNGEN. Hier siehst du eine Zeitleiste und kannst an die entsprechende Stelle in deinem Video spulen (Abbildung 9.15).

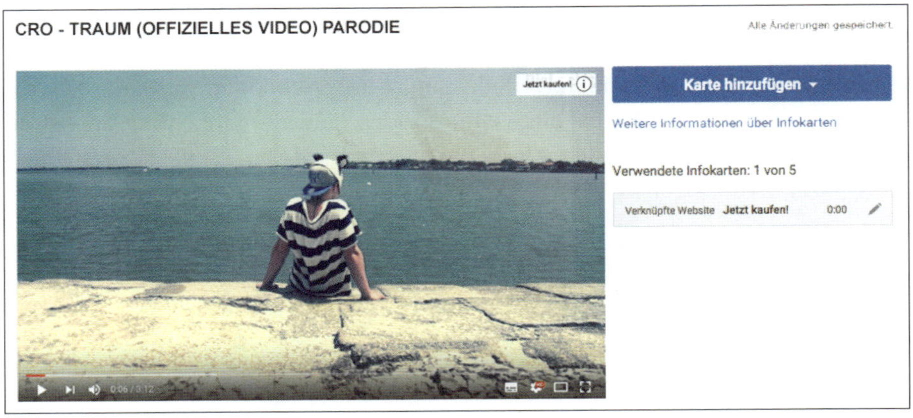

Abbildung 9.14 Infokarte bearbeiten

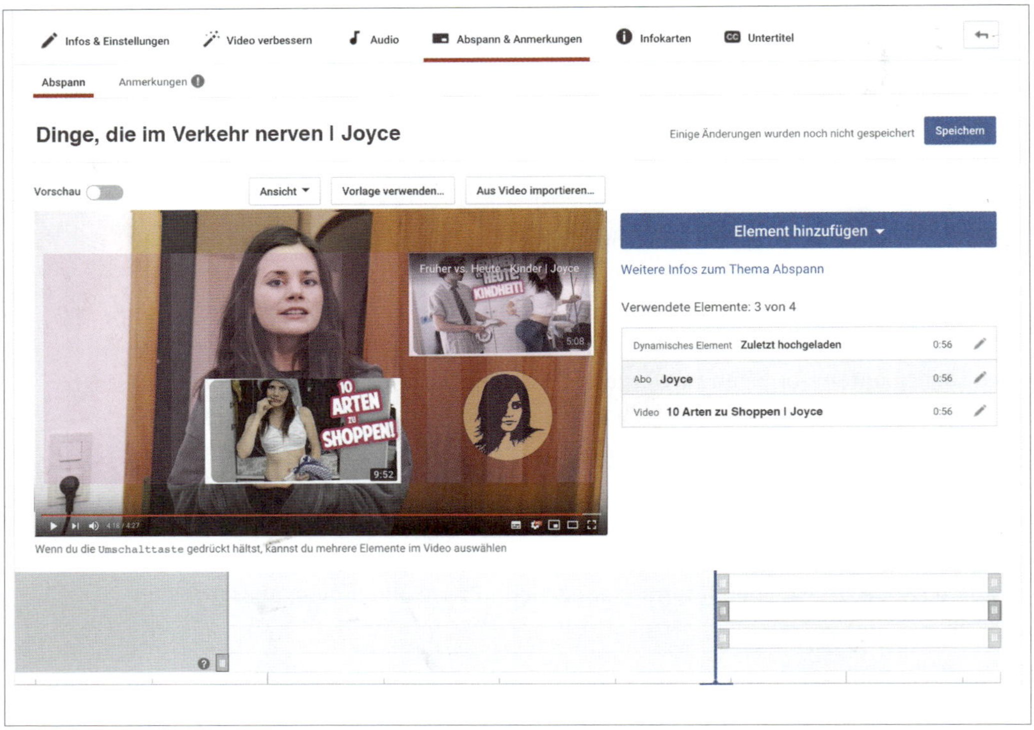

Abbildung 9.15 Abspann für Endcard-Links einsetzen

Bist du dort angelangt, wo eine Verlinkung hin soll, klickst du rechts oben auf ELEMENT HINZUFÜGEN (Abbildung 9.15). Nimm am besten ein VIDEO, und es erscheint ein kleines Kästchen auf deinem Clip. Das ist ein sogenanntes Abspannelement mit verschiedenen Funktionen. Nutze den Abspann für deine Endcard als Link-Schalttafel. Dazu ziehst du das Kästchen genau an die Position, an der du sie gern hättest. Du kannst im Videoschnitt bereits eine Bezeichnung in das Video hineinschneiden, das als Überschrift für die Videos, die du vorstellst, dient. Durch die grafische Vorarbeit in deinem Video hast du bereits eine viel bessere Formatierung hergestellt, als sie hier bei YouTube möglich ist. Neben der Verlinkung auf ein oder zwei einzelne Videos kannst du auch auf eine Playlist oder einfach auf deine »neuesten Uploads« verlinken. Hier empfehle ich jedoch, gezielt auszuwählen, welches Video oder welche Playlist du zeigst, um die Kontrolle darüber zu haben, was deine Zuschauer zu sehen bekommen.

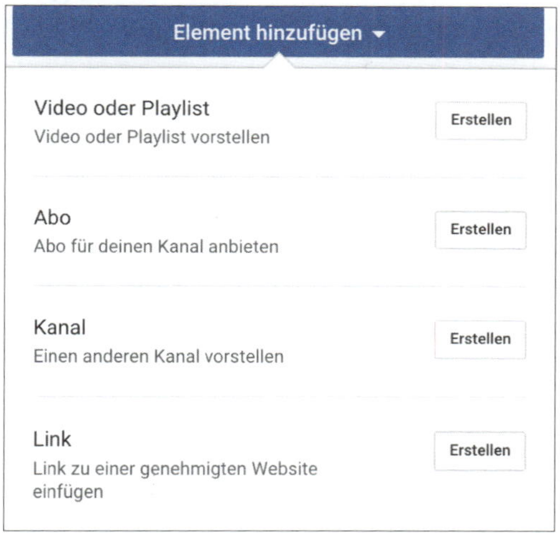

Abbildung 9.16 Auswahl aus den vier Elementtypen

Hast du deine Website mit deinem YouTube-Channel richtig verknüpft (siehe Kapitel 7, »Tricks für mehr Reichweite – Videovorbereitung«), kannst du diese nun unter VERKNÜPFTE WEBSITE auswählen. Die Dauer der Einblendung einer Anmerkung kannst du unter VON und ENDE exakt festlegen. Deine Anmerkung sollte starten, sobald die Schaltfläche komplett eingeblendet wird. Entweder lässt du diese ganz bis zum Ende des Videos laufen oder lässt sie bei Ausblenden der Schaltfläche wieder enden. Vergiss nicht, am Ende deine Einstellungen zu sichern und auf SPEICHERN zu klicken (Abbildung 9.15).

Besonders hilfreich sind auch die Funktionen VORLAGE VERWENDEN und AUS VIDEO IMPORTIEREN. Hierbei handelt es sich, wie der Name schon sagt, um eine Auswahl an Vorlagen. Dadurch sparst du Zeit und Mühe. Wiederkehrende Abspanne, die in jedem deiner Videos vorkommen, kannst du so ganz leicht einmal anlegen und in beliebig viele Clips einfügen.

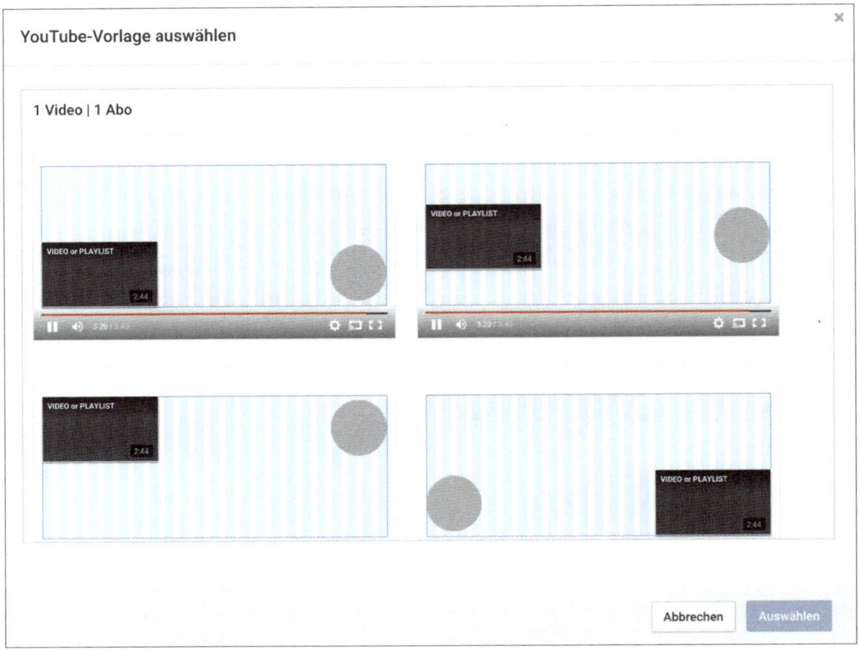

Abbildung 9.17 Vorlagen für deinen Abspann wählen

Nun kannst du noch einmal überprüfen, ob auch alle Links in deinem Video gut funktionieren. Klicke dazu jede Verlinkung einmal an und schau, ob du zum richtigen Ziel gelangst. Die verschiedenen Elemente, wie Endcards, Infokarten, Wasserzeichen usw., die du in das Video platziert hast, sollten sich nicht überschneiden. Kontrolliere daher grundsätzlich immer das Endergebnis. Sieht bei deinem Video alles gut aus? Gibt es Probleme bei der Darstellung? Dann korrigiere diese, bevor du das Video für die Community auf ÖFFENTLICH schaltest. Sonst blamierst du dich womöglich direkt bei deinem ersten großen Auftritt. Damit das nicht passiert, solltest du vielleicht einen Freund oder Kollegen darüberschauen lassen. Gemäß dem Vieraugenprinzip fallen so Fehler schneller auf und können rechtzeitig beseitigt werden.

Abbildung 9.18 Custom Thumbnail

Zu guter Letzt lädst du dein Video-Thumbnail (Abbildung 9.19) hoch. So erscheint dein Snippet mit einem von dir ausgewählten Vorschaubild (Abbildung 9.18). Das hast du ja ebenfalls schon in Kapitel 7, »Tricks für mehr Reichweite – Videovorbereitung«, vorbereitet. Gehe zum Einsetzen des Custom Thumbnail zu VIDEO-MANAGER • VIDEO BEARBEITEN. Dort kannst du das entsprechende Vorschaubild von deinem Computer auswählen und hochladen. Manchmal dauert es ein paar Minuten oder Stunden, bis das Thumbnail überall auf YouTube angezeigt wird. Das ist ganz normal. Mach dir also keine Sorgen, wenn es nicht sofort sichtbar ist. Ändert sich irgendwann dein grundsätzlicher Style, kannst du das Thumbnail auch später noch mal austauschen. Alles kein Problem, wiederhole einfach den gleichen Schritt.

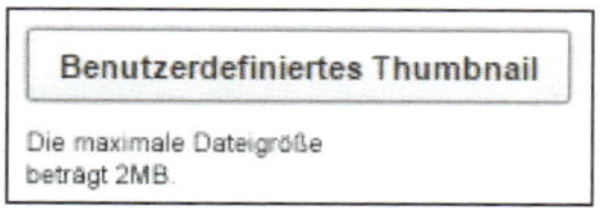

Abbildung 9.19 Benutzerdefiniertes Thumbnail hochladen

Jetzt hast du dein Video fertig »gepimpt« und kannst es auf ÖFFENTLICH setzen. Denke immer daran: PRIVAT = nur du siehst es. NICHT GELISTET = nur deine Freunde, die den genauen Link kennen, können das Video aufrufen. Klickst du auf ÖFFENTLICH, können alle YouTube-Nutzer weltweit auf dein Video zugreifen (Abbildung 9.20).

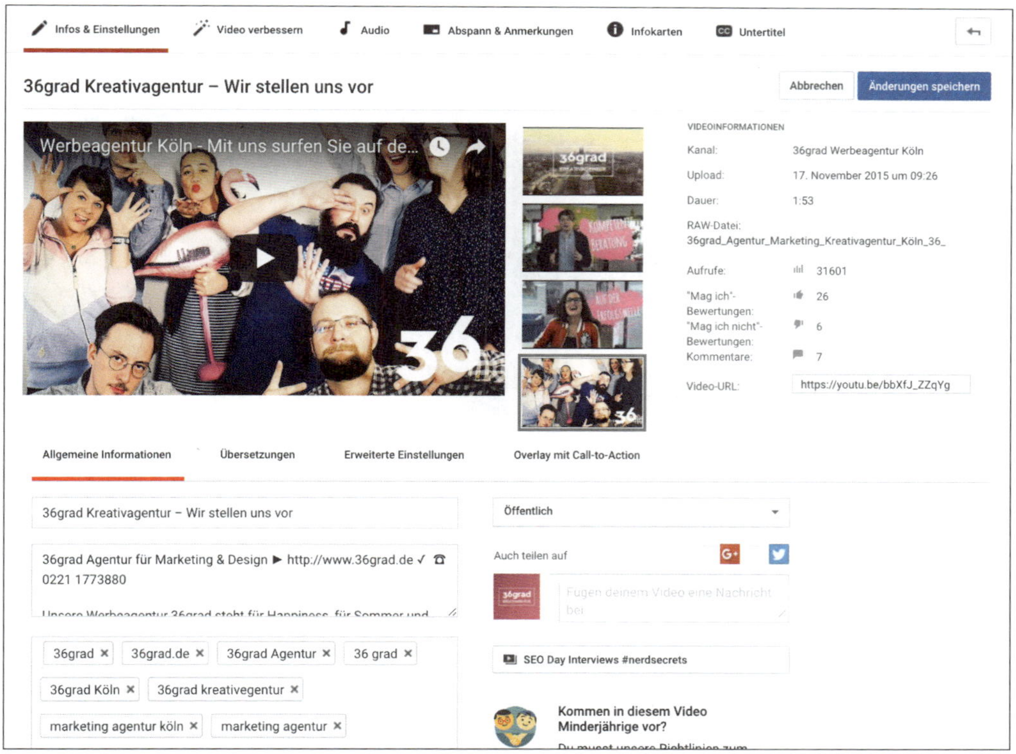

Abbildung 9.20 Fertiger Upload inklusive Titel, Beschreibung und Tags

9.2 Playlists und Kanaltrailer auf deiner Channel-Startseite

Nun kannst du deine Channel-Startseite mit Videos und Playlists bestücken. Das sieht dann richtig cool aus, und deine Zuschauer finden sich super zurecht. Zuerst legst du einen Kanaltrailer fest. Wähle dazu aus deinem Kanal ein Video aus, das du bereits hochgeladen hast. Damit sich die beste Wirkung entfaltet, solltest du nicht wahllos irgendein Video dafür einsetzen. Mach dir Gedanken, wie du ein Intro-Video aufbauen könntest, um neue Abonnenten anzusprechen. Beachte, dass der Trailer nur Nicht-Abonnenten angezeigt wird. Deine bestehenden Abonnenten sehen diesen Clip hingegen nicht als Intro in deinem Channel. Überlege daher: Wie möchtest du Neuankömmlinge begrüßen? Was überzeugt deine potenziellen Abonnenten? Stelle am besten deine Themen aus deinem eigenen Kanal in den Vordergrund. Sag den Nutzern, was sie erwartet, und sei ganz du selbst.

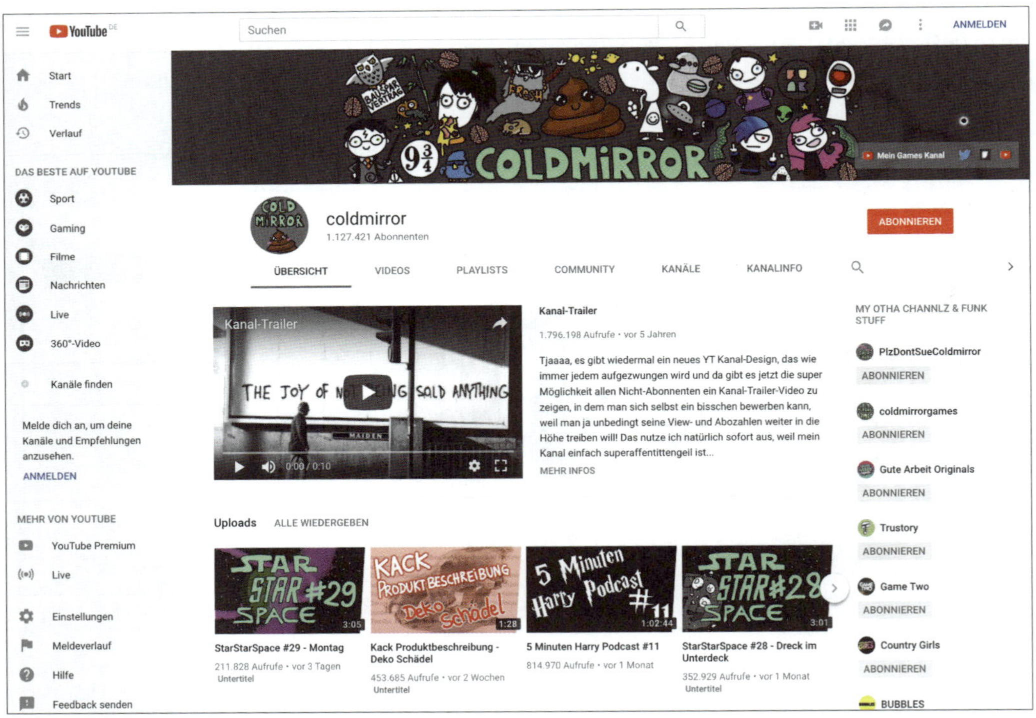

Abbildung 9.21 YouTube-Kanaltrailer (www.youtube.com/user/coldmirror)

Nach dem Channel-Trailer (Abbildung 9.21) kannst du beliebige weitere eigene Abschnitte hinzufügen und individualisieren. Ob Playlists, einzelne Videos aus Playlists, beliebte Videos oder befreundete Kanäle – alles kannst du hier zeigen. So schaffst du eine Themenübersicht in deinem Channel ähnlich einer Website-Navigation. Bedienst du unterschiedliche Genres? Bietest du unterschiedliche Formate und Serien an? Dann hilft dir eine Gliederung in Form von Playlists auf deiner Startseite. Um eine gezielte Playlist als Abschnitt deinem Channel hinzuzufügen, klicke auf EINZELNE PLAYLIST. Wähle aus deinen bestehenden Playlists eine aus, und schon erscheint diese auf deiner Startseite.

Variiere in der Darstellung der Playlists zwischen einer horizontalen Zeile ❶ und einer vertikalen Liste ❷ (Abbildung 9.22). Somit sieht dein Channel abwechslungsreicher und interessanter aus. Du erreichst eine schöne Kategorisierung mit den Playlists und bietest dem Zuschauer als Service eine gute Übersichtlichkeit.

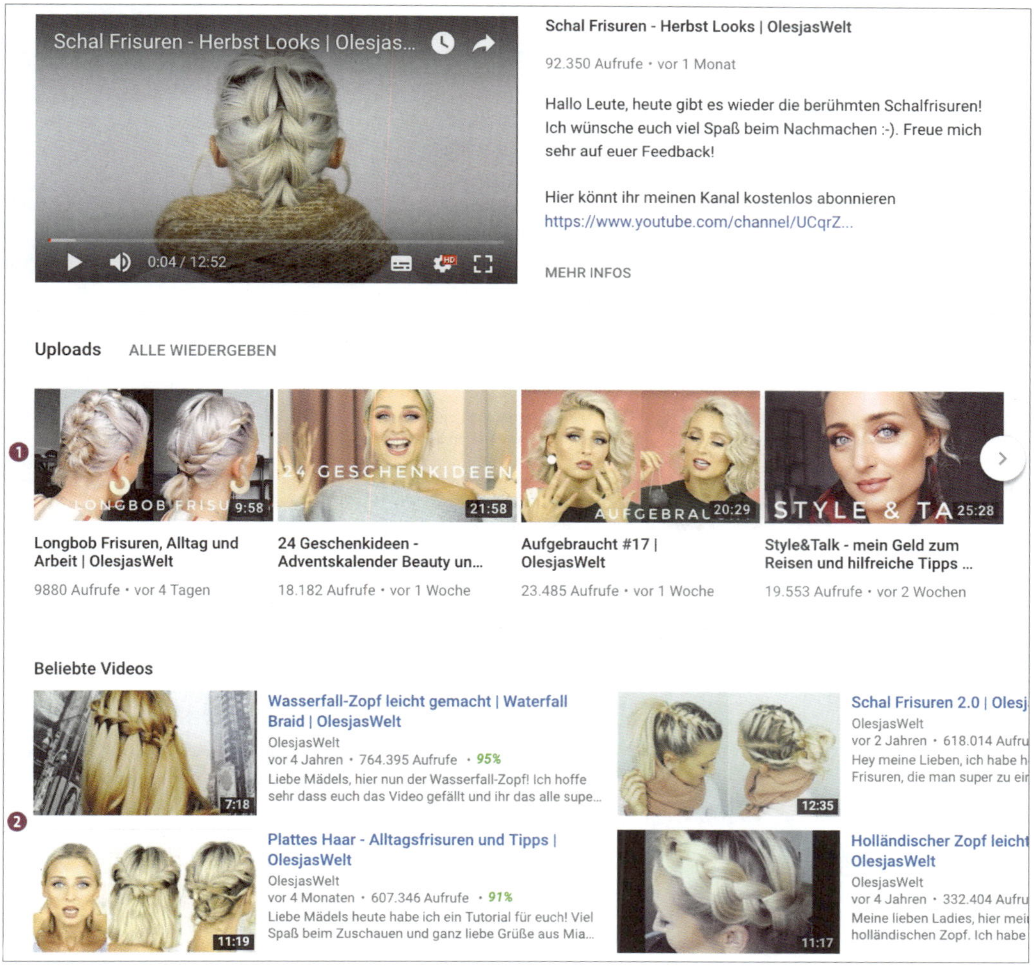

Abbildung 9.22 Layout der Playlist auf der Startseite wählen (www.youtube.com/OlesjasWelt)

Playlists aus deinen Videos anzulegen, bietet dir jedoch noch mehr Vorteile. Sie ranken zusätzlich neben deinen Videos in den Suchergebnissen. Daher solltest du möglichst viele interessante Playlists erstellen. Du kannst eigene Videos thematisch zusammenfassen. Dabei können Videos mehrfach in verschiedenen Playlists auftauchen. Gruppiere zum Beispiel deine neuesten Clips, deine aktuellen Themen oder einfach deine coolsten Videos. Stelle deine besten Inhalte in deinen Playlists vor und platziere diese prominent in deinem Kanal. Die interessantesten Clips solltest du ganz vorne als erste Videos in deinen Playlists zeigen. Gibst du bei YouTube »Deutsche Schlager« ein, siehst du sehr viele Playlists, die zu diesem Thema ranken (Abbildung 9.23). Das kannst du auch mit deinen Playlists schaffen!

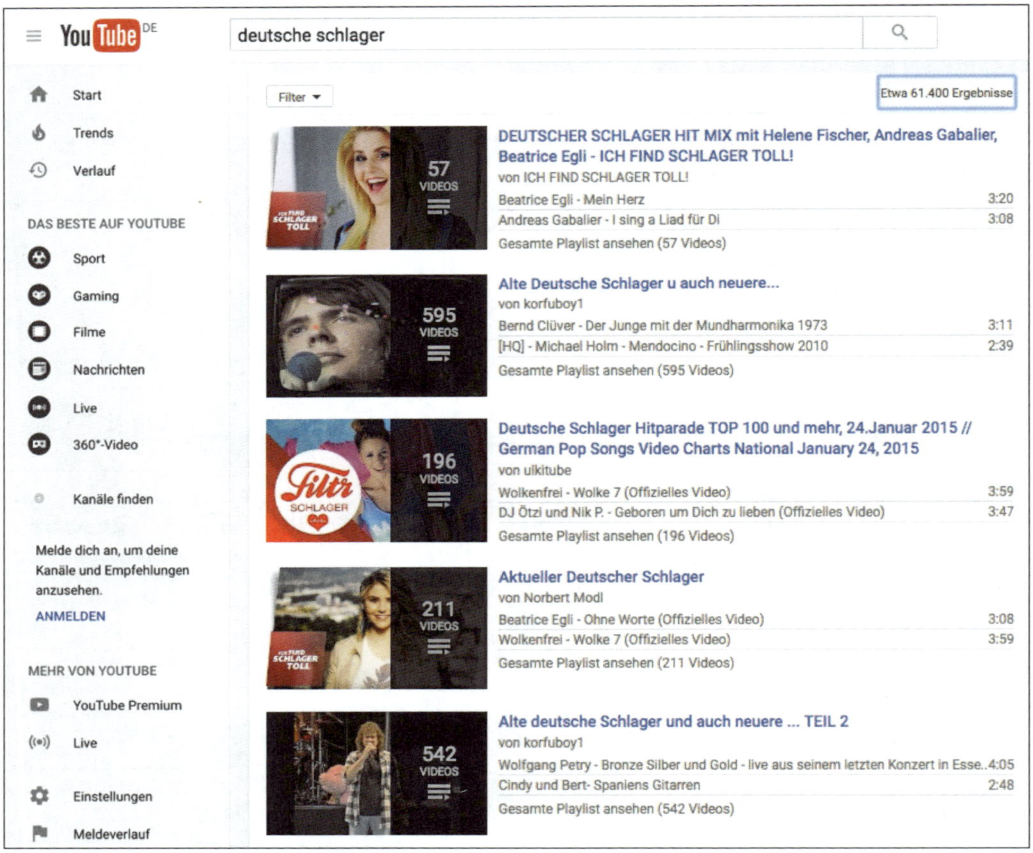

Abbildung 9.23 Playlists ranken in den Suchergebnissen

Unter YouTube Studio • Video-Manager kannst du neue Playlists anlegen und bestehende Playlists verwalten. Überleg dir, wie du deine Playlists beschriftest. Somit hast du zusätzliche Chancen auf gute Rankings. Mit Themen-Playlists kannst du relevante Keywords abdecken. Benenne deine Playlist nach einem Oberthema, das zu einer Reihe von Videos aus deinem Kanal passt. Du kannst dafür ein allgemeineres Thema als übergeordneten Begriff wählen. Hast du Videos mit deinen Akustiksongs hochgeladen, könntest du eine Playlist mit dem Namen »Akustik Songs Deutsch« bezeichnen. Als Beschreibung schreibst du zwei bis drei Zeilen Text dazu. Greif das Keyword im Text noch mal auf. Somit stärkst du die Playlist für dieses Thema und wirst hier leichter in der Suche gefunden.

Wenn du noch einen Schritt weitergehen möchtest, machst du ein *Playlist-Sandwich* (Abbildung 9.24). Bekommst du jetzt Hunger? Dann muss ich dich enttäuschen, denn das ist nichts zu essen. Das ist ein Trick! Lege Playlists an, damit du besser gefunden wirst. Du kannst selbst zu Themen ranken, für die du keine Videos mit passenden Keywords hast. Der clevere Mix aus bereits gut rankenden Videos mit schwächeren Videos kann dir zu mehr Sichtbarkeit verhelfen. Durch ein sogenanntes Playlist-Sandwich schichtest du stärkere und schwächere Videos. Damit kannst du kleineren Videos eine größere Reichweite bescheren. Hast du ganz frische, neue Videos mit wenigen Aufrufen? Dann machst du diese mit einer Playlist sichtbarer, getreu dem Motto »Gemeinsam sind wir stark«. Die Crème de la Crème ist es, wenn du Playlists mit vielen sehr guten Videos anlegst. Das stärkt deine gesamte Playlist.

Abbildung 9.24 Playlist-Sandwich

Wichtig ist immer der Bezug zum Hauptthema! Die Playlist kannst du mit verschiedenen Videos anreichern. Dazu kannst du entweder eigene sehr gute Videos aus deinem Kanal nehmen oder Fremdvideos. Es ist erlaubt, auch Clips aus fremden Kanälen im eigenen Channel in einer Playlist zu verlinken. Kontrolliere aber vorher, ob die Videos hohe Aufrufzahlen und eine hohe Interaktion aufweisen. Das verleiht deiner Playlist mehr Gewicht. Für eine Auffindbarkeit in der Suche muss sich die Playlist um dein Themengebiet drehen und das auch in der Beschriftung aufzeigen. Such dir also ein Oberthema aus und füge mindestens zehn Videos deiner Playlist hinzu. Setzt du eigene Videos gemischt mit fremden Filmen ein, kannst du damit zu einem positiven Gesamt-Ranking der Playlist beitragen.

Tipp

Nutze gleich beim Upload eines Videos die Einsortierung in eine entsprechende Playlist. So stellst du sicher, dass alle im Channel liegenden Videos auch in mindestens einer Playlist eingeordnet sind. Natürlich ist es ebenfalls erlaubt, ein und dasselbe Video in mehrere Playlists einzusortieren.

10 Money! Money! Money! – So verdienst du mit deinen YouTube-Videos Geld!

Mach ordentlich Asche mit deinen Videos! In diesem Kapitel zeige ich dir alle Möglichkeiten, mit denen du durch Werbung, Sponsorings und Merchandise Geld verdienen kannst. Denn eins steht fest: Mit YouTube zu verdienen, ist keine Kunst, das kann jeder – natürlich solange der Inhalt der Videos stimmt!

Ganz einfach reich werden mit YouTube? Das geht! Große Vorbilder wie PewDiePie haben es bereits vorgemacht. Im Prinzip kannst du mit eigenen Videos unbegrenzt Geld verdienen. Jeder kann dabei mitmachen. Doch nur weniger als 1 % aller YouTuber schaffen es wirklich, so hohe Einnahmen zu erzielen, dass es genug ist, um davon zu leben. PewDiePie hat es beispielsweise geschafft: Er ist einer der erfolgreichsten YouTuber der Welt (Abbildung 10.1).

Abbildung 10.1 Reich werden mit YouTube wie PewDiePie (www.youtube.com/watch?v=GP9egt__qeI)

10.1 Wie und wo wird das Geld verdient?

Es ist wie mit den Hollywood-Stars: Jeder möchte gern über den roten Teppich schreiten, aber nur die wenigsten schaffen es zum Superstar. Dein Weg zum erfolgreichen YouTuber bedeutet außerdem nicht automatisch, dass du gleichzeitig Geld ohne Ende verdienst. Mit Geduld und viel Fleiß hast du jedoch zumindest die Chance, ein paar Hunderter bis Tausender im Monat rauszuholen. Da du aber nicht automatisch Geld bekommst, sobald du ein Video hochgeladen hast, musst du diese Einnahmen erst einmal proaktiv einfordern. Ich zeige dir in diesem Kapitel, wie du mit YouTube Einnahmen generieren kannst. Pack es also einfach an und mach aus deinen Videos bares Geld. Das ist ganz und gar nicht kompliziert.

YouTube unterstützt dich im Creator Hub auf deinem Weg zum erfolgreichen Video-Creator (Abbildung 10.2). Nutze die Ressourcen, um voranzukommen. Es werden dir hilfreiche Tutorials, Events, an denen du teilnehmen kannst, und jede Menge Tipps und Infos geboten. Klick dich rein: *www.youtube.com/intl/de/creators/*.

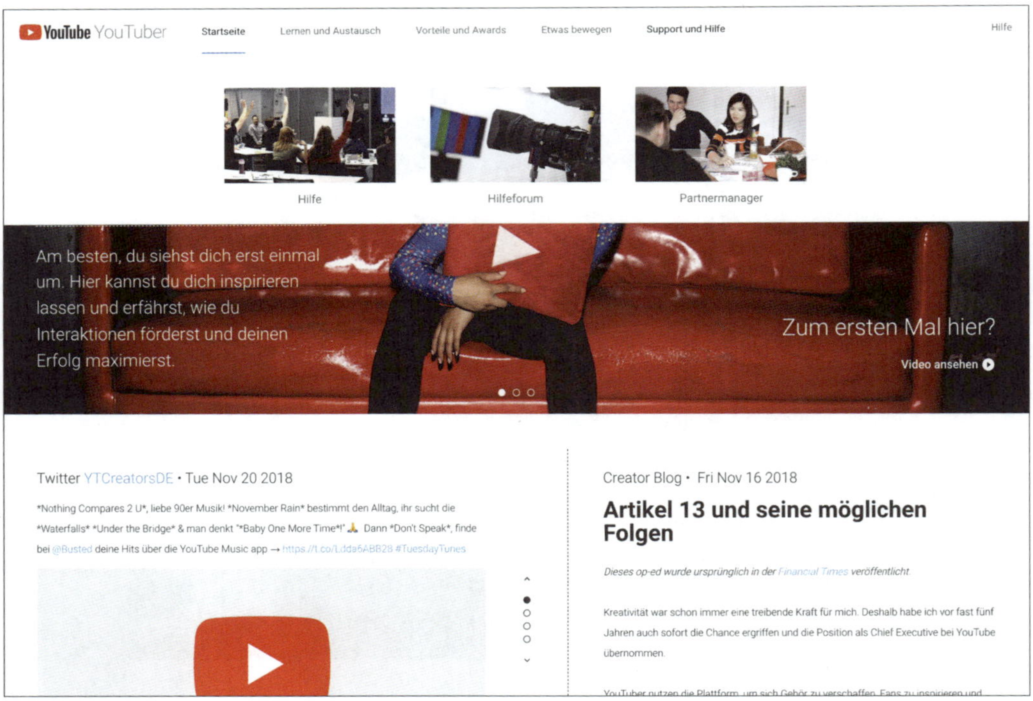

Abbildung 10.2 Unterstützung für Video-Creator im Creator Hub

Durch Werbung, Sponsorings und Merchandise machst du aus deinen Videos bares Geld. YouTube hat dazu ein Programm namens »Monetarisierung« ins Leben gerufen – passender Name, denn es geht ja um »Moneten«. Das funktioniert so: Du bietest Werbeplätze vor dem Abspielen und in den Bereichen neben deinem Videofenster an. Das ist für deine Zuschauer vielleicht etwas nervig, gehört aber mittlerweile zum gewohnten Bild auf YouTube. Da das Videoportal kostenlos für alle Nutzer ist, finanziert es sich über Werbeanzeigen. Du hilfst der Plattform, indem du die Anzeigenflächen neben deinem Video quasi vermietest. Dabei kriegst du dann sogar einen (kleinen) Teil der Werbeeinnahmen von YouTube ab. Es gelten seit dem 16. Januar 2018 neue Teilnahmevoraussetzungen, z. B. die Hürde von mindestens 1.000 Abonnenten. Hilfe zur Monetarisierung erhältst du im Supportforum von YouTube unter *https://support.google.com/youtube/answer/72857?hl=de&ref_topic=6029709* (Abbildung 10.3).

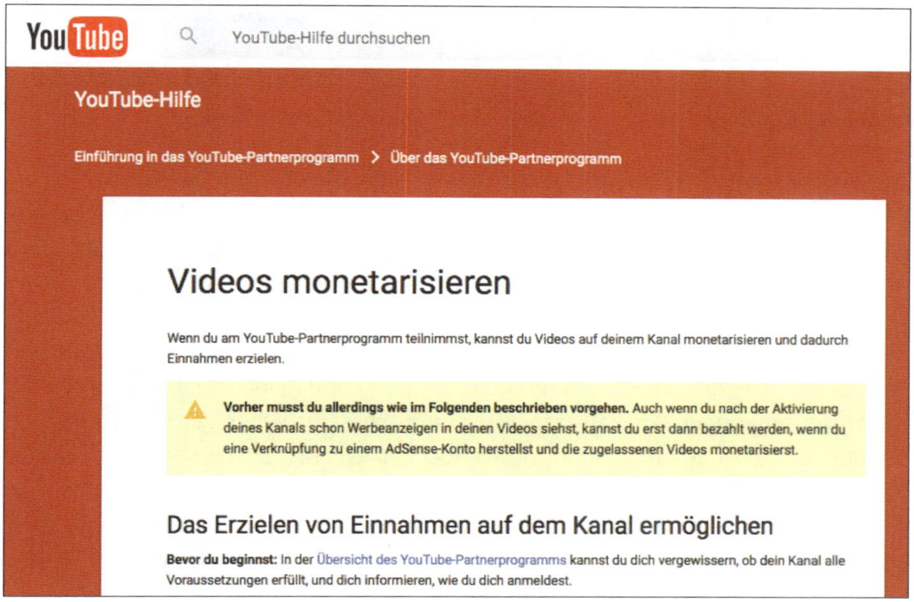

Abbildung 10.3 Infos zur Monetarisierung von Videos

Das Geld, das hier verdient wird, stammt ursprünglich von Firmen, die Werbung im Internet machen wollen und genau solche Werbeplätze dafür suchen. Stell dir mal vor, du machst »Let's Play«-Videos für »Jump 'n' Run«-Games. Möchte nun zum Beispiel ein Hersteller von Onlinegames sein neuestes Spiel bekannt machen, dann natürlich am besten innerhalb der richtigen Zielgruppe. Wo wäre in dem Fall ein besserer Platz für die Werbeanzeige als vor oder neben deinem Video? Hier wird der Game-Hersteller auf jeden Fall die richtigen Fans erreichen. Das ist besonders lukrativ für das Unternehmen, weil es somit mehr Spiele verkaufen kann, und daran kannst du mitverdienen (Abbildung 10.4).

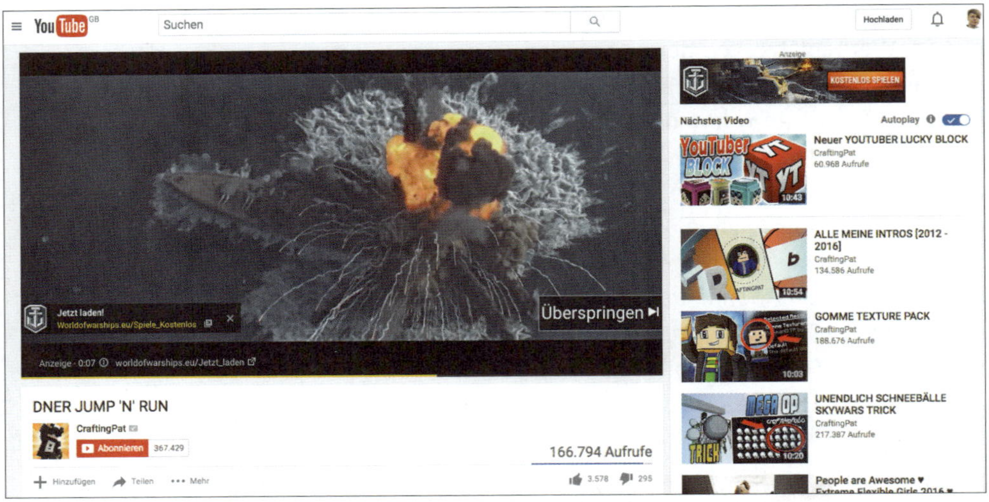

Abbildung 10.4 Videoanzeige für ein Onlinegame vor einem DNER-Video (www.youtube.com/watch?v=j-s0s1Qmvf4)

Pro angeklickte Anzeige erhältst du als Video-Uploader 55 % Werbekostenbeteiligung von YouTube. Das heißt, wenn der Videospielehersteller zwischen 0,10 € pro Anzeigenklick bezahlen muss, um bei dir eingeblendet zu werden, bekommst du von dem Klick ein bisschen mehr als die Hälfte ab. Das macht für dich ca. 0,05 €, die dir YouTube anteilig ausbezahlt. Je nachdem, wie klickfreudig die Zuschauer deines monetarisierten Videos auf Werbung reagieren, sind deine Einnahmen entweder höher oder niedriger. Als Faustregel ist ein durchschnittlicher Verdienst von rund 1 € pro 1.000 Videoaufrufe realistisch. Rechnen wir mal durch: Haben ca. 1.000 Personen eine Anzeige bei einem deiner Videos gesehen und 20 davon darauf geklickt, bekommst du 20-mal 5 Cent. Das macht genau 1 € für dich. Jedes Mal, wenn ein Zuschauer auf die Werbung neben deinem Video klickt, klingelt es also bei dir in der Kasse! Schauen wir uns einmal an, wie der Verdienst von YouTubern pro Monat nach dieser Rechnung aussehen kann:

- Gronkh: 32.000 € (32 Millionen Views)
- Sami Slimani: 2.500 € (2,5 Millionen Views)
- DieLochis: 5.000 € (5 Millionen Views)
- LeFloid: 5.000 € (5 Millionen Views)
- BibisBeautyPalace: 29.000 € (29 Millionen Views)
- Dagi Bee: 10.000 € (10 Millionen Views)

Zu den absoluten Topverdienern in Deutschland gehört auch der Channel freekickerz. Um als Außenstehender ein wenig Einblick in die Statistiken zu erlangen, klickst du am besten mal auf die Website *http://socialblade.com/*. Hier kannst du dir Klicks und Abonnenten von freekickerz aus den letzten Wochen anschauen sowie die geschätzten Einnahmen des Kanals (Abbildung 10.5). Sehr spannend ist zudem der Vergleich mit dem Wettbewerb. Wie stehen die anderen Sport-Channels im Vergleich zu freekickerz da? Wer mischt am Markt gerade ordentlich mit, und wie viel Geld verdient dabei jeder einzelne?

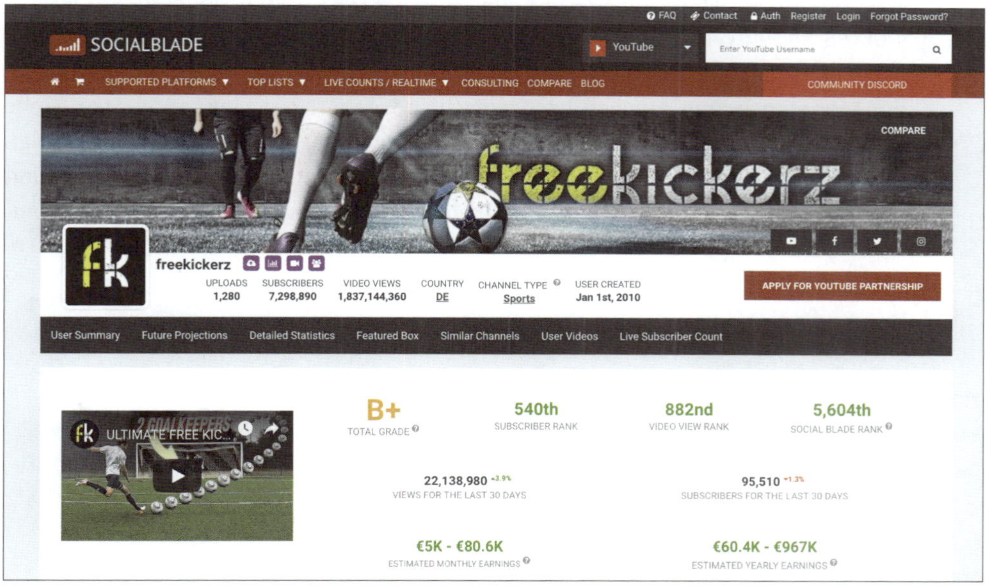

Abbildung 10.5 Geschätzte Einnahmen und weitere Stats von freekickerz

Eine regelmäßig aktualisierte Liste der deutschen YouTuber mit den meisten Abonnenten findest du ebenfalls bei Social Blade unter *http://socialblade.com/youtube/top/country/DE* (Abbildung 10.6). Die Plattform bietet verschiedene Top-Listen und Charts an, sortiert nach Ländern, Kategorien und Plattformen wie Twitch, Instagram oder YouTube.

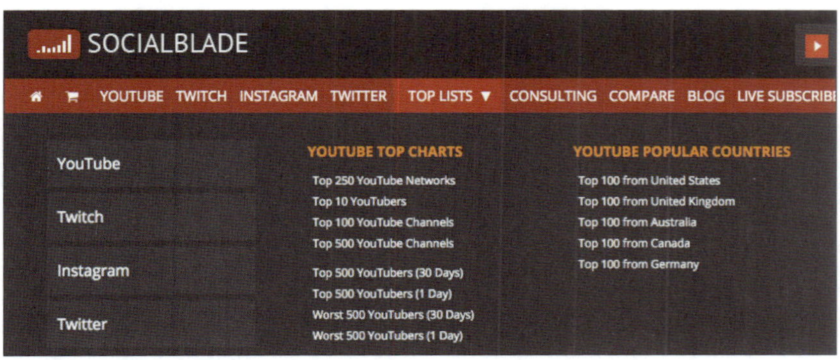

Abbildung 10.6 Social Blade zeigt die Top-Listen der YouTuber.

Alle YouTuber, die auf diesen Listen stehen, haben genau das gemacht, was ich dir jetzt gleich zeige. Also leg los mit dem Anmeldeprozess für die Monetarisierung, damit auch du Geld mit deinen Videos verdienen kannst. Die Teilnahme an dem Programm ist die Eintrittskarte in die Welt des Geldverdienens durch YouTube. Diesen Schritt kannst du direkt nach dem Anlegen deines YouTube-Channels in Angriff nehmen. Dazu muss dein Kanal in den letzten zwölf Monaten mindestens 4.000 Stunden Wiedergabezeit und mindestens 1.000 Abonnenten aufweisen. Im nächsten Schritt musst du ein Land in deinem YouTube-Channel einstellen, in dem die Monetarisierung möglich ist. Deutschland gehört beispielsweise dazu. Gehe dann in deinem Channel auf YOUTUBE STUDIO • KANAL • STATUS UND FUNKTIONEN und klicke auf MONETARISIERUNG • AKTIVIEREN (❶ in Abbildung 10.7). Checke hier, ob du alle Voraussetzungen für die Kanalüberprüfung erfüllst – und fertig. So einfach ist das!

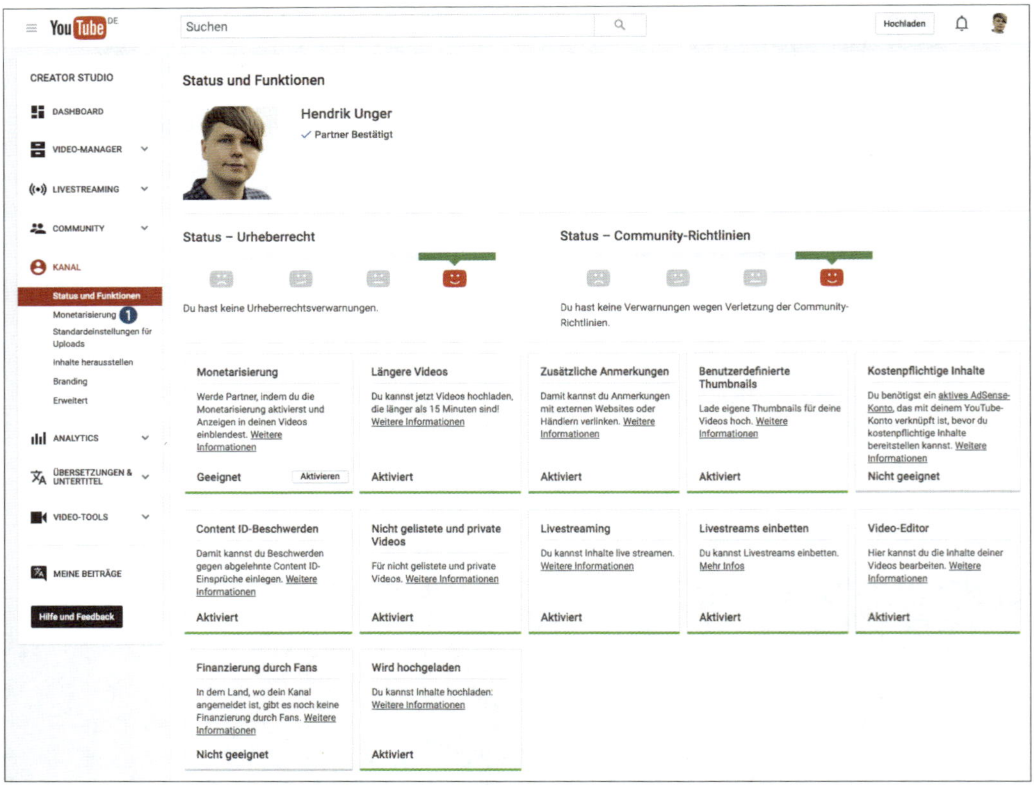

Abbildung 10.7 Konto für die Monetarisierung aktivieren

Lies dir die Bestimmungen des Programms gründlich durch und akzeptiere sie. Du versicherst hier zum Beispiel, keinen Klickbetrug zu begehen, indem du selbst auf deine Anzeigen klickst. Das wäre nämlich Mogelei, da du ja so das System hintergehst, um mehr Geld zu verdienen. Wenn es um Finanzen geht, verstehen die Plattformbetreiber keinen Spaß, und außerdem fliegst du sowieso am Ende auf. Im schlimmsten Fall wirst du angezeigt oder von YouTube ausgeschlossen. Hast du alles genau gelesen, gehen wir weiter zum nächsten Schritt.

Zusatz-Einnahmen über besondere Goodies für Mitglieder

Seit Herbst 2018 gibt es für Abonnenten ein Upgrade in Form der Funktion des kostenpflichtigen Mitglieder-Status. Damit hast du die Möglichkeit, deinen Zuschauern für eine monatliche Gebühr (z. B. 4,99 €) Zugriff auf exklusive Inhalte deines Kanals zu verschaffen. Das können z. B. besondere Emojis sein oder die Möglichkeit deine neuen Clips eher zu sehen als die normalen Abonnenten. Du erhältst als YouTuber 70 % des Mitgliedschaftsumsatzes (nach Abzug der lokalen Mehrwertsteuer).

Jetzt fragst du dich bestimmt, wie so eine Werbeanzeige bei deinem Video aussieht. Im Grunde gibt es vier verschiedene Arten von Anzeigen: *Prerolls/Bumper*, *Overlays*, *Displayanzeigen* und *Infokarten* (Abbildung 10.8). Wahrscheinlich hast du, ohne diese Namen überhaupt zu kennen, alle Anzeigenarten schon mal gesehen. Surft man nämlich auf YouTube, tauchen relativ oft Prerolls auf. Das Format ist vergleichbar mit einem TV- oder Kinospot. Meist laufen diese Clips 30 Sekunden und werden direkt vor einem Video abgespielt, das man sich gerade anschauen möchte. Durch diese Vorschaltung eines Werbevideos kommt auch der Name Preroll zustande – die Anzeige »rollt« quasi vorab durchs Bild. Das Besondere daran ist, dass diese Anzeigen vom Nutzer meist nach fünf Sekunden übersprungen werden können. Ist der Clip zu schrill, zu nervig oder geht gar nicht? Dann zappen ihn die User einfach weg! Du bekommst dann aber auch kein Geld. Anders sieht es bei einem Overlay aus. Das sind kleine Werbeeinblendungen innerhalb deines Videos. Während sich jemand dein Video anschaut, erscheint ein kleines Werbekästchen mit Bildern und Texten. Das sogenannte Overlay (zu Deutsch etwa das Darüberliegende) liegt auf deinem Video und hat daher seinen Namen. Es gibt auch die Variante, bei der solch ein Werbekästchen rechts neben deinem Video angezeigt wird – hier handelt es sich um sogenannte Displayanzeigen. Ganz neu mit dabei im Werbekosmos sind die Infokarten. Dabei sehen die Zuschauer für ein paar Sekunden einen Teaser für eine Infokarte am rechten Bildschirmrand.

Im Video-Manager kannst du einzelne Videos für die Monetarisierung aktivieren bzw. deaktivieren. Du hast dort auch die Möglichkeit, pro Video individuell auszuwählen, welche Anzeigenarten du deinen Zuschauern zeigen bzw. zumuten möchtest.

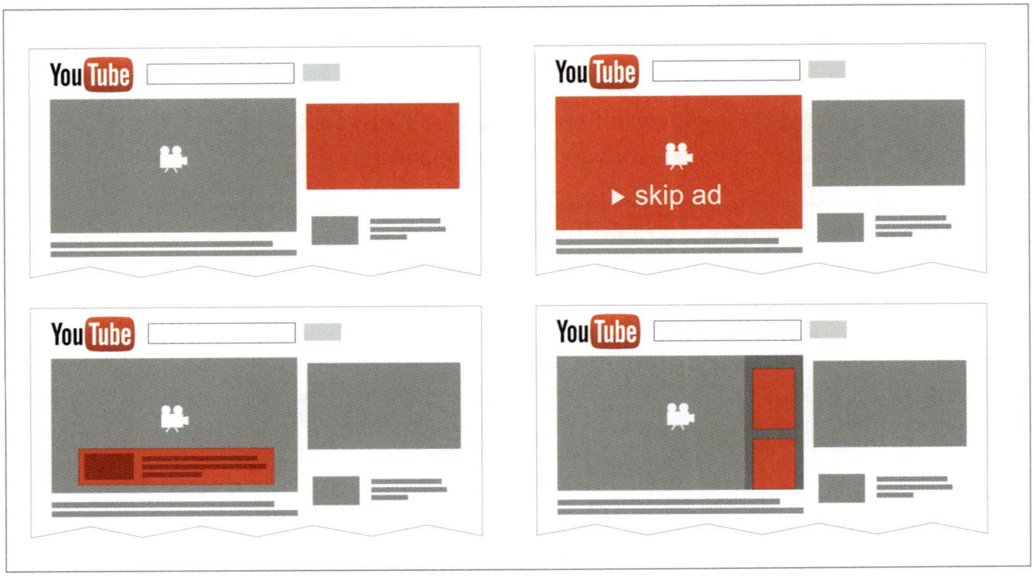

Abbildung 10.8 Werbeplätze (rote Flächen), die du vor oder neben deinem Video anbieten kannst

Nur Prerolls, Bumper und Infokarten werden auch auf Smartphones und Tablets angezeigt. Alle anderen Werbeformate sieht man aufgrund von Platzmangel meist nur auf Laptops und großen PC-Bildschirmen. Rund 50 % aller YouTube-Nutzer schauen Videos jedoch über Mobilgeräte an. Daher rate ich dir, immer auch die Prerolls und Infokarten für deine Clips zu aktivieren. Somit hast du eine höhere Ausbeute an potenziellen Anzeigenklicks, die dir Geld einbringen. Achte jedoch auf das Feedback deiner Zuschauer, denn du solltest deine User nicht überfordern. Aktivierst du bei deinen Videos alle drei Anzeigenformate, könnte der Nervfaktor für die Community zu hoch sein. Vor allem am Anfang, wenn dich noch keiner kennt, musst du vorsichtig sein. Im Zweifelsfall schraubst du die Monetarisierung zu Beginn erst mal etwas herunter. Probiere vorsichtig aus, wie weit du gehen kannst, und achte auf das Feedback deiner Zuschauer.

Du kannst übrigens nur an dem Programm teilnehmen, wenn in deinem YouTube-Konto keine Verstöße gegen Urheberrechte oder Community-Richtlinien vorliegen. Dies musst du während des Anmeldeprozesses bestätigen (Abbildung 10.9). Das heißt: Halte dich immer an die Hausregeln, sonst wirft dich YouTube raus! Deinen Status kannst du jederzeit anhand des Ampelsystems unter STATUS UND FUNKTIO-

NEN im VIDEO-MANAGER überprüfen. Leuchten alle Punkte grün, ist alles in bester Ordnung mit deinem Channel.

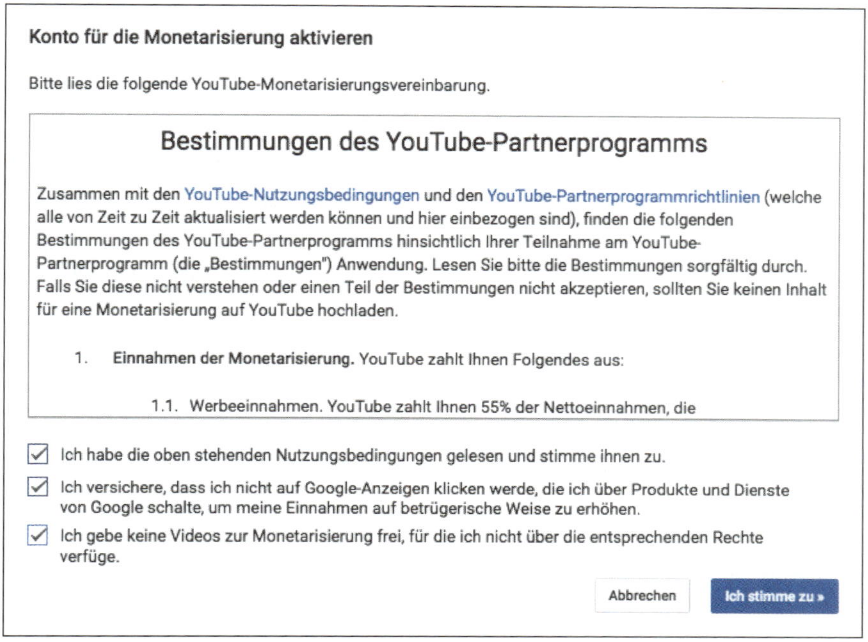

Abbildung 10.9 Bestimmungen des YouTube-Partnerprogramms

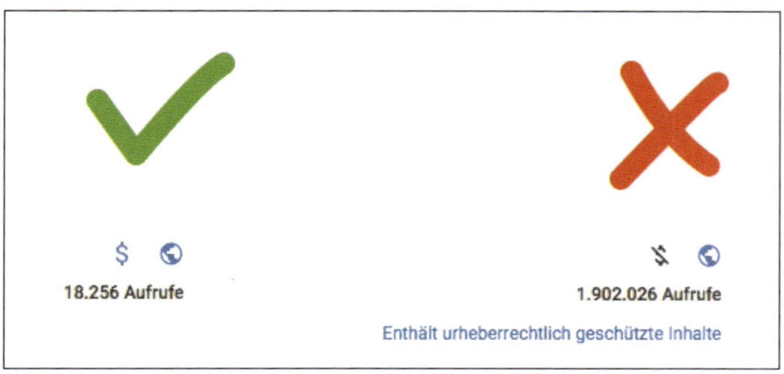

Abbildung 10.10 Aktivierungsstatus der Monetarisierung pro Video durch das kleine Symbol einsehen

Schau dir am besten vorher noch mal ganz genau die Community-Richtlinien und die Nutzungsbedingungen an.

Lerne die Hausregeln kennen

- Community-Richtlinien:
  www.youtube.com/intl/de/yt/about/policies/#community-guidelines
- Nutzungsbedingungen:
  www.youtube.com/t/terms

Im Video-Manager kannst du für jedes einzelne Video die Monetarisierung aktivieren und fein einstellen. Ist mit deinem Video alles okay, siehst du ein Dollarzeichen daneben. Das bedeutet: Jetzt verdienst du gerade Geld mit deinem Video! Solange das Dollarzeichen blau leuchtet, funktioniert alles reibungslos. Sollte das Dollarzeichen aber fehlen oder durchgestrichen sein, gibt es ein Problem mit der Monetarisierung (Abbildung 10.10). In diesem Fall werden dir Hinweise dazu eingeblendet, woran es liegen könnte. Diese Fehlermeldungen kannst du anklicken, um das Problem zu verstehen und zu beheben.

Damit du dein wohlverdientes Geld auch abkassieren kannst, brauchst du eine Art Onlineportemonnaie. Das ist notwendig, um das Geld auf dein Bankkonto transferieren zu können. Hier arbeitet YouTube mit dem hauseigenen Onlinedienst AdSense zusammen. Dein virtuelles Portemonnaie kannst du unter YOUTUBE STUDIO • KANAL • MONETARISIERUNG anlegen. Klicke auf ADSENSE-VERKNÜPFUNG HERSTELLEN. Nun kannst du über diesen Google-eigenen Dienst direkt Einnahmen generieren und verwalten. Folge den Anweisungen für die Anmeldung zu diesem Onlinedienst (Abbildung 10.11). Fülle alle Daten gewissenhaft und vollständig aus. Sobald du deinen Antrag abgeschickt hast, wird dieser gründlich überprüft.

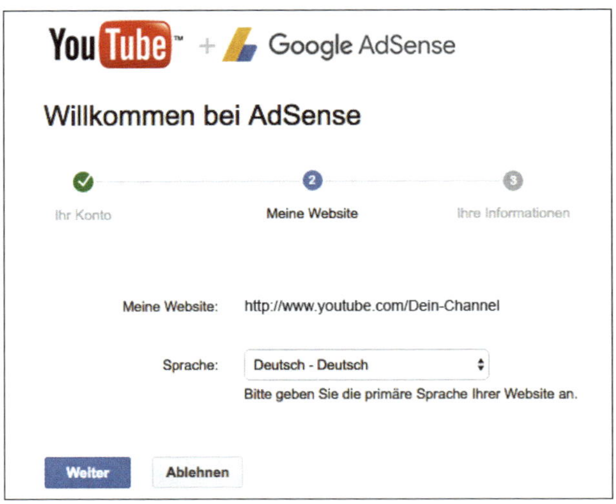

Abbildung 10.11 Registrierung bei Google AdSense

Nach bis zu sieben Tagen Wartezeit erhältst du im Optimalfall eine positive Benachrichtigung per E-Mail. Darin wirst du informiert, ob deinem Antrag auf ein AdSense-Konto stattgegeben wurde. Dir wird eine individuelle AdSense-Publisher-ID zugewiesen, die du in deinem YouTube-Channel einsehen kannst. Nun ist dein Kanal schon bereit für die Monetarisierung deines ersten Videos. Unter YOUTUBE STUDIO • KANAL ist ein neuer Unterpunkt bei dir zu sehen: MONETARISIERUNG. Dort erwartet dich der Hinweis: »Herzlichen Glückwunsch! Dein Konto ist jetzt für die Monetarisierung aktiviert.« (Abbildung 10.12). Ab jetzt kannst du mit deinen Videos Geld verdienen.

Um deine Einnahmen verwalten zu können, musst du dich in dein Konto unter *www.google.com/adsense* einloggen. Hier solltest du regelmäßig reinschauen, um die eingehenden Euros zu deinen Videos nachzuvollziehen.

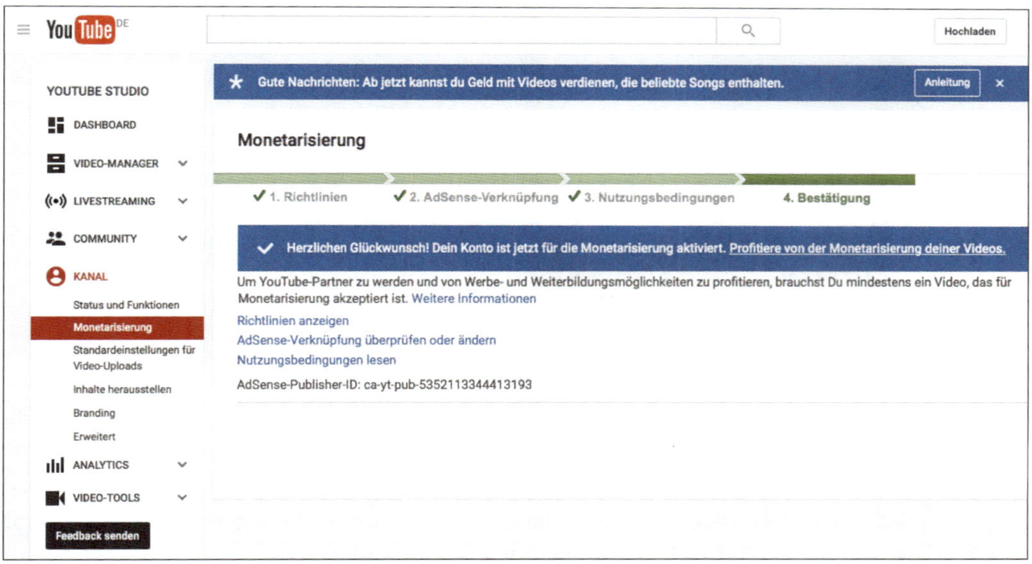

Abbildung 10.12 Erfolgreiche Aktivierung der Monetarisierung

Tipp

Lade dir die Google-AdSense-App herunter. Greife so über dein Smartphone auf deine Einnahmestatistiken zu. Du kannst hier deine täglichen Umsätze, die Einnahmen vom letzten Monat und die Durchschnittswerte einsehen (Abbildung 10.13).

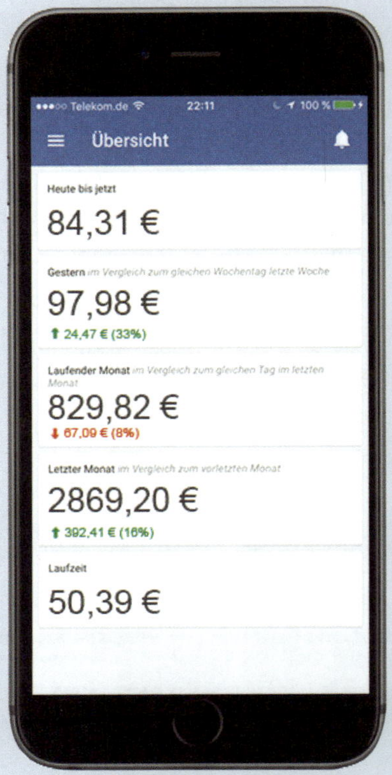

Abbildung 10.13 Einnahmen auf dem Handy verwalten

Damit deine Videos nicht mit unangenehmen Werbeanzeigen überhäuft werden, triffst du auch dazu eine entsprechende Einstellung. Idealerweise mutest du deiner Fanbase nur thematisch passende Werbeanzeigen zu. Im Internet tummeln sich jedoch immer wieder zwielichtige Angebote, die dir aus Spam-E-Mails bekannt sein dürften. Dazu zählen Themen wie »Werde über Nacht steinreich« oder »Mit dieser Pille wirst du plötzlich schlank«. Werbeanzeigen mit solch fragwürdigen Inhalten kannst du über Google AdSense deaktivieren. Dabei bestimmst du, aus welcher Branche die Anzeigen stammen dürfen, die rund um deine Videos zu sehen sind, und aus welcher Branche eben nicht. Gehe dazu in dein Google-AdSense-Konto und überprüfe die Register ALLGEMEINE KATEGORIEN und SENSIBLE KATEGORIEN (Abbildung 10.14). Dort kannst du gezielt einzelne Themen ausschalten. Dadurch schränkst du eventuell deine potenziellen Einnahmen ein, stellst aber sicher, dass keine unpassenden Werbeanzeigen neben deinen Videos abgespielt werden.

Abbildung 10.14 Sensible Kategorien ausschließen

10.2 Wie komme ich an Sponsoren und Kooperationen?

Ein sehr lukratives Geschäftsmodell ergibt sich für dich als YouTuber zusätzlich über sogenannte Sponsorings in deinem Video. Das bedeutet, dass du Geld von einem Unternehmen erhältst, weil du ein bestimmtes Produkt in deinem Video zeigst (Product-Placement) oder ein Werbevideo eigens produzierst. Die Reichweite und die Zielgruppe sind auch hier entscheidend. Hast du einen Gaming-Channel und mehrere Tausend Technik-Nerds als Follower, ist es nicht unwahrscheinlich, dass du von einem Spielehersteller oder Technikunternehmen gesponsert wirst.

Wie funktioniert ein Sponsoring? Du erhältst einen Geldbetrag oder ein Gratisprodukt, damit du ein bestimmtes Produkt in deinem reichweitenstarken YouTube-Channel vorstellst (Abbildung 10.15), wie beispielsweise in diesem Video die Beauty-YouTuberin Hatice Schmidt. Dort zeigt und testet sie verschiedene Produkte aus dem Beauty-Bereich in einem Werbevideo-Tutorial.

Die Produktion von guten Videos für deinen eigenen YouTube-Channel ist nicht nur zeitintensiv, sondern kostet auch Geld. Durch die Zusammenarbeit mit eben solchen Unternehmen und Marken kannst du dir Kamera und Equipment leichter finanzieren. Aus deiner Sicht macht eine solche Kooperation somit sicherlich Sinn.

Abbildung 10.15 Hatice Schmidt, Beauty-YouTuberin (www.youtube.com/watch?v=NDQcuYIsjko)

Jeder YouTuber hat einmal klein angefangen, und von den Beträgen, die Google ab einer gewissen Klickzahl bezahlt, lassen sich die Kosten gerade am Anfang nicht ansatzweise decken. Die Liste an Materialien, die du für die Videoproduktion brauchst, ist lang: Für das Geld, das du für technische Geräte wie Kamera, Mikrofon und Beleuchtung sowie Computersoftware zum Schneiden ausgibst, würdest du auch ein Auto bekommen. Du willst aber natürlich lieber deine Fans mit deinen Videos begeistern und darin deine Zeit investieren, anstatt nebenher noch zu jobben. Eine Möglichkeit, diesen Wunsch umzusetzen, bieten genau diese Kooperationen mit Unternehmen. Du kannst deinen Fans spannende Produkte vorstellen, dich sponsern lassen oder zu einem Markenbotschafter werden.

Doch wie genau kommst du an eben diese Sponsorings? Vor allem am Anfang, wenn dein Kanal noch nicht sehr reichweitenstark ist, solltest du Eigeninitiative an den Tag legen. Du kannst beispielsweise selbst damit anfangen, Produkte in deinen Videos vorzustellen und Testimonial für deine Lieblingsprodukte werden, und damit die Unternehmen auf dich aufmerksam machen. Oder du setzt dich darüber hinaus mit einem Influencer-Management in Verbindung, lässt dich als Talent aufnehmen und erhältst durch sie Angebote.

Eine weitere Möglichkeit bieten dir Onlineplattformen und Influencer-Netzwerke, bei denen du dich anmelden und dich auf Ausschreibungen für Kampagnen bewerben kannst. So bringt dich beispielsweise die Onlineplattform und YouTube-Agentur HitchOn direkt mit Unternehmen zusammen, die zu dir und deinem Kanal passen und Lust haben, mit dir zu kooperieren.

Abbildung 10.16 Startseite der Onlineplattform HitchOn (https://hitchon.de/)

Auf *hitchon.de* (Abbildung 10.16) hast du die Chance, dich als YouTuber (natürlich kostenlos) zu registrieren und exklusiv Kampagnen einzusehen, die hier in Kooperation mit Unternehmen und Agenturen ausgeschrieben werden. Einmal auf der Plattform registriert, kommst du als Influencer natürlich auch für kommende Sponsorings infrage und wirst bevorzugt für Kooperationen angefragt.

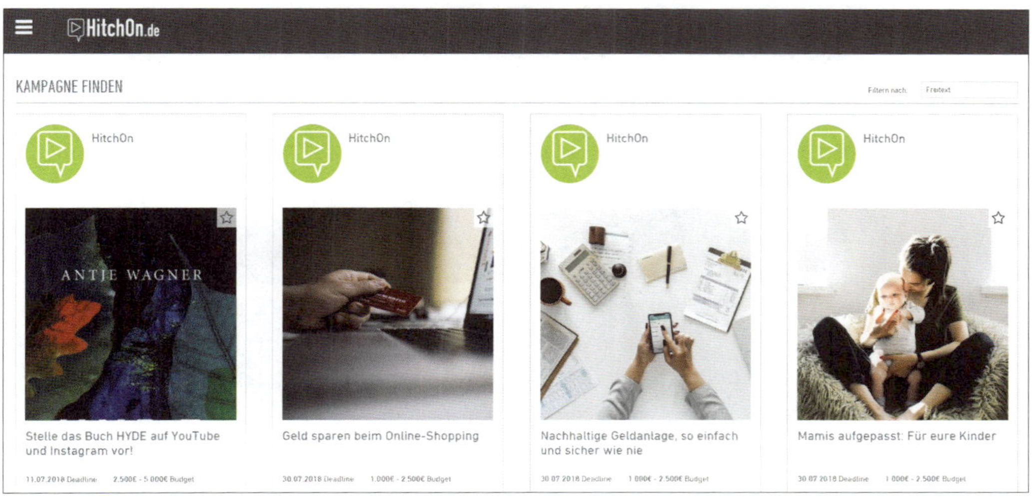

Abbildung 10.17 Kampagnenausschreibungen bei hitchon.de (https://login.hitchon.de/wa/youtuber/registrieren)

Inhaltlich suchen die Unternehmen auf diesen Plattformen verschiedene Arten der Influencer-Kooperation. Die einen wollen ihr Produkt mit YouTube bekannt machen, die anderen sind auf der Suche nach Testern für eine neu entwickelte App oder Ähnliches. Wieder andere wünschen sich, dass du als Markenbotschafter langfristig mit ihnen zusammenarbeitest. Wenn du der Meinung bist, der oder die Richtige für eine solche Kampagne zu sein, kannst du dich ganz einfach bewerben und deine Umsetzungsideen vorstellen.

Dabei ist es wichtig, Kooperationen und Umsetzungsideen deinem Kanal entsprechend auszuwählen. Ein Beauty-Channel, der plötzlich das neueste Game vorstellt oder seinen Followern Techniktipps gibt, wirkt sehr unglaubwürdig und wird auch von seiner Community so behandelt. Es gilt, ein glaubwürdiger Experte auf Basis des eigenen Contents zu werden und somit auch Werbung authentisch und vertrauenserweckend in den eigenen Kanal einzubinden. Deine Community freut sich über offene Kennzeichnungen, ehrliche Produkturteile und Empfehlungen, die du als Experte abgibst. Dabei ist das Verständnis für offene Werbung in gewissen Abständen und zu gewohntem Content weitaus größer als für heimliche Schleichwerbung. Zu Letzterem solltest du wissen, dass Schleichwerbung in Deutschland verboten ist und mittlerweile auch streng verfolgt sowie mit hohen Geldstrafen abgemahnt wird.

Abbildung 10.18 Werbekennzeichnung bei Mama Co (www.youtube.com/watch?v=ReivEi2ZdYc)

Damit deine Zuschauer also Bescheid wissen, dass dein Video in Zusammenarbeit mit einem Unternehmen entstanden ist, musst du es dementsprechend ganz transparent als Werbung kennzeichnen (Abbildung 10.18). Wie genau das zu handhaben ist, recherchierst du am besten in Rücksprache mit einem Fachanwalt für Medienrecht. So bist du immer auf der richtigen rechtlichen Seite, auch wenn sich die Gesetzeslage dazu ändern sollte.

Hast du eine Kooperation mit einem Unternehmen gefunden, die zu dir, deinem Kanal und deinen Zuschauern passt, gibt es mehrere Möglichkeiten, wie ihr zusammenarbeiten könnt. Welche für dich am besten geeignet ist, entscheidest du gemeinsam mit dem Unternehmen. Die am häufigsten genutzte Kooperationsform ist das Product-Placement. Dabei stellst du deinen Zuschauern ein Produkt deines Partners vor. Deiner Kreativität sind dabei keine Grenzen gesetzt, du kannst das Produkt in deine Morgenroutine einbinden, eine Review machen oder es in einem Make-up-Tutorial verwenden. In anderen Fällen weiß dein Kooperationspartner schon, wie die Kampagne aussehen soll, und möchte dich als Testimonial oder für ein Werbevideo buchen – das heißt, du bist in diesem Fall die berühmte Persönlichkeit, die genau für diese Marke öffentlich spricht. Das bedeutet, dass du in Videos, auf Fotos oder in Social-Media-Beiträgen des Unternehmens ebenfalls auftrittst und so zum Star der Unternehmenskampagne wirst. Auch gemeinsame Events sind eine tolle Option, um deinen Fans und dem kooperierenden Unternehmen gleichermaßen einen Mehrwert zu bieten. Wenn dein Kanal und ein Unternehmen besonders gut zusammenpassen, stehen die Chancen sogar ganz gut, dass es dich langfristig sponsert (Abbildung 10.19). Du wirst so zum Markenbotschafter und erhältst die Unterstützung für deinen YouTube-Kanal, auf die ihr euch geeinigt habt.

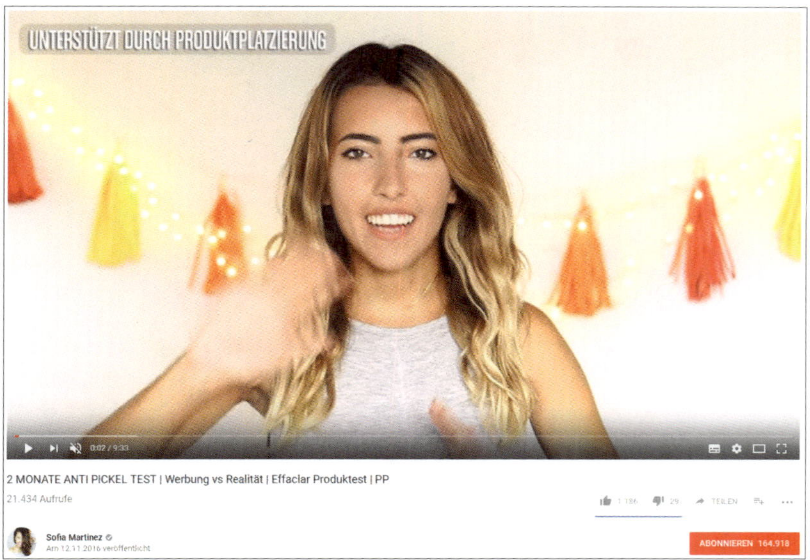

Abbildung 10.19 Sofia Martinez, Lifestyle-YouTuberin und langfristige Markenbotschafterin im Beauty-Bereich (www.youtube.com/watch?v=kB1q2f1a6k8)

Doch wie genau einigt man sich mit einem Unternehmen über die Höhe der Unterstützung? Es gibt verschiedene Ansätze, wie du deinen Marktwert berechnen kannst. Allgemein ist es in der Branche üblich, den Preis pro Video an den durchschnittlichen Views deiner letzten Videos zu bemessen. Dabei kommt eine Preisspanne von 50 bis 100 € pro durchschnittliche 1.000 Views auf deine Videos infrage. Bei einem Kanal mit 50.000 durchschnittlichen Views der letzten Videos würde sich somit beispielsweise ein Preis in Höhe von 2.500 bis 5.000 € ergeben.

Darin sind dann nicht nur dein Aufwand, sondern auch allgemeine Produktionskosten enthalten. Da dies aber nur ein allgemeiner Richtwert ist, der eine ziemlich große Spannweite mit sich bringt und nicht auf unterschiedliche Arten der Kooperation und unterschiedliche Genres eingeht, muss er individuell immer neu angepasst werden.

Um diese ungenaue und komplizierte Rechnung zu vereinfachen, gibt es jetzt ein neues Tool von der Onlineplattform und YouTube-Agentur HitchOn, das dir durch einen eigens geschaffenen Algorithmus deinen Marktwert berechnen kann.

In drei einfachen Schritten und ohne kompliziertes Rechnen ermittelt ValU dir deinen aktuellen Marktwert (Abbildung 10.20):

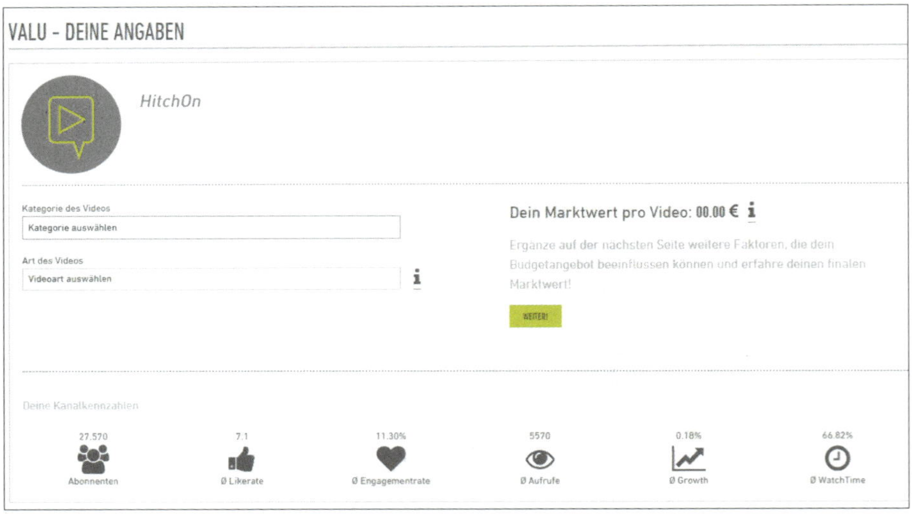

Abbildung 10.20 Schritt 1 der ValU-Berechnung: Kategorie und Art des Videos bestimmen (https://hitchon.de/valu/)

Das Tool ValU (Abbildung 10.21) bezieht sich dabei auf eben diese zusätzlichen individuellen Faktoren deines Kanals und unterscheidet nicht nur im ersten Schritt zwischen dem Genre des Kanals oder Art des Videos, sondern berücksichtigt auch im zweiten Schritt deine individuellen Produktionskosten für den Videodreh, Reisekosten oder eben für dein Management.

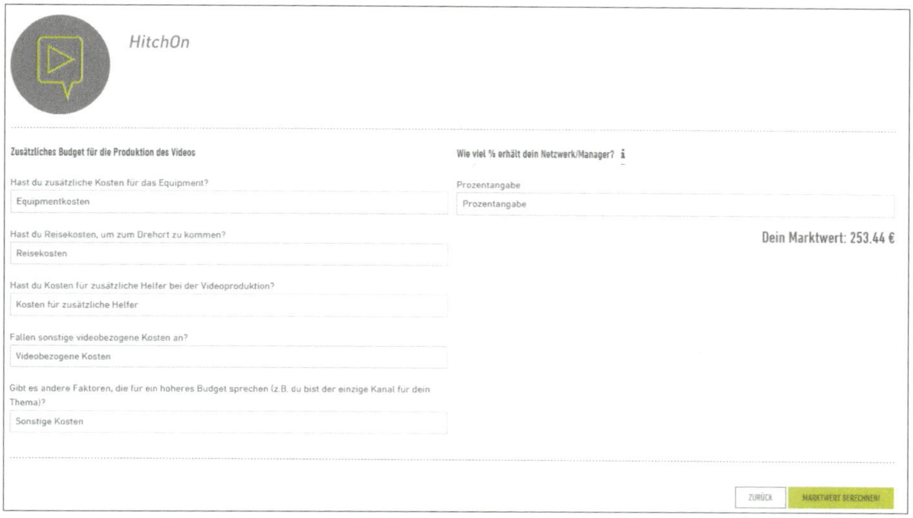

Abbildung 10.21 Schritt 2 der ValU-Berechnung: Produktions-, Reise- und anderweitige Kosten ergänzen (https://hitchon.de/valu/)

Nachdem du ganz einfach alle Informationen zu deinem Kanal und deine Kosten eingetragen hast, bekommst du in Schritt drei schon deinen persönlichen Marktwert angezeigt. Diese schnelle und unkomplizierte Berechnung kannst du außerdem jederzeit kostenlos wiederholen, denn sobald dein Kanal und damit deine Zuschauer wachsen, wächst auch dein individueller Marktwert.

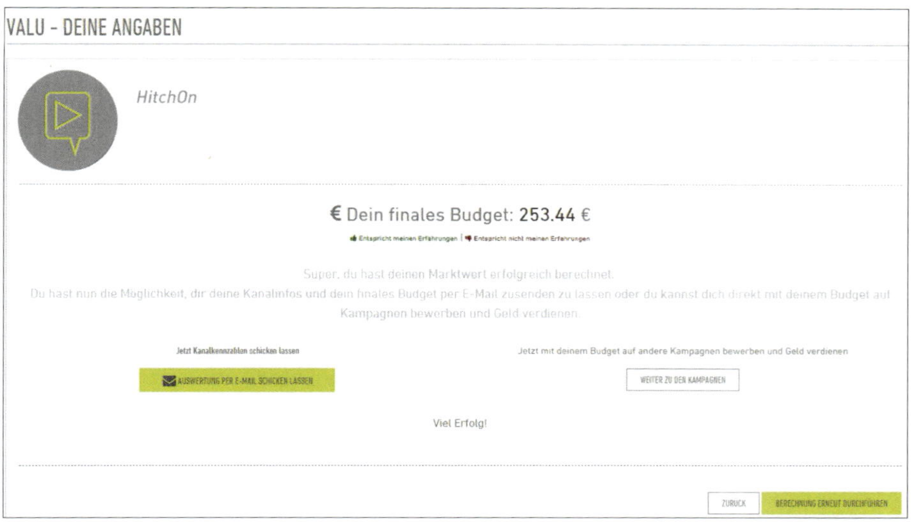

Abbildung 10.22 Schritt 3 der ValU-Berechnung: Lass dir deinen individuellen Marktwert anzeigen (https://hitchon.de/valu/).

Zurück zum Thema: Plattformen wie HitchOn vermitteln nicht nur zwischen Unternehmen und YouTubern, sondern ermöglichen dir auch die Zusammenarbeit mit TV-Sendern. Große Sender wie ARD oder ZDF haben das Potenzial von YouTube erkannt und sind auf der Suche nach Kooperationspartnern.

Außerdem wollen einige Sender ihre eigenen YouTube-Kanäle aufbauen oder weiterentwickeln und suchen genau dafür Unterstützung von YouTubern. Du kannst entweder komplette Videos für ihren Kanal produzieren oder in Videos der Sender auftreten und so mit deinem Hobby Geld verdienen und ganz nebenbei an Bekanntheit gewinnen.

Ein Projekt, bei dem die YouTube-Agentur HitchOn vermittelt hat, war zum Beispiel die Kooperation zwischen dem Fernsehsender SWR und der YouTuberin Joyce. Dabei wurde eine Darstellerin aus einer jüngeren Zielgruppe für die Sendung »Verstehen Sie Spaß?« gesucht. Joyce konnte in verschiedenen Videos auf dem Kanal von »Verstehen Sie Spaß?« ihre Zuschauer reinlegen und viele aufwendige Prank-Videos drehen. Diese wurden auch auf ihrem eigenen Kanal hochgeladen, um ihren Fans einen Mehrwert zu bieten und sie auf die Kooperation aufmerksam zu machen. Die Zusammenarbeit lief so erfolgreich, dass sie bereits mehrere Male durchgeführt wurde und super bei ihren Zuschauern ankam.

Und was passiert, wenn ein Unternehmen mit dir arbeiten möchte? Dann heißt es erst mal herzlichen Glückwunsch – du bist einen Schritt weiter auf der Karriereleiter!

10.3 Merchandise mit eigenen Fanartikeln

Große YouTuber machen es bereits vor: Eigene Fanprodukte und Merchandise sind eine zusätzliche lukrative Einnahmequelle. Genau wie Bands, Solokünstler, Sportmannschaften oder Comedians – jeder kann eigenes Merchandise anbieten. Hierzu zählen zum Beispiel T-Shirts, Hoodies, Buttons oder Tassen und vieles mehr. Gib der Community, die dich liebt, auf diese Weise etwas zurück. Lass sie zum Beispiel an deinem Lifestyle in Form deiner eigenen Merchandise-Kollektion teilhaben. In erster Linie eignen sich dafür deine erfolgreichsten Sprüche, Themen oder Inhalte. Gibt es einen ganz bestimmten Claim, der dich ausmacht? Dann nutze ihn!

LeFloid verkauft als einer der erfolgreichsten YouTuber in Deutschland mittlerweile eigene Mützen, Caps, Taschen und Shirts in seinem offiziellen Merchandise-Shop (Abbildung 10.23) unter *https://www.yvolve.de/lefloid*.

Ab wann lohnt es sich für dich, Merchandise anzubieten? Sobald du mehr als ein paar Tausend Abonnenten hast, kannst du theoretisch loslegen. Durch die modernen Shopsysteme von Spreadshirt, Shirtinator oder Shirtcity wird es dir super einfach gemacht, eigene T-Shirts anzubieten. Du musst nicht Hunderte Shirts oder Mützen auf Vorrat bestellen, denn es gibt hier keine Mindestbestellmenge. Das System funktioniert so: Bestellt ein Fan einen Artikel von dir, fertigt ihn der On-Demand-Shop an und liefert ihn ein paar Tage später an den Kunden aus. Du musst nichts weiter tun, als deine Motive hochzuladen. Das gesamte Handling sowie die Produktion übernimmt dann der Shop gegen eine geringe Gebühr. So musst du nicht zu Hause ein Warenlager einrichten und jeden Tag Pakete zur Post bringen. All das wird dir abgenommen.

Abbildung 10.23 Merchandise-Shop von YouTuber LeFloid

Der Anbieter Spreadshirt aus Leipzig gibt dir als YouTuber beispielsweise die Möglichkeit, einen eigenen Shop zu eröffnen. Unter der Webadresse *www.spreadshirt.de/youtuber-C9450* kannst du dich innerhalb weniger Minuten registrieren (Abbildung 10.24).

Das Produktangebot reicht vom Tanktop bis zur Handyhülle. Auf alle Produkte kannst du über ein onlinebasiertes Tool deine Designs übertragen. In wenigen Schritten kannst du so ohne großen Aufwand deine eigene Merch-Kollektion erstellen (Abbildung 10.25). Einfache T-Shirts mit Aufdruck kosten dich in der Produktion rund 12 €. Verkaufst du die Shirts für 20 € pro Stück, hast du unterm Strich einen Gewinn von 8 €.

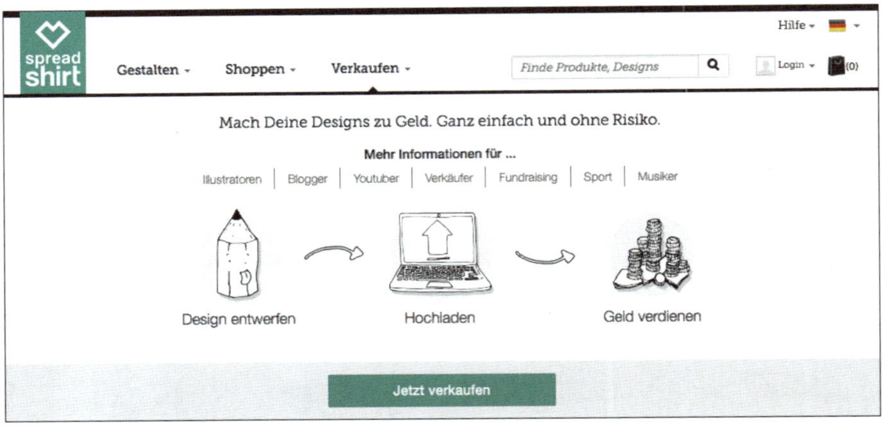

Abbildung 10.24 Mit Spreadshirt zum eigenen YouTube-Merchandise

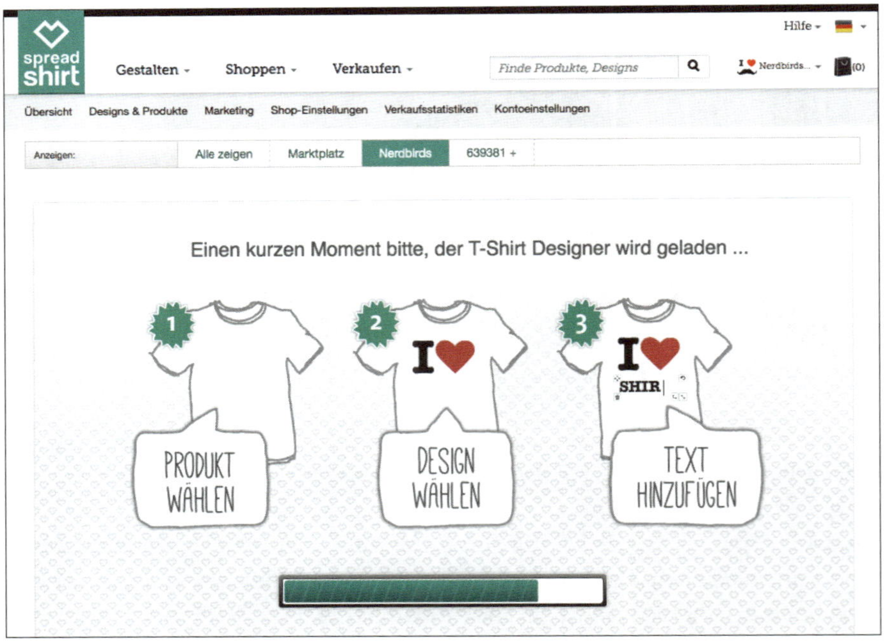

Abbildung 10.25 Produkte mit eigenem Design gestalten

Neben der zusätzlichen Einnahmequelle durch Fanartikel entsteht ein weiterer nützlicher Nebeneffekt. Deine Fans tragen deine Bekanntheit in die Offlinewelt und machen dich noch bekannter. Auf Partys, in der Schule, beim Studium, auf der Arbeit oder in der Freizeit stehen deine Fanartikel dann im Mittelpunkt. Jeder, der ein T-Shirt von dir trägt, fungiert als Werbetafel für deine YouTube-Show – so kann sich das Blatt also am Ende in deine Richtung wenden.

11 Gewusst wie! – Tricks für mehr Sichtbarkeit

Stell schon vor dem Upload deiner Videos alle Ampeln auf Grün! Es gibt einige Tricks, die dir garantiert mehr Fans einbringen werden. Diese solltest du unbedingt anwenden, damit du später ein leichtes Spiel in der Koordination und reichweitenstarken Verbreitung deiner Videoclips hast.

Erfahrungsgemäß bist du am Anfang einer Videoproduktion immer überfordert, weil alles noch neu ist und so viel beachtet werden muss. Deswegen vernachlässigst du bestimmt schnell die weitere Verbreitung von Videos. Aber genau dieser Hebel macht die kleine Portion Extra aus, die deinen Erfolg pusht. Wie geht es nun also weiter? Mehr Reichweite und Sichtbarkeit bitte! Das nächste Ziel sollte lauten: »Ich möchte möglichst viele Aufrufe mit meinen Videos generieren. Dann bekomme ich auch viele Abonnenten, die meine Inhalte immer weiter teilen können, und dann kommt auch das Geld.« Die erste Etappe der Lösung lautet: Sei ein Teil der YouTube-Gemeinschaft! Du musst gutes Community-Management betreiben, deine Fans bei der Stange halten – und das auch auf weiteren Social-Media-Kanälen. Eine Studie von *rockit-internet.de* ergab, dass Kanäle, die mindestens einen weiteren aktiven Social-Media-Kanal bedienen, doppelt so viele Fans im Monat generieren wie solche ohne weitere Aktivität im Netz. Das machen Gronkh, Paluten, Simon Desue und Julien Bam beispielsweise sehr richtig, und auf YouTube leiten sie auch auf ihre anderen Channels weiter (rechts auf dem Titelbild in Abbildung 11.1). Hier wird klar, dass der Channel »Paluten« beispielsweise mindestens auf Twitch, Twitter und Instagram vertreten ist. Merkst du was? Vieeeeeeel Arbeit! Man kann aber den Content, den man sowieso produziert, auf den anderen Plattformen ebenso nutzen.

Abbildung 11.1 Paluten verweist auf andere Social-Media-Kanäle (www.youtube.com/user/Paluten).

Aus diesem und noch weiteren Gründen – unter anderem weil deine Suchergebnisse auf Google dann besser werden – ist die Vernetzung in Social Media so wichtig. Auch ist der korrekte Upload eines Videos mit Vernetzung im sozialen Netz von hoher Priorität, um überhaupt auffindbar zu sein, denn erst dann treten eventuell virale Effekte auf, weil man überall im Netz vertreten ist. Du hast dir damit dein eigenes Netz gewebt und alle Kanäle miteinander verknüpft, und somit wird dem Erfolg der Weg geebnet. Es gibt auch Videos, die schon mehrere Jahre alt und plötzlich wieder in aller Munde sind, aber das ist wirklich eine Ausnahme und beweist nur wieder, dass es sich lohnt, Videos zu produzieren, hochzuladen und zu verbreiten.

Tipp

Achtung, poste niemals auf jedem Social-Media-Kanal das Gleiche! Die Fans freuen sich, wenn man seine Inhalte variiert und folgen einem dafür dann auch auf allen Kanälen. Nur wirklich relevanter Content sollte somit auf allen Kanälen gleichzeitig gestreut werden, zum Beispiel deine neuesten Videos.

11.1 Wie hält man die Fans und Follower langfristig auf Trab? – Community-Management für jeden Kanal

Nicht vergessen: Du stehst jetzt in der Öffentlichkeit! Das heißt, du hast sozusagen Promi-Status erreicht und musst deinen YouTube-Channel sehr gewissenhaft und täglich pflegen; dies gilt für alle deine Social-Media-Kanäle. Warum? Weil genau das Social Media ausmacht: in einen Dialog zu treten mit deinen Fans – man kann dein Leben begleiten und dich auch direkt ansprechen. Du musst auf Kommentare antworten und vielleicht Anregungen in deine Videos mit aufnehmen. Das geht aber nur, wenn du auch Fragen stellst. Das bedeutet, du musst deine Fans und Follower ständig auf Trab halten. Das alles nennt sich *Community-Management*! Dazu gehört auch, sich coole Aktionen oder Kampagnen auszudenken, Adventskalender oder Gewinnspiele – quasi alles, was erlaubt ist innerhalb der Richtlinien des jeweiligen Social-Media-Kanals. Also bitte immer schön die Promotion Guidelines lesen – du kannst einfach danach googeln.

Du musst also eine Verbindung zwischen dem Bedürfnis der Zielgruppe und deinem Videoinhalt erreichen. Lennyficate veranstaltet zum Beispiel ein Gewinnspiel als Dankeschön für seine Fans. Die möglichen Gewinne werden nach und nach eingeblendet und verbal angeteasert. Es ist eine Verlosung zwischen all denjenigen, die einen Kommentar mit der kreativsten, besten, lustigsten, mitreißendsten oder anderweitig besondersten Begründung unter den Videos hinterlassen. Das ist im Grunde keine große Sache, aber es bringt sehr viele Aufrufe, Kommentare, Likes und Abonnenten auf einmal – perfektes Community-Management!

Abbildung 11.2 Lennyficate verlost in Zusammenarbeit mit Nintendo Gewinne (www.youtube.com/watch?v=WVkuPX39ycY)

Das tägliche Pflegen der Kommentare solltest du niemals vernachlässigen, nur so kannst du dir der Treue deiner Fans sicher sein. Wenn man allerdings so berühmt ist wie Lennyficate, kommt man da nicht unbedingt hinterher: Wie du siehst, stehen unter diesem Video über 12.000 Kommentare. In dem Fall sollte es natürlich ausreichen, wenn man nur mal einen oder zwei Kommentare beantwortet – dann sind die Fans schon happy (Abbildung 11.3). Aber bis dahin ist es ein langer Weg! Und ohne breite Aufstellung im Netz kommt man an diesem Ziel niemals an.

Abbildung 11.3 Kommentare unter dem Video von Lennyficate

Lennyficate macht aber auch dies genau richtig, denn er ist auf vielen weiteren Social-Media-Kanälen vertreten und teilt auch dort seine Videos. Vor allem aber sieht man, dass er überall den Style verwendet, der auf der jeweiligen Plattform angesagt ist oder sich für ihn am besten bewährt hat (Abbildung 11.4).

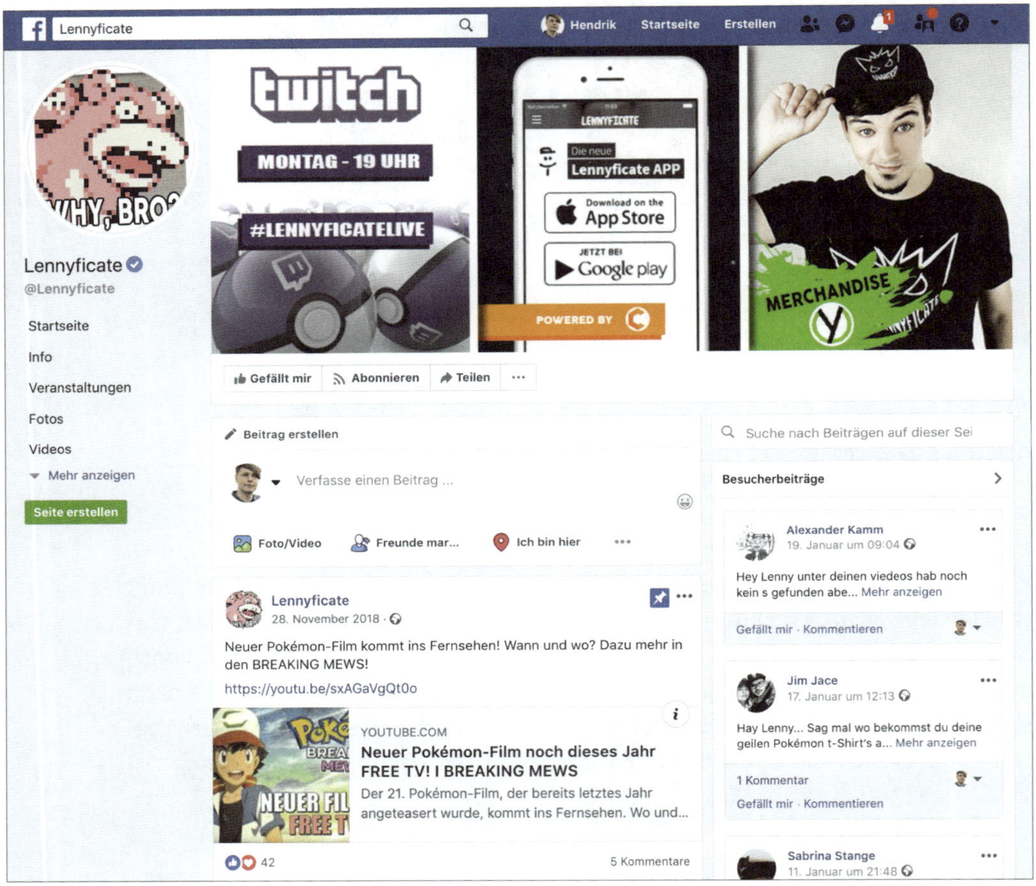

Abbildung 11.4 Facebook-Seite von Lennyficate (www.facebook.com/pg/Lennyficate)

Auf Facebook hat er knapp 27.000 Fans (Abbildung 11.5) und unter dem Facebook-Posting zu seinem Gewinnspiel nur einen Kommentar, bei YouTube hingegen allein schon über 12.000 Kommentare.

Was lernst du daraus? Dass eine offene Frage an Zuschauer oder eine Aktion zum Mitmachen wie ein Gewinnspiel Kommentare von Nutzern generiert, und wenn du

Glück hast, verwenden sie beim Kommentieren auch noch relevante Keywords, sodass du dein Ranking auf Google stetig untermauern und nach oben steigen lassen kannst. So funktioniert das eben, die ganzheitliche Vernetzung im Internet gibt deiner Marke Power! Da stellt sich Lennyficate ebenfalls nicht dumm und bedient sich auch noch der Plattform Instagram als Multiplikator (Abbildung 11.6). Dort hat er das Potenzial, dass ihn 31.000 Fans sehen, die seinem Account folgen. Auch hier finden Gewinnspiel-Postings statt – jedoch nur am Rande.

Mit den Fans zu interagieren, macht dich authentisch und bringt dir eine enorme Vernetzung! Du solltest also lernen, deine Fans nachhaltig zu steuern und mit kleinen Aktionen bei guter Laune zu halten. Schau dir die Aktionen von anderen YouTubern an und wie sie sich mit Teilnahmebedingungen bei Gewinnspielen absichern. Versuche, auf deinem Kanal ähnlich kleine Aktionen einzubauen – vor allem aber sei immer bereit zum Gespräch mit deinen Fans. Das sind die Regeln der Onlinekommunikation …

Abbildung 11.5 Video-Share als Multiplikator für Lennyficates Gewinnspiel (www.facebook.com/pg/Lennyficate/posts/)

Abbildung 11.6 Gewinnspiele auf Instagram bei Lennyficate (www.instagram.com/p/BqFITpel3Vt/)

11.2 Gewusst wie! – Nutze weitere Social-Media-Kanäle

Du brauchst also Social-Media-Kanäle, um Interaktionen zu erreichen, um Fragen einbinden zu können, Diskussionen zu führen und Thesen aufzustellen. Mündlich im Video oder schriftlich – alles ist möglich, und *Hashtags* pushen zusätzlich! Wenn du bekannte Hashtags verwendest, bist du mit deinem Bild oder Video bei der Hashtag-Suche auf den Kanälen Instagram, Twitter und Facebook auffindbar. Und das bringt dir ständig neue Follower ein, da die Leute nach diesen Hashtags suchen, um neue Inspirationen zu erlangen. Abbildung 11.7 zeigt beispielsweise die Top-Hashtags auf Instagram, es gibt im Netz Top-100-Listen für jede Plattform, die relevant ist. Wie schön, dass #love auf Platz 1 steht und schon 1,22 Milliarden Mal verwendet wurde! Wenn man sich die Liste anschaut, scheint die Instagram-Community sehr positiv aufgestellt zu sein, auch #beautiful, #cute und #happy stehen hoch im Kurs.

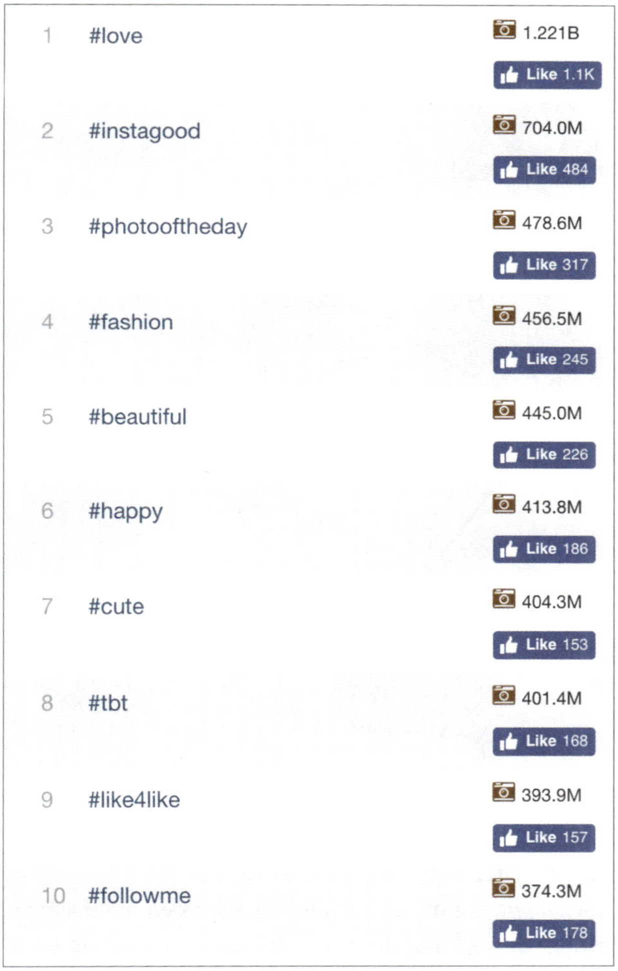

Abbildung 11.7 Die Top Ten der meistverwendeten Hashtags auf Instagram (https://top-hashtags.com/instagram/)

Jetzt stellt sich die grundsätzliche Frage, auf welchen Social-Media-Kanälen du bereits einen Account hast. Diese musst du ab jetzt regelmäßig »füttern«, da kennst du dich ja anscheinend schon aus. Dein Video sollte nämlich für die perfekte Reichweite als Teaser, also als kleiner Ausblick, oder auch komplett hochgeladen auf den in Abbildung 11.8 aufgeführten Social-Media-Kanälen vertreten sein. YouTube ist selbstverständlich, aber darüber hinaus solltest du deine Videos auch auf Facebook,

Instagram, Twitter und Snapchat verbreiten. Wenn du eine Website hast, pack den Videolink auch dort immer drauf. Sichere dir also unter deinem Namen oder deinem Künstlernamen schon mal in jedem dieser Netzwerke einen Account bzw. ein Profil.

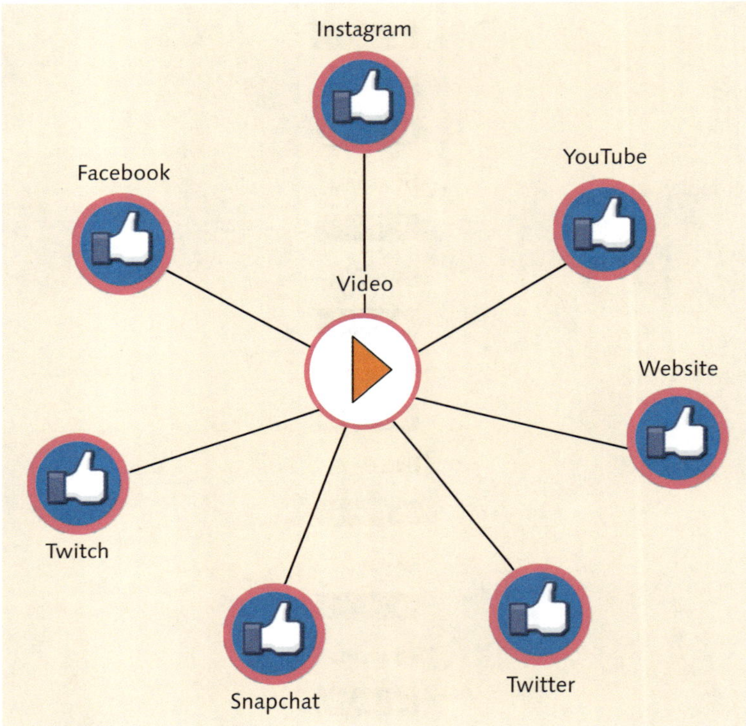

Abbildung 11.8 Verbreitung von Videos im Netz

Auf *Facebook* musst du gute Geschichten erzählen, Storytelling betreiben, auch gern außergewöhnliche Blickwinkel zeigen. Du musst auf allen Plattformen unterschiedliche Promis, Produkte und Unternehmen, die du magst, beobachten und schauen, was sie machen. Dann kannst du dein Profil selbst schärfen und auf allen Kanälen anpassen. Du musst mehr Außendarstellung und Infos auf einen Blick schaffen. Auf Facebook und Instagram findet sich eine breite Zielgruppe, die »always on« ist, also immer am Start. Da sich viele Menschen stetig über den Facebook-Chat unterhalten, sind sie fast immer online auf Facebook. Du findest dort einen Gemischtwarenladen – ein Sammelsurium aus verschiedenen Posting-Typen, Videos, Fotos, Events, geteilten Links, Statusmeldungen, Gewinnspielen, Werbung, Nachrichten, und die Plattform weitet sich noch massiv aus. Dort kannst du durch eine Konkurrenzanalyse feststellen, welche Arten von Postings in deinem Themengebiet am meisten vertreten sind und gelikt werden. Diese bedienst du auf deine Art eben auch.

Leider unterstützt Facebook die Videos von YouTube nicht so sehr wie die Videos, die direkt auf Facebook hochgeladen werden, aber für deinen YouTube-Channel ist es besser, wenn du überall den YouTube-Link zur Verbreitung nutzt. Dadurch wird dein Channel stärker, und jeder Videoaufruf zahlt auf ein einzelnes Video ein, da es nicht doppelt im Netz hochgeladen wurde. Was kannst du auf Facebook also machen, um deine YouTube-Videos zu pushen? Entweder erstellst du einen kleinen Teaser extra für Facebook, den du dort originär hochlädst, oder du teilst das YouTube-Video über die URL in deiner Chronik. Als Option nutze dann den Link *http://yt2fb.com/*, denn hier werden deine YouTube-Videos schöner dargestellt (Abbildung 11.9). Dank der Umwandlung deiner Videos entspricht die Darstellung der von auf Facebook direkt hochgeladenen Videos – zwar ohne automatischen Start, aber es sieht in der Chronik einfach harmonischer aus.

Abbildung 11.9 Verwandlung deiner Videos in den Facebook-Look

Bei den Kanälen von Gronkh mit knapp einer Million Fans und Simon Desue mit sechs Millionen Fans kannst du dir noch weitere Inspirationen holen, denn irgendetwas müssen sie ja richtig machen, sonst hätten sie nicht so viele Anhänger auf Facebook (Abbildung 11.10 und Abbildung 11.11). Sie haben beide ihr Facebook-

Profil in ihrem eigenen Style dargestellt und posten Inhalte, die jeweils zu ihnen passen – aber das neueste Video auf YouTube ist immer dabei.

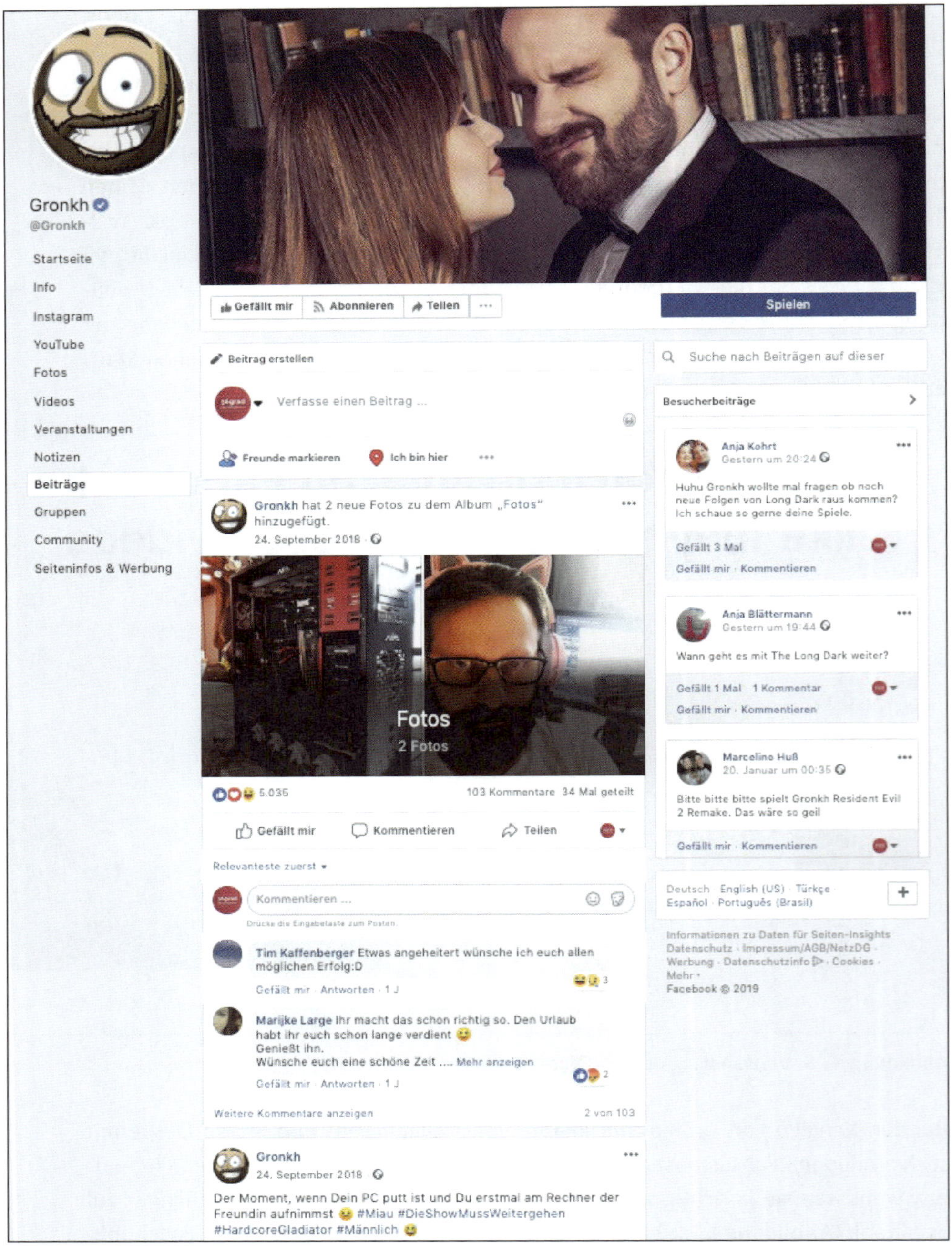

Abbildung 11.10 Facebook-Fanpage von Gronkh (www.facebook.com/Gronkh/)

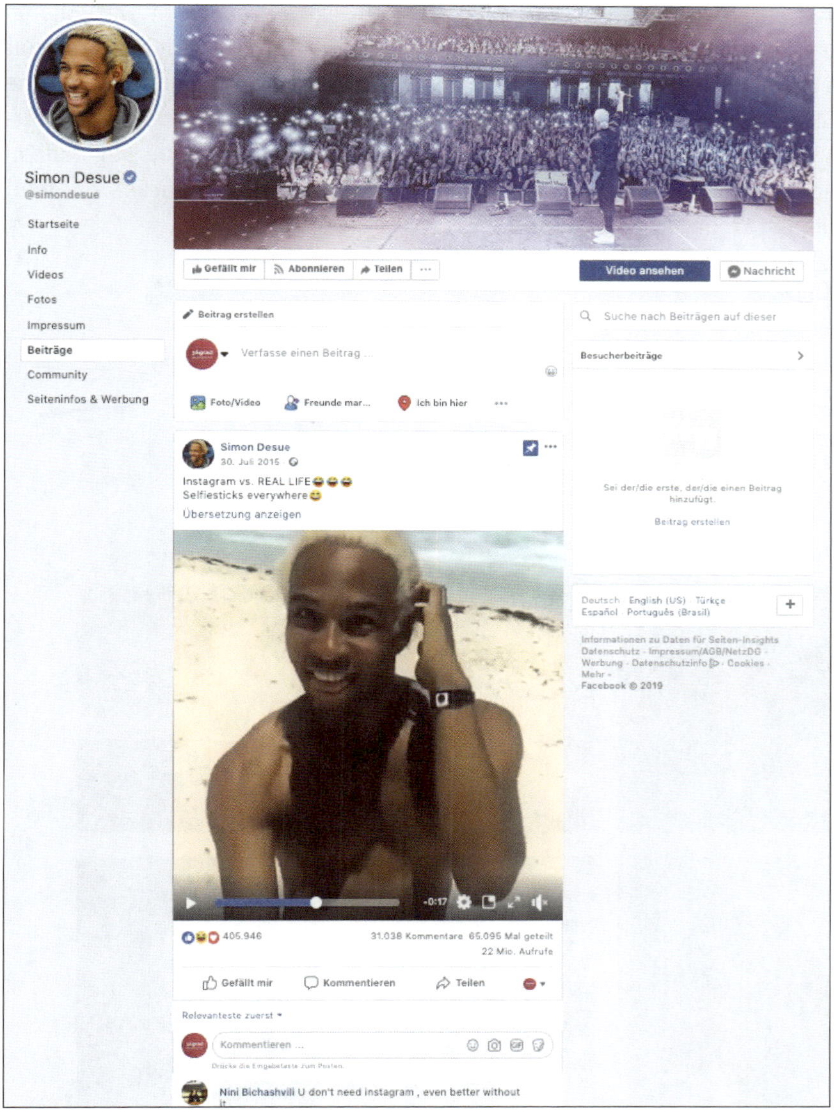

Abbildung 11.11 Facebook-Fanpage von Simon Desue (www.facebook.com/simondesue)

Instagram ist die Plattform Nummer zwei, die du bedienen solltest. Dieses Netzwerk ist extrem im Kommen, auch im Marketing ergeben sich dort sehr viele neue Potenziale. Das Hauptprodukt sind nach wie vor Fotos, am liebsten quadratisch und mit Filtern optimiert. Es geht in erster Linie um Ästhetik, um Farben und Formen. Mittlerweile sind aber auch Video-Uploads möglich! Auch diese Plattform erkennt also, dass Videos immer mehr Relevanz auf dem Markt haben. In Deutschland sind normale und Werbevideos bis zu 60 Sekunden Länge möglich. Du musst unbedingt ein Profil in dieser sehr stark visuellen Plattform anlegen und schöne, künstlerische, visuelle Reize an deine Follower senden. Etabliere deinen Account so, dass durch deine Fotos sofort klar wird, wer du bist und was du machst. Bediene diesen Zeitgeist und vergiss die Hashtags nicht! Auch da mischen YouTuber natürlich mit und zeigen regelmäßig ihre schönen Erlebnisse. Simon Desue ist gerade in Weihnachtsstimmung und zeigt tagtäglich seine persönlichen Eindrücke – das freut 2,2 Millionen Follower (Abbildung 11.12).

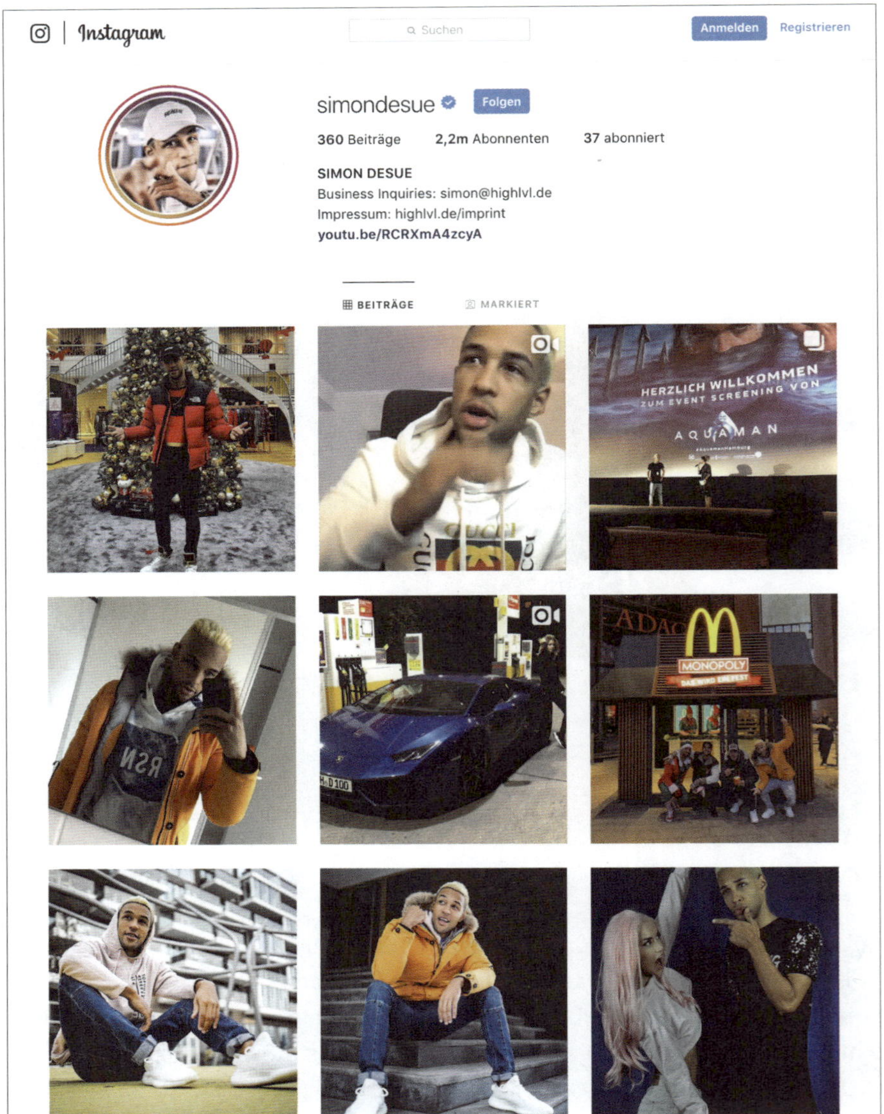

Abbildung 11.12 Simon Desue auf Instagram (www.instagram.com/simondesue/)

BibisBeautyPalace dagegen verfolgt dort eine klare weibliche Linie und setzt auf Streetstyle und Ästhetik (Abbildung 11.13). Beide YouTuber promoten auch hier ihre Videos stetig, und Bibi hat mittlerweile schon sechs Millionen begeisterte Anhänger, die sie wahrscheinlich auch zur bestverdienenden YouTuberin Deutschlands gemacht haben.

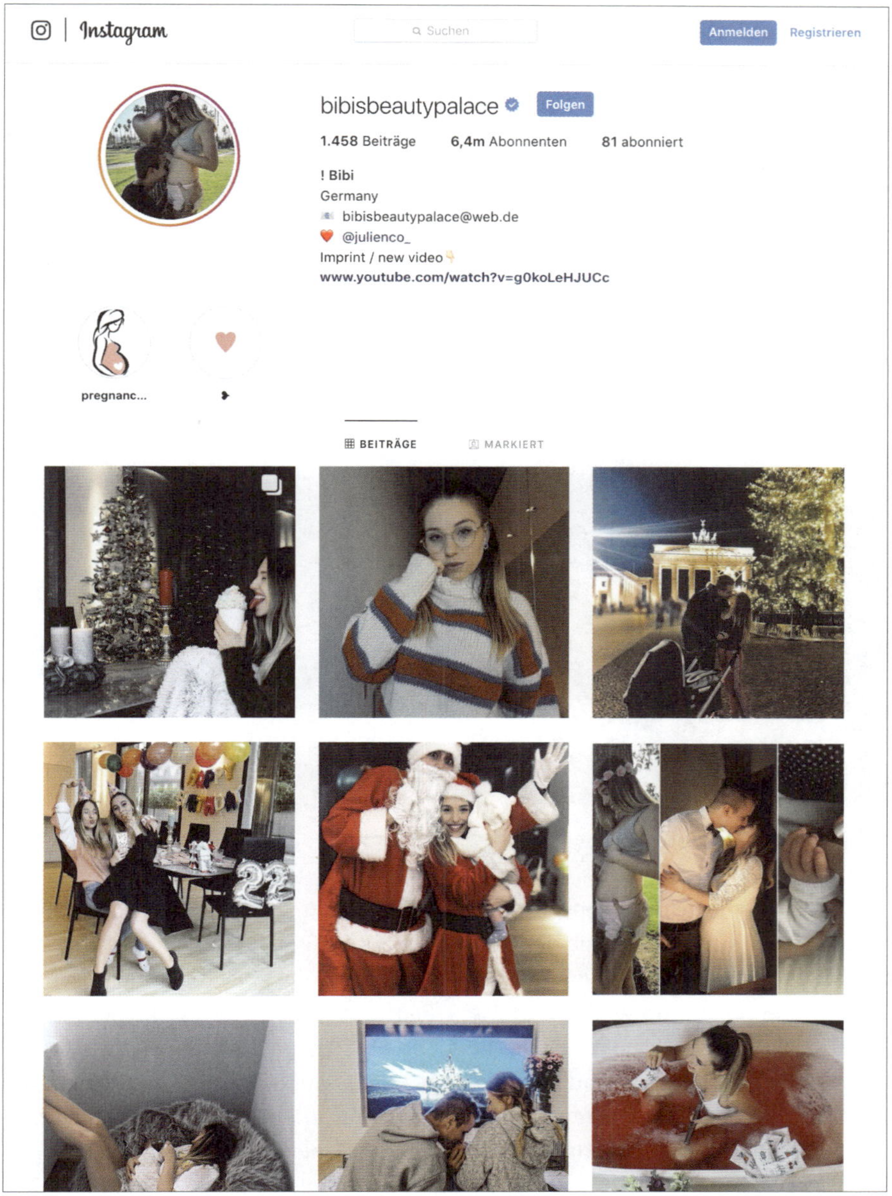

Abbildung 11.13 BibisBeautyPalace auf Instagram (www.instagram.com/bibisbeautypalace/)

Die Plattform *Snapchat* wurde durch die Story-Funktion zu einem großen Hype und lohnt sich auf jeden Fall als App! Aber auch bei Instagram und Facebook sind Stories mit vielschichtigen Funktionen wie Filtern usw. sehr beliebt geworden. Snapchat war der Vorreiter und hat den Grundstein für Stories gelegt. Dort findet man sich selbst zerstörende Messages, Filmchen oder Fotos, die nur 24 Stunden zu sehen sind. Dieses Netzwerk erreicht vor allem die junge Zielgruppe zwischen 16 bis 24 Jahren. Es handelt sich also um Eintagsfliegen, aber das Spannende daran sind die Masken, die man auf sein Gesicht legen kann, und die Effekte, mit denen man seine Fotos oder Videos schmücken kann. Masken und Effekte werden auch laufend aktualisiert, und somit wird diese Plattform niemals langweilig für die Nutzer. Das bekannteste Motiv ist der leckende Hund, der auch einfach nur putzig ist (Abbildung 11.14). Es handelt sich hier um authentische Kommunikation, die bereits über 100 Millionen User weltweit begeistert.

Abbildung 11.14 Snapchat-Maske vom leckenden Hund

Einer der erfolgreichsten Snapchats ist ein Unfallvideo der trotteligen Art von DJ Khaled. Er hat sich nachts mit dem Jetski verfahren und seinen Hilferuf gesnapt. Dies sorgte für so eine Lawine an Aufmerksamkeit, dass der bis dahin weniger bekannte Rapper mittlerweile auch mehr Platten verkauft. Es war keine gezielte Marketingaktion, aber es hat sich gelohnt. Die Big Player wie Bild-Zeitung, Vogue, National Geographic usw. sind natürlich alle bereits auf Snapchat. Aber hier muss man bedenken, dass diese Brands sowieso täglich Content produzieren und diese Inhalte dann als Zweitverwertung auf den anderen Kanälen gezielt streuen können. Hier mal ein Beispiel von Simon Desue – natürlich ist auch er dort vertreten (Abbildung 11.15).

Abbildung 11.15 Simon Desue auf Snapchat

Er pusht dort seine Videos, macht aber gleichzeitig jeden Trend mit, der gerade aufkommt (Abbildung 11.16). Zum Glück macht das Spaß, und damit wird es dir viel leichter fallen, Snapchat jeden Tag kurz zu bedienen.

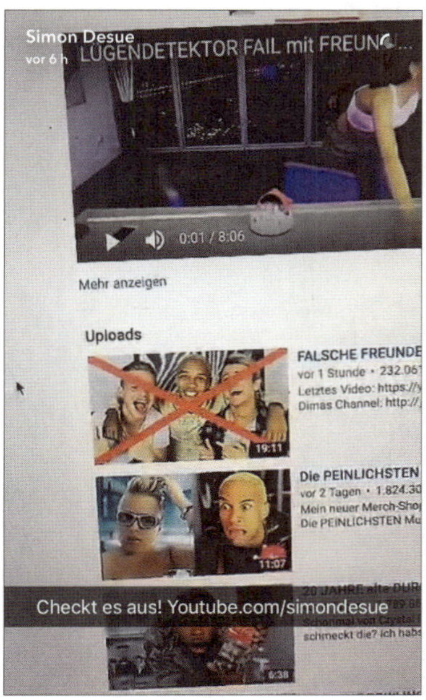

Abbildung 11.16 Simon Desue promotet seine Videos auf Snapchat.

Twitter dient der schnelllebigen Kommunikation oder der seriösen eigenen PR-Arbeit. Im Grunde sind dort immer noch Journalisten und Redakteure, die am aktuellen Zeitgeschehen teilhaben müssen, und an Nachrichten Interessierte die Zielgruppe. Aber mittlerweile benutzen auch viele Stars Twitter und pushen damit ihre gesamte Webpräsenz. Wenn du deine Außendarstellung etwas businessmäßiger oder einfach nur seriöser wirken lassen möchtest, würde ich diese Plattform auf jeden Fall bedienen.

Übrigens hast du auf Facebook und Twitter die Möglichkeit, sogar live Content mit deinen Fans zu teilen. Ich fasse die Dienste Periscope, Facebook live, Twitch und YouNow einfach mal in der Charakterisierung zusammen. Mit diesen kannst du dein Leben oder deine Botschaft live verbreiten. Was soll ich sagen? »Live is live« – also achte darauf, dass du nichts Schlimmes anstellst. Das kann man dann nicht mehr so schnell ungeschehen machen. Ohne eine Grundreichweite an Fans, die bereits aufgebaut ist, kannst du aber keine erfolgreiche Live-Kampagne fahren. Steck also erst mal Kraft in die anderen Kanäle und bau Twitter später auf. Schau aber trotzdem mal kurz, wie Gronkh es gemacht hat (Abbildung 11.17).

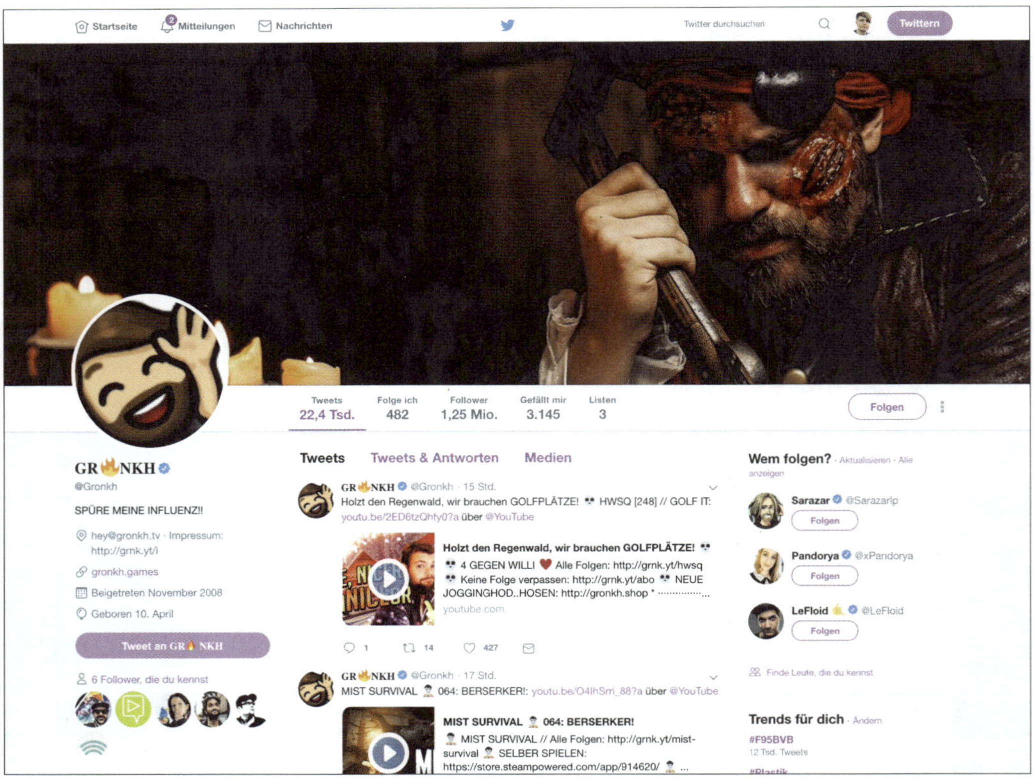

Abbildung 11.17 Twitter-Account von Gronkh (https://twitter.com/gronkh?lang=de)

Er nennt stolze 1,25 Millionen Follower sein Eigen und hat sich vom Stil ähnlich aufgestellt wie auf Facebook. Da hat der Herr ordentlich vorgelegt, denn 22.400 Tweets hat er bereits abgesetzt, das musst du ihm erst mal nachmachen!

Und alle diese Plattformen sollten – wie sämtliche anderen Tätigkeiten im YouTube-Kosmos – geplant werden. Pflege also deine Social-Media-Aktivitäten unbedingt auch in deinen Redaktionsplan ein (Tabelle 11.1). Wenn nicht alles zu bedienen geht, weil du es nicht mit deinem Alltag vereinbaren kannst, kommuniziere ruhig weniger, aber stets mit Relevanz und Qualität. Dadurch erweckst du deine Marke im Netz zum Leben und gibst deiner Zielgruppe mehr Chancen, deine Videos zu erreichen. Mach dein Video zu *dem* Gespräch, jeder soll darüber reden … Plane ein, was du über die verschiedenen Social-Media-Kanäle als Content-Säulen streuen möchtest, und lege Inhalte fest, die du hauptsächlich nur über ein bestimmtes Netzwerk teilst. In Tabelle 11.1 findest du dazu ein paar Anregungen. Du baust deine eigene Marke auf, also fang an, dich auf diesen unterschiedlichen Plattformen zu definieren.

Content	Persönlicher	Werblicher
YouTube	Service, Emotionen und Unterhaltung	Service, Emotionen und Unterhaltung
Facebook	alle Content-Säulen	alle Content-Säulen
Twitter	Fotos, Kurzvideos	Meinungsführerschaft, News
Instagram	Fotos, Kurzvideos	Fotos, Kurzvideos

Tabelle 11.1 Übersicht Social-Media-Aktivitäten

Was kannst du nun noch tun? Mach dir langsam und stetig einen Namen und liefere immer gute Qualität ab. Wenn du es jetzt schleifen lässt und mal ein halbes Jahr lang gar nichts hochlädst, sind deine Fans auch schnell wieder weg. Verbinde deine wöchentlichen Tasks mit deinem Alltag. Du hast ja jetzt gesehen, wie es läuft, und kannst besser planen. Wenn du auch netzwerkübergreifend deine Bekanntheit steigern möchtest, kannst du mit anderen bekannten Netz-Promis coole Aktionen machen wie zum Beispiel einen *Take-over*, der theoretisch auf allen Netzwerken möglich ist. Hier wird der Account von einem Kumpel oder Freund für einen Tag oder eine Woche, ganz wie du willst, übernommen – ähnlich wie Frauentausch, nur in der Onlinewelt und mit mehr Niveau. Man kann auch für eine Woche Content für eine bekannte Marke liefern und aus deren Account senden, aber dafür brauchst du eigentlich schon ein paar Fans mehr auf dem Zeiger. Aber es ist ja immer schön, zu wissen, worauf man hinarbeitet.

Follow Friday, also besser gesagt #ff, ist auf Twitter ganz groß, da gibt man Tipps an seine Follower weiter, also Links, die man besonders empfiehlt (Abbildung 11.18). Heute würde ich jedem empfehlen, einen Augenmerk auf die Hashtag-Trends zu legen und darauf zu verweisen. Wenn man zu diesen Themen etwas Sinnvolles/Lustiges/Cooles/Kritisches twittert, wird es schnell gefunden. So wissen deine Follower immer, was gerade abgeht.

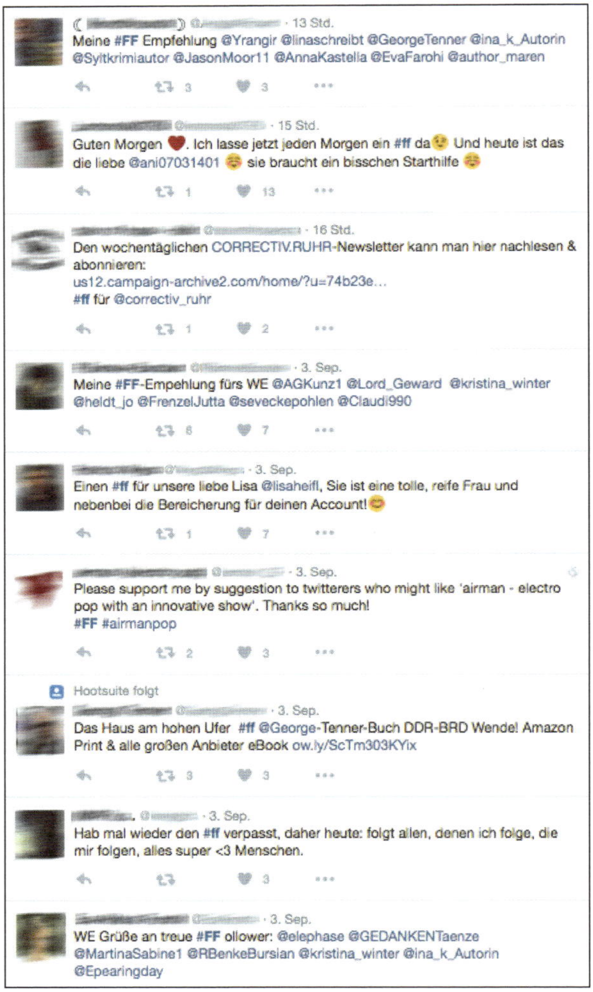

Abbildung 11.18 Hashtag #ff auf Twitter (https://twitter.com/search?q=%23ff&src=typd&lang=de)

Ganz besonders auf Facebook beliebt ist der *Throwback Thursday* als Hashtag, bei dem alte Fotos ihren Weg in die Öffentlichkeit finden. Im Klartext heißt dies, dass man olle Kamellen, die trotzdem cool, lustig oder aber besonders schlecht sind, ein zweites Mal raushauen kann. Es wird garantiert eine Reaktion geben, haha (Abbildung 11.19). Von Miley Cyrus über Obama bis hin zu Rappern und alten Popstars macht jeder bei dieser Nummer mit.

Abbildung 11.19 Throwback Thursday auf Instagram (www.instagram.com/explore/tags/throwbackthursday/)

Solltest du schon ein Blog aufgebaut haben, kannst du wunderbar bei einer *Blogparade* mitmachen. Viele Blogger und Vlogger schreiben oder drehen Inhalte zu einem bestimmten Thema und verlinken sich gegenseitig. Hier siehst du beispielsweise einen Aufruf für die Beauty-Tipps im Frühjahr, die miteinander vernetzt werden sollen (Abbildung 11.20). So kannst du mehr Reichweite gewinnen und auf einen Schlag mehr Bekanntheit erlangen. Wer nicht wagt, der nicht gewinnt!

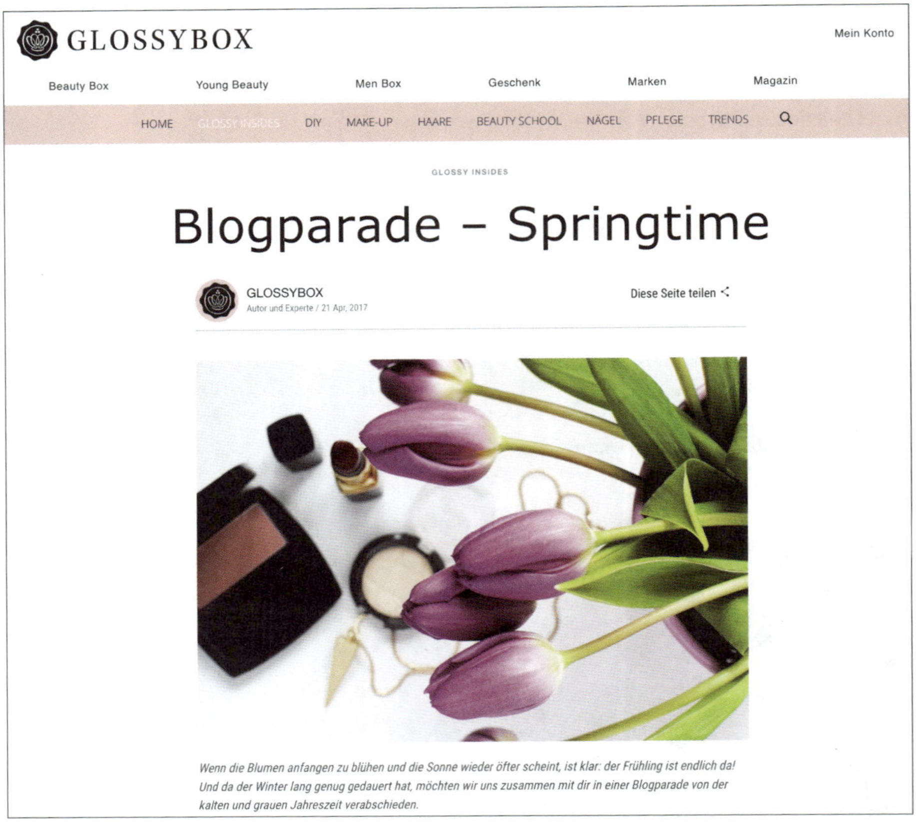

Abbildung 11.20 Blogparade auf glossybox (www.glossybox.de/magazin/2017/04/21/blogparade-springtime/

11.3 Etabliere dich als YouTube-Partner!

Du kommst an einen gewissen Punkt, an dem du schon einige Fans akquiriert hast, aber das Wachstum irgendwie stagniert. Das ist ganz normal, weil du schon alle Freunde und Bekannten abgeklappert hast, damit sie deinen Channel abonnieren, und jetzt quasi noch ein kleiner Ruck durch den Kanal gehen muss, damit er wirklich die Masse erreicht. Eine weitere Möglichkeit, diese Reichweite zu genieren, ist, dass du zu einem YouTube-Partner wirst bzw. am Programm *YouTube for Creators* teilnimmst. Dort erhältst du Unterstützung bei allen Themen rund um YouTube, kannst dich ausprobieren und schließlich auch Geld verdienen und Auszeichnungen abräumen. YouTube als Partner zu haben, bringt auf jeden Fall sehr viele Vorteile und auch die Vernetzung mit vielen anderen YouTubern! Regelmäßig finden Meetings, Workshops und Events statt, auf denen sich Anfänger und erfahrene

YouTuber austauschen können, die Teil des YouTube-Partner-Netzwerks namens Creator Hub sind (Abbildung 11.21).

Abbildung 11.21 Creator Hub von YouTube (www.youtube.com/yt/creators/?noapp=1)

Das Partnerprogramm von YouTube ist nach dem Erfolg in den USA nun auch in Deutschland richtig groß geworden, und mittlerweile konnten bestimmt mehrere Tausend Kanäle monetarisiert werden. Hast du dich also bereits reichweitenstark mit deinen Videos etabliert und weißt, was du draufhast? Dann beginne zunächst mit der Anmeldung zum Programm YouTube for Creators. Es gibt ein paar Kriterien, die erfüllt sein müssen, damit du für YouTube ein lohnenswerter Partner bist. Unter diesem Link kannst du schauen, ob du die Kriterien erfüllst: *https://support.google.com/youtube/answer/7018621?hl=de&ref_topic=6029709*. Du musst in den letzten drei Monaten mindestens an zwei unterschiedlichen Tagen ein Video öffentlich hochgeladen haben, das wirst du ja auf jeden Fall hinkriegen. Außerdem solltest du über eine Mindestanzahl an Abonnenten verfügen und hast dir zudem nichts zuschulden kommen lassen, wie etwa Verstöße gegen die Community-Guidelines. Dann ist dir die Unterstützung des Plattformbetreibers YouTube sicher: *https://support.google.com/youtube/answer/72851?hl=de&rd=1*.

Vorteilsstufe	Abonnenten	Wiedergabezeit im letzten Jahr
Grafit	0–1.000 Abonnenten	0 Stunden
Opal	1.000–10.000 Abonnenten	1.000 Stunden oder mehr
Bronze	10.000–100.000 Abonnenten	10.000 Stunden oder mehr
Silber und höher	über 100.000 Abonnenten	100.000 Stunden oder mehr

Tabelle 11.2 Vorteilsprogramm-Level für YouTuber

Voraussetzung ist natürlich immer, dass du weiterhin aktiv auf YouTube bleibst, warum sollte dich YouTube sonst unterstützen? Du solltest dich also selber bemühen, vorwärtszukommen, indem du stetig guten Content für deine Fans ablieferst, denn nur wenn YouTube Geld wittert, kommt das Unternehmen direkt auf dich zu. Eine hohe Abonnentenzahl sichert dir weitere Vorteile im Partnerprogramm von YouTube. Auch da zeigt sich: je mehr Fans, desto mehr Luxus, Know-how und Unterstützung für den YouTuber. In diesem Video findest du die Kategorien, die YouTube dir abhängig davon, wie viele Abonnenten du hast, zuordnet, und welche entsprechenden Vorteile dir dann zur Verfügung stehen (Abbildung 11.22).

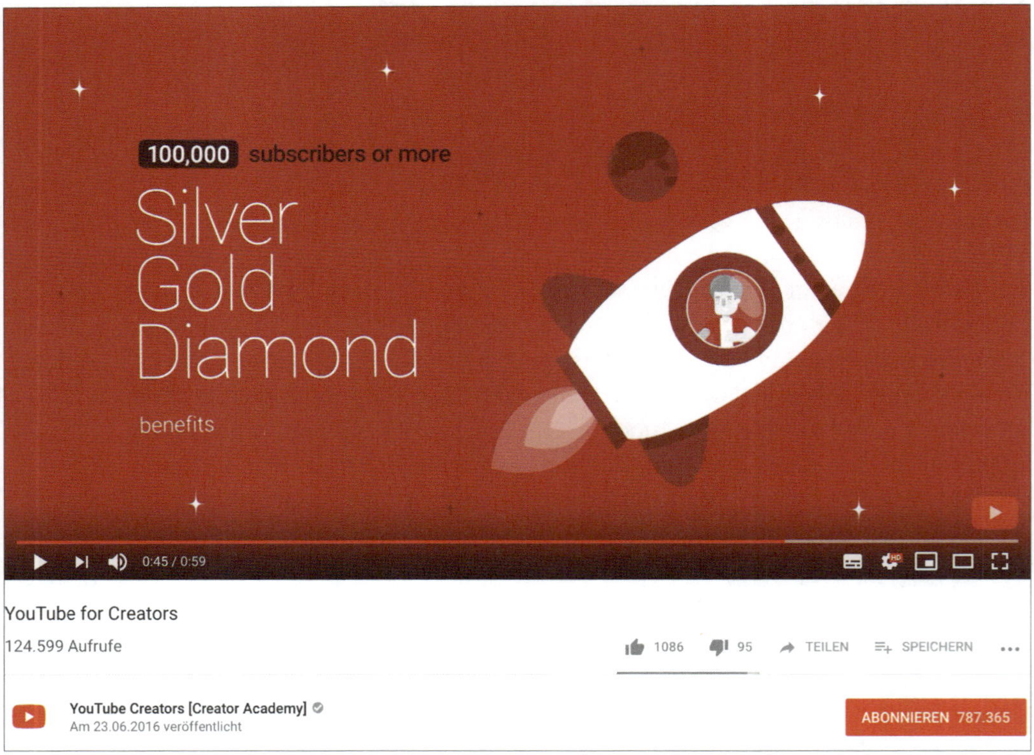

Abbildung 11.22 YouTube-Partner-Benefits, abhängig von deiner Abonnentenzahl (www.youtube.com/watch?v=ghtP8dXEouE)

Es beginnt mit der Stufe Graphit mit mindestens einem Abonnenten und reicht bis zum Diamantstatus, den natürlich nur die Top 5 dieser Welt erreicht. Aber für jede Stufe gibt es Benefits aus dem Hause YouTube. Drehe zum Beispiel ab einer Anzahl von 10.000 Abonnenten deine zukünftigen Videos in den offiziellen YouTube-Studios in Berlin, London oder Paris! Das ist eine tolle Sache. In den sogenannten

YouTube Spaces kannst du professionelles Equipment für deine Drehs nutzen. Zudem profitierst du von der Erfahrung der Mitarbeiter.

Abbildung 11.23 YouTube-Räume zum Drehen (www.youtube.com/yt/space/facilities-berlin.html)

In Deutschland gibt es bisher nur einen YouTube Space, und dieser befindet sich in Berlin als Teil der Met Film School. Neben schalldichten Kabinen und Profischnittplätzen gibt es hier einige Ready-Set-Räume. Das sind komplett eingerichtete Kulissen, wie etwa ein Wohnzimmer, ein Star-Wars-Cockpit oder ein ganzes Kino, das du dann für deine Videos nutzen kannst (Abbildung 11.23).

Adresse:

Met Film School Berlin, Oberlandstraße 26, 12099 Berlin, Deutschland

www.youtube.com/yt/space/facilities-berlin.html

Weitere Vorteile sind regelmäßige Events und Workshops in den YouTube Spaces, eine Schulungs-Academy, damit du dein Wissen über Bewegtfilm ausbauen kannst, Teilnahmeberechtigungen an Wettbewerben, eine App zum Managen aller Aktivitäten auf YouTube bis hin zu einem persönlichen Ansprechpartner vonseiten YouTube, der dir zur Verfügung gestellt wird. Außerdem prämiert YouTube dich, wenn du großen Erfolg hast. Du erhältst einen sogenannten Creators Award – los geht das allerdings erst ab 100.000 Abonnenten, dann gibt es einen silbernen Award (Abbildung 11.24)! Wer würde nicht gerne so eine Auszeichnung bei sich hängen haben, natürlich in Gold oder – die absolute Ehre – in Diamant?

Abbildung 11.24 Awards von YouTube (www.youtube.com/yt/creators/de/rewards.html)

In dem folgenden Clip siehst du mal, welche unterschiedlichen YouTuber weltweit bereits einen Award in ihrem Leben überreicht bekommen haben (Abbildung 11.25). Es hat den Anschein, als hätten alle einfach mit ihrer Leidenschaft losgelegt und der Erfolg wäre irgendwann von alleine gekommen, quasi als Belohnung für die stetige Mühe! Vielleicht gehörst du ja auch bald dazu?

Abbildung 11.25 YouTuber, die mit dem Creator Award ausgezeichnet wurden (www.youtube.com/yt/creators/de/rewards.html?noapp=1)

12 Durch Kontrolle der Zahlen dauerhaft erfolgreich sein

Verbessere dich Stück für Stück, indem du deine YouTube-Videostatistiken auswertest. Lerne, die wichtigsten Kennzahlen für deinen Channel zu erkennen und richtig zu lesen. Finde heraus, womit du die meisten Zuschauer anlockst und in Abonnenten verwandelst.

Prüfe stets deine Performance! Nur wenn du weißt, wo du aktuell stehst, kannst du dich auch verbessern. Statistiken erfassen kann eigentlich jeder. Vor allem bei YouTube ist das kinderleicht. Jedem Channel werden Zahlen und Analysen kostenlos mitgeliefert. Du musst dir lediglich die Mühe machen, deine Ergebnisse auch regelmäßig auszuwerten. Ich zeige dir, wie du das Beste aus deinen Videos herausholen kannst. Nach dem Motto »Wer testet, der findet« zeige ich dir, wie du sehr gute Inhalte erkennen und fördern kannst. Somit wirst du mit deinen YouTube-Clips noch bekannter und vor allem erfolgreich. Orientiere dich dabei stets nach oben und greif nach den Sternen. Bei YouTube kannst du immer nachschauen, was gerade angesagt ist. Unter der Rubrik TRENDS sehen die User, welche Videos gerade hip und angesagt sind (Abbildung 12.1). Dass du hier eines Tages landest und mit deinen Clips regelmäßig unter den Trends vertreten bist, ist keine Utopie.

Starte direkt von Beginn an mit einem regelmäßigen Monitoring (zu Deutsch Beobachtung). Unterschätze diesen Schritt nicht, denn er bringt dich wirklich weiter. Du wirst besser und steigerst dich. Somit kletterst du Schritt für Schritt auf der Erfolgsleiter nach oben. Decke Probleme und Geheimnisse auf, die dir die Zahlen verraten. Verlass dich nicht nur auf dein Bauchgefühl, denn Zahlen lügen nicht. Sind deine Videos zum Beispiel zu langatmig oder zu langweilig, siehst du ganz genau, an welcher Stelle das der Fall ist. Viele Nutzer brechen die Wiedergabe deines Clips dann ab. Das solltest du natürlich verhindern! Wenn du so etwas feststellst, musst du solche inhaltlichen Lücken in deinem nächsten Video schließen. Mach am besten keinen Fehler zweimal, sonst verschenkst du dein Potenzial. Wiederhole deine funktionierenden Inhalte und konzentriere dich auf deine Topvideos. Was hast du richtig gemacht? Warum sind bestimmte Video besser angekommen als andere? Nur mit einer ausgereiften Testschleife und mit der regelmäßigen Kontrolle der Zahlen kannst du deine Erfolge auf YouTube langfristig steigern (Abbildung 12.2).

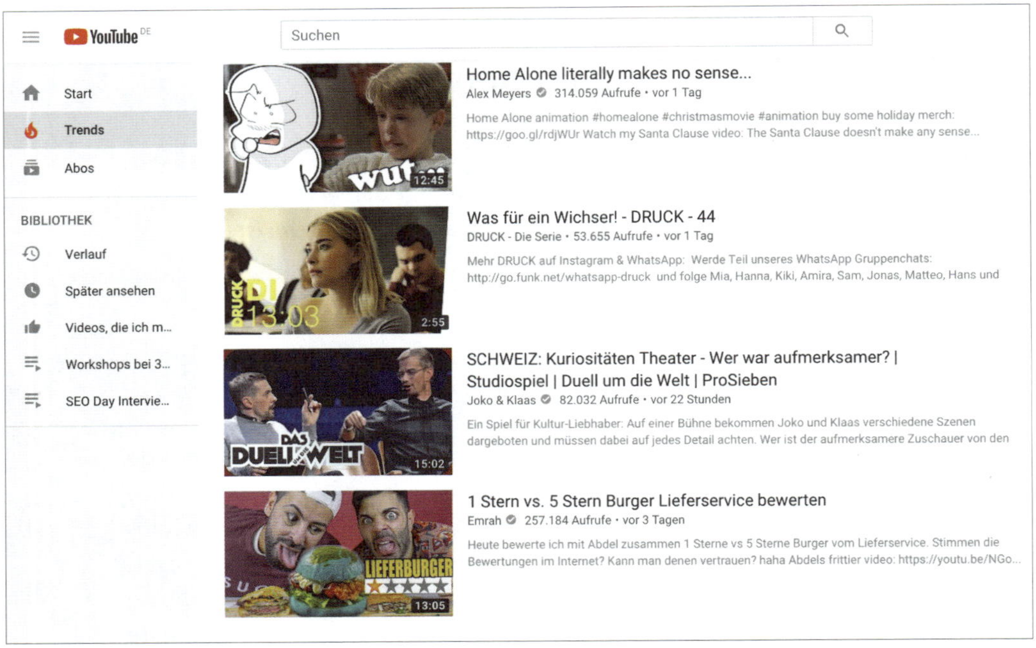

Abbildung 12.1 Trendige Videos bei YouTube

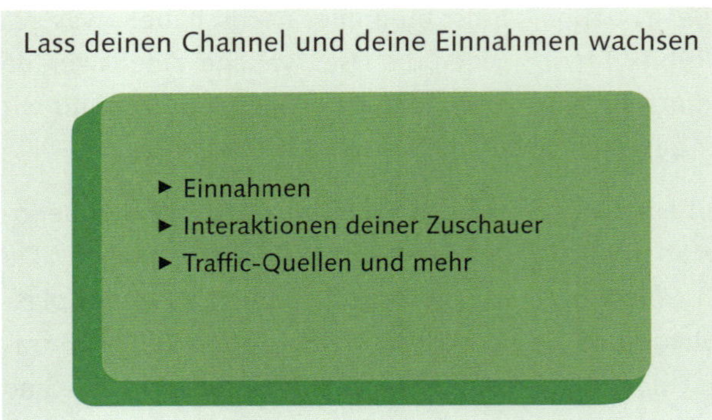

Abbildung 12.2 Maximiere deinen Erfolg durch Analysieren der Zahlen.

12.1 Lerne YouTube Analytics kennen

Zahlen sind eine gute Grundlage, um zu erkennen, welche Inhalte erfolgreicher sind als andere. Das Cockpit für alle Daten, Zahlen und Analysen nennt sich YouTube Analytics. Dazu musst du kein besonderes Programm kaufen oder installieren. Dir steht in deinem Channel ein starkes Tool zu Verfügung, das dir gleich ab Tag eins deiner Kanaleröffnung mitgeliefert wird. Jeder Channel-Besitzer kann die eigene Performance hier für alle Clips im eigenen Channel einsehen. Jetzt bist du also in der Lage, alle relevanten Zahlen rund um deine Videoperformance regelmäßig zu prüfen. Ich kann dir nur raten, auch genau das zu tun! Im YouTube Creator Hub wartet ein Einführungsvideo, das dir das komplexe System in ca. zwei Minuten erklärt (Abbildung 12.3).

Abbildung 12.3 YouTube Analytics – kurz und knackig auf den Punkt gebracht (www.youtube.com/watch?v=AUU9urHAwco)

Ich werde dir nun Tipps dazu geben, auf welche Zahlen du besonders achten solltest. Du kannst alle möglichen Messwerte bei YouTube ablesen und dir daraus ein Fazit bilden. Konzentriere dich dabei aber nur auf die wichtigsten Kennzahlen, die für dich relevant sind. Wie gut kamen deine Videos an? Welche Themen waren die stärksten? Woher kommen deinen Abonnenten? Es spielen einige Faktoren eine sehr wichtige Rolle.

Damit du herausbekommst, was du überhaupt alles messen und überwachen kannst, schauen wir uns erst einmal alles zusammen an. Werfen wir dazu mal einen Blick in das Auswertungssystem YouTube Analytics. Klicke dazu in deinem Channel auf YOUTUBE STUDIO • ANALYTICS. Schon kann es losgehen mit der Auswertung. Als Erstes erwartet dich eine allgemeine Übersicht über Zahlendiagramme. So bekommst du schon mal einen Eindruck von deiner Gesamtleistung. Kleine rote oder grüne Pfeile zeigen dir grob die Entwicklung an. Hat sich zum Beispiel die Wiedergabezeit in deinem Kanal verbessert? Dann siehst du neben der Kennzahl zur Wiedergabezeit einen grünen Pfeil nach oben. Damit hast du bereits einen Anhaltspunkt, dass sich hier etwas verbessert hat. Möchtest du genauer wissen, wie sich die Zahlen zusammensetzen, kannst du einfach auf den Punkt klicken.

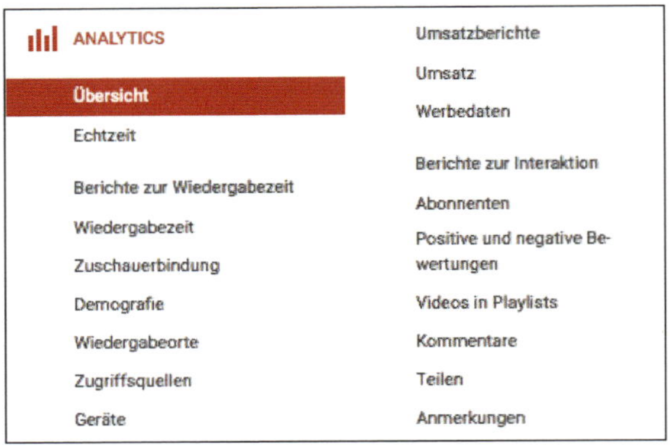

Abbildung 12.4 YouTube Analytics: Dashboard

In der Übersicht siehst du standardmäßig für die letzten 28 Tage die Auswertungen für deinen gesamten Kanal (Abbildung 12.5). Hier hast du natürlich auch die Möglichkeit, ein genaues Datum oder einen Zeitraum festzulegen. Möchtest du den laufenden Monat, die letzte Woche oder ein ganzes Jahr auswerten? Dann wähle einfach den gewünschten Datumsbereich aus.

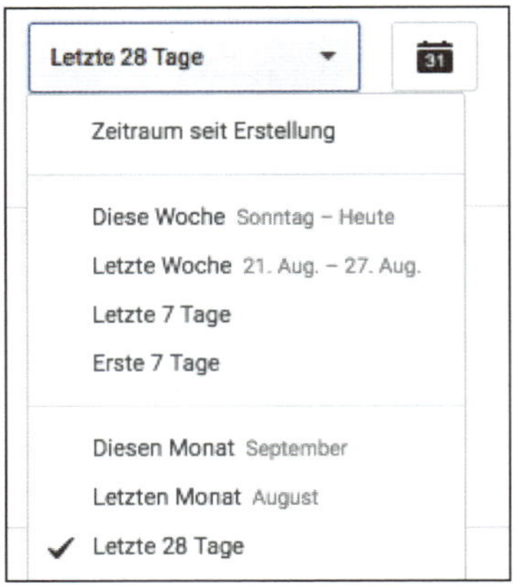

Abbildung 12.5 Wähle den Zeitraum für die Statistiken aus.

Möchtest du einen Schnellzugriff auf die Statistiken eines bestimmten Videos aufrufen? Dann klicke einfach beim Anschauen des Videoclips auf den ANALYTICS-

Button (❶ in Abbildung 12.6). Schon gelangst du zu deinem Dashboard und siehst die Auswertungen zu dem Video.

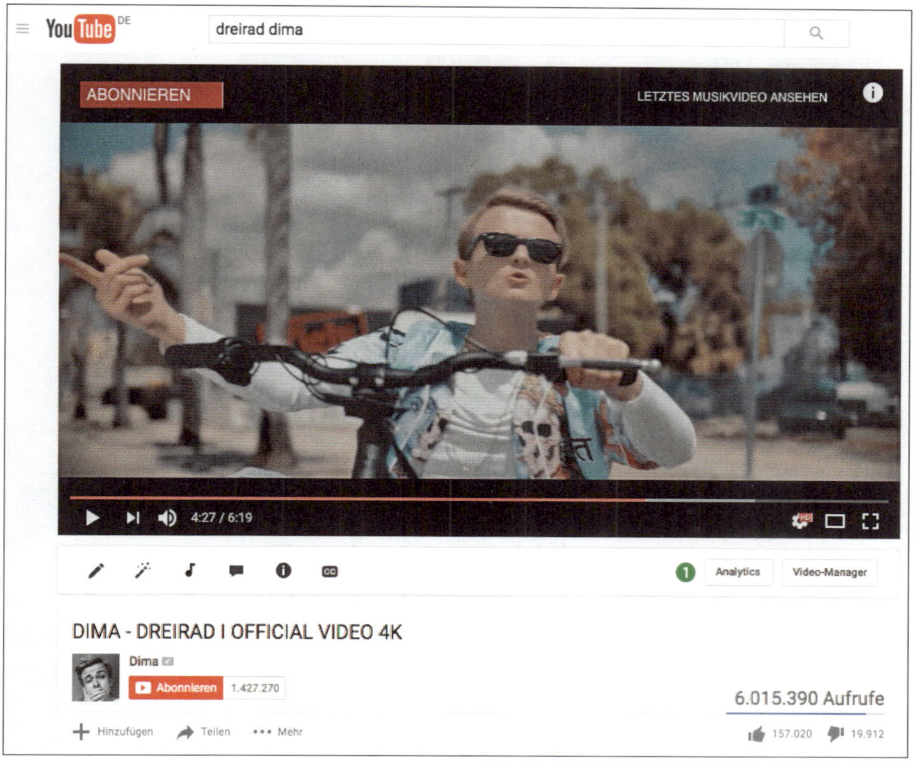

Abbildung 12.6 Schneller Zugriff auf deine Videostatistiken (www.youtube.com/watch?v=Zzt7jdt0d2s)

Schon kann es losgehen mit der Videoanalyse. Du kannst die Übersicht übrigens auch auf ein einzelnes Video beschränken, indem du in das Eingabefeld in deinem Analytics-Dashboard den Videotitel eingibst. Möchtest du zum Beispiel wissen, warum ein bestimmtes Video an einem Tag so viele Aufrufe bekommen hat, kannst du hier nachschauen, woran das wahrscheinlich gelegen hat. Damit du dich im Analytics-System gut zurechtfindest, machen wir jetzt einmal einen kleinen Rundgang. Es gibt viele verschiedene Kategorien, hinter denen sich Diagramme und Charts verstecken. Grundlegend unterteilt ist das Analytics-System jedoch in die folgenden drei Kernbereiche (Abbildung 12.7): UMSATZBERICHTE ❷, BERICHTE ZUR WIEDERGABEZEIT ❸ und BERICHTE ZUR INTERAKTION ❹. Darunter siehst du aufgedröselt, wie sich die Zugriffe, deine Einnahmen und das Engagement im Einzelnen zusammensetzen.

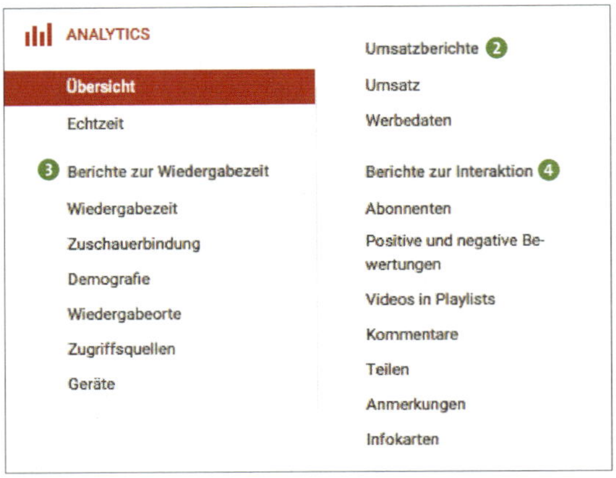

Abbildung 12.7 Rubriken der Analytics-Daten

Ab dem ersten Tag fließen hier alle Statistiken zusammen. Du musst das System nicht extra aktivieren. Wichtig ist jedoch, zu beachten, dass die Daten mit etwas Verzögerung angezeigt werden. Du musst immer ein wenig Geduld mitbringen, denn eine Auswertung funktioniert ja erst zeitversetzt im Nachhinein. Die Präventivmaßnahmen von YouTube sorgen hier also für einen Versatz von mehreren Tagen. Es kann gut sein, dass du deine Statistiken für die letzte Woche erst zwei oder drei Tage später vollständig einsehen kannst. Wahrscheinlich ist dir auch schon mal aufgefallen, dass deine Videoviews kurz nach dem Upload bei einer bestimmten Viewzahl stehen bleiben. Bis 2016 lag diese Zahl immer bei genau 301 Views (Abbildung 12.8). Das liegt daran, dass YouTube bei einer gewissen Anzahl deine Views überprüft und währenddessen den Videocounter (Videozähler) einfriert. Warum? Weil es sehr viele Betrugsversuche gibt und einige Menschen versuchen, die Videoaufrufe zu manipulieren.

Abbildung 12.8 Eingefrorener Viewcounter

301+ ist auch der Name eines YouTuber-Vereins

Marie Meimberg und Florian Mundt (LeFloid) sind die Vorsitzenden des Vereins, der sich zur Aufgabe gemacht hat, sich für die Zukunft der YouTuber-Szene in Deutschland stark zu machen (Abbildung 12.9). Der YouTuber-Freundeskreis besteht aus 14 Mitgliedern und sagt über sich: »Wir kommen aus einer Zeit, in der mehr als 300 Aufrufe noch 301+ hieß.«

Abbildung 12.9 YouTuber unter sich – im Verein 301+ (http://301plus.berlin)

In Shops wie beispielsweise *fiverr.com* kannst du YouTube-Views oder Kommentare kaufen (Abbildung 12.10).

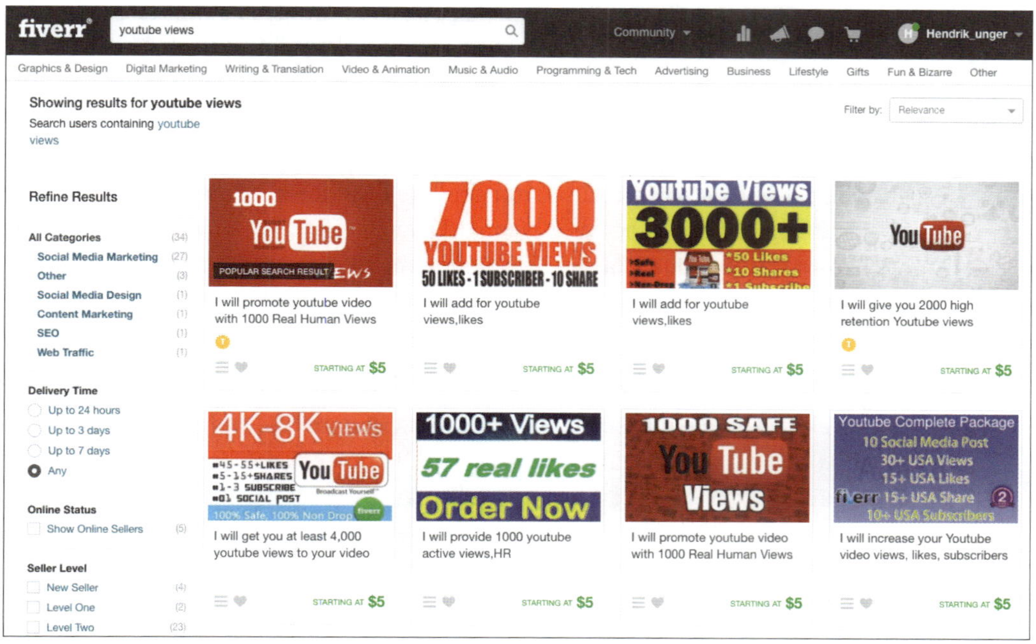

Abbildung 12.10 Bei Fiverr.com werden Views zum Kauf angeboten (www.fiverr.com/search/gigs?utf8=%E2%9C%93&search_in=everywhere&source=top-bar&locale=en&query=youtube+views&page=1&filter=rating).

Ich rate dir jedoch dringend davon ab! So verlockend es auch sein mag, für 5 US$ Tausende Views zu kaufen – lass besser die Finger davon! Im schlimmsten Fall kommt YouTube dahinter und merkt, dass du plötzlich ganz viele Fake-Zuschauer in Indien hast. Aus diesem Land kommen nämlich in den meisten Fällen die »unechten« Videoaufrufe. Wenn dein deutscher Channel plötzlich an einem Tag explosionsartig viele Zugriffe aus einem anderen Land aufweist, die allesamt von einem fremden Kontinent kommen, wird YouTube stutzig. Du wirst dann von YouTube ermahnt, und bei wiederholtem Vergehen wird dein Channel komplett gelöscht. Dein mühsam aufgebauter Kanal und deine gesamte Fanbase sind dann von einem auf den anderen Tag verschwunden. Und das willst du ja ganz bestimmt nicht!

Du musst dir also keine Sorgen machen, wenn du die Zahl 301+ unter deinem Video siehst. Solltest du keine Aufrufe gefakt haben, ist alles in Ordnung. Nach ein paar Stunden oder Tagen schnippt dein Viewcounter auf den aktuellen Wert – hoffentlich ganz stark nach oben.

12.2 Berichte lesen und auswerten

Du kannst die einzelnen Bereiche durchgehen und jeweils die Performance des gesamten Channels einsehen. Die einzelnen Berichte, die du dir aufrufen kannst, wirken am Anfang teilweise sehr komplex oder sind für dich kompliziert zu verstehen. Das ist gar nicht schlimm, du benötigst schlicht Zeit, dich langsam reinzufuchsen. Lege den Anspruch, sofort alle Zahlen verstehen und deren Bedeutung nachvollziehen zu wollen, erst mal ab. Das erleichtert dir den Einstig enorm. Wenn du nach ein bisschen Übung und ein paar Video-Uploads immer tiefer in die Zahlen einsteigst, verstehst du die Auswertungen irgendwann in Sekunden. Nimm dir jedoch stets die Zeit, in Ruhe das Dashboard auszulesen. Lege zunächst in jedem Bereich fest, welche groben Zahlen bzw. Zeiträume du erfassen und auswerten möchtest. Das sind in erster Linie deine Klicks und deine Einnahmen. Du möchtest ja schließlich wissen, wie viel für dich unterm Strich herausspringt.

Im ersten Bereich, GESCHÄTZTER UMSATZ (Abbildung 12.11), siehst du direkt, wie viel du aktuell verdient hast. Der Werbeumsatz ist dabei die wohl wichtigste Kennzahl. Sie gibt Aufschluss darüber, wie viel du in deinem definierten Zeitraum verdient hast. Du kannst in diesem Cockpit aber auch immer nachsehen, was an jedem einzelnen Tag passiert ist. Die Zahl GESCHÄTZTER WERBEUMSATZ fasst alle Videoaufrufe zusammen, bei denen eine Anzeige eingeblendet wurde. Die typischste Form ist der vorgeschaltete Werbeclip, bevor das richtige Video endlich losgeht. Das heißt, es kamen zum Beispiel 70.000 Videoaufrufe zustande, bei denen jedes Mal die Kasse geklingelt hat. Auch wenn du jeweils immer nur ein paar Cent als Beteiligung an den Werbekosten von YouTube erhalten hast, summiert sich der Betrag am Ende. Wie sagt man so schön: »Kleinvieh macht auch Mist« – trifft hier perfekt zu! Für den YouTuber in unserem Beispiel ergeben sich Umsätze im Wert von 316 €. Das bedeutet, pro 1.000 Aufrufe wurden ca. 4,50 € verdient. Diese Kennzahl nennt sich kurz *CPM*, ist eine Abkürzung und kommt aus dem Englischen. Der Begriff bedeutet *Cost Per Mille* = übersetzt also Kosten pro Tausend. Wenn du noch genauere Zahlen haben möchtest, schau doch bei AdSense unter den LEISTUNGSBERICHTEN. An dieser Stelle ist das aber noch nicht notwendig. Du willst deinen Channel ja erst mal verstehen und richtig einschätzen können.

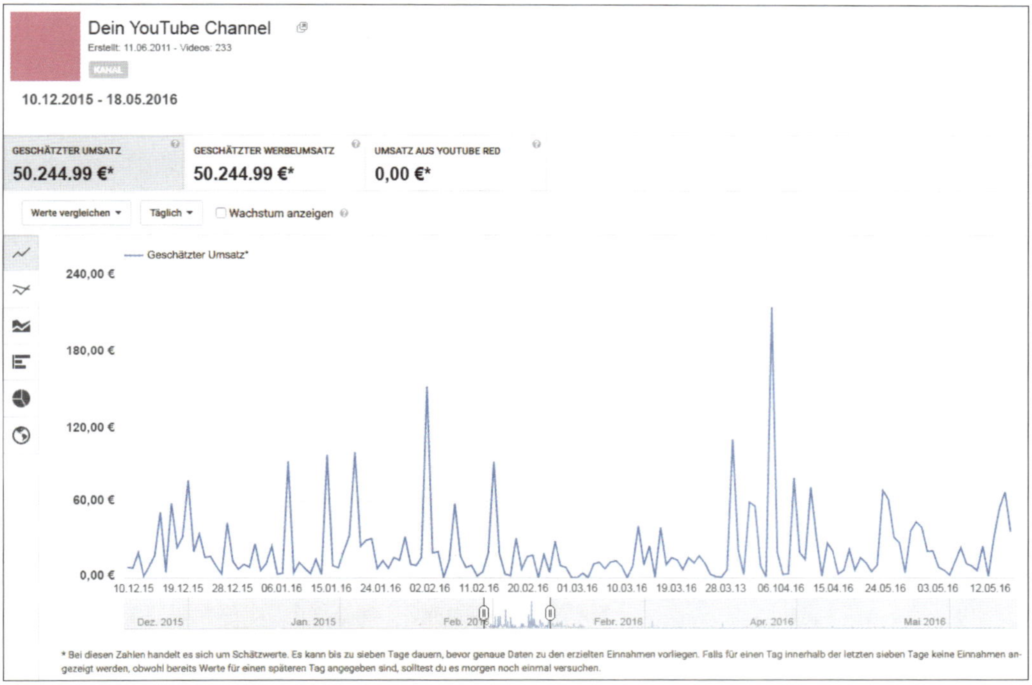

Abbildung 12.11 Übersicht über deine Einnahmen bei YouTube

Wenn dich interessiert, warum an einem bestimmten Tag außergewöhnlich hohe Umsätze erreicht wurden, solltest du einen Blick auf die Übersicht der Aufrufe und die Wiedergabezeit werfen (Abbildung 12.12). Ich werde dir darin zeigen, was alles ablesbar ist, beispielsweise wie du sehen kannst, woher deine Nutzer kommen, wie lange sie bleiben und wo sie ihre Videos am liebsten konsumieren. Auf jeden Fall solltest du immer auf Peaks (hohe Ausschläge) und ungewöhnliche Aktivitäten achten. Hier gilt es dann herauszufinden: Woran lag es? Kannst du die Maßnahme, die zu vielen Views geführt hat, eventuell wiederholen? Das wäre natürlich gut, denn so würdest du richtig viele Klicks und Spitzentage erzielen können.

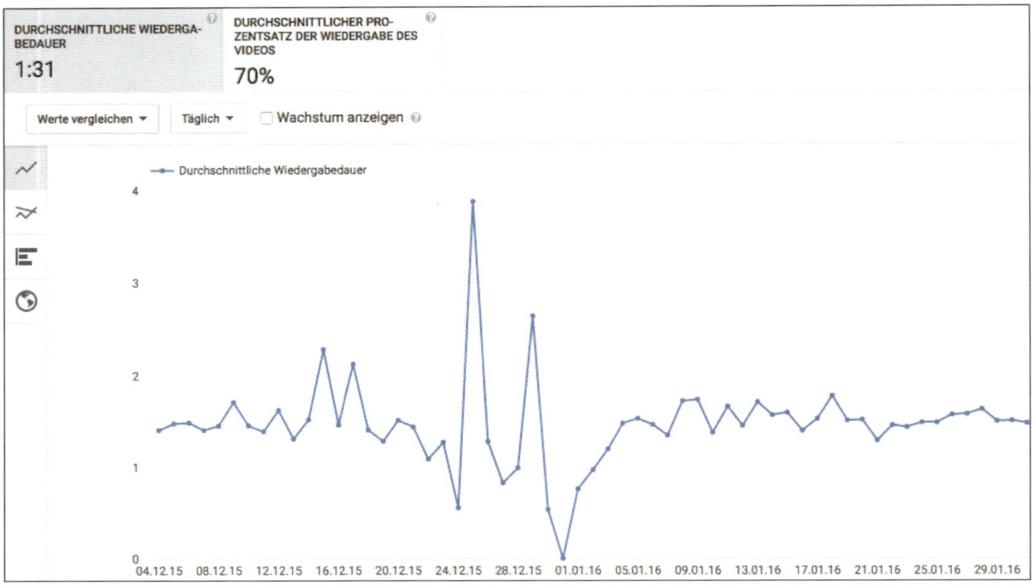

Abbildung 12.12 Achte auf Spitzentage und Peaks.

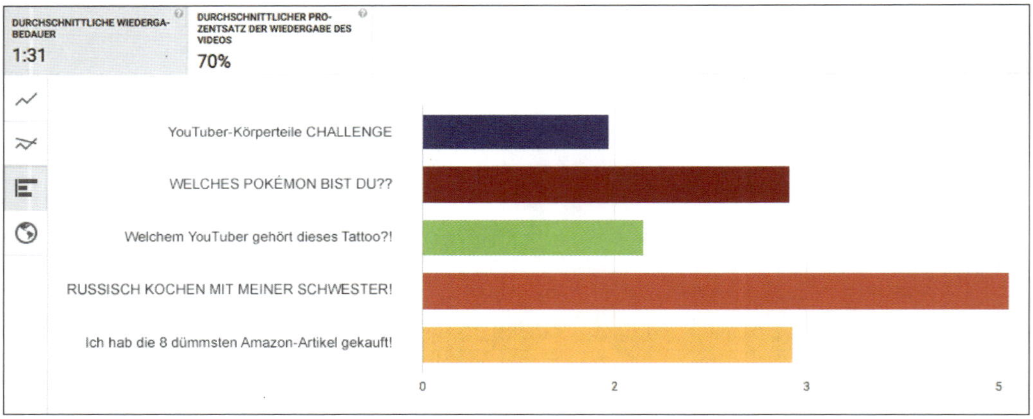

Abbildung 12.13 Diagramme zur Auswertung deiner Videos

Hast du auf den Oberpunkt DURCHSCHNITTLICHE WIEDERGABEDAUER geklickt, sind die Videoaufrufe und die Wiedergabezeiten des gewählten Zeitraums zu sehen. Die zwei Begriffe sind relativ selbsterklärend. Sie beschreiben zum einen, wie viele Videoviews du erreicht hast, und zum anderen, wie viele Minuten deines Contents von allen Nutzern zusammen angeschaut wurden. Die Zahl der Videoaufrufe verrät dir also die genaue Anzahl der Zuschauer deines YouTube-Channels. Die Wiedergabedauer ist jedoch nur ein Durchschnittswert von all deinen Videos. Du weißt also noch nicht, ob einige Videos besonders intensiv geschaut wurden und andere vielleicht weniger. Dazu solltest du dann eine Videoebene tiefer gehen. Hier siehst du, welche Clips deine Bestperformer waren. Neben der Auswahlmöglichkeit verschiedener Diagrammstile kannst du ablesen, wie viele Videoaufrufe du pro Tag hattest (Abbildung 12.13).

Die Zusammensetzung lässt sich nach WÖCHENTLICH, MONATLICH oder GEOGRAFISCH, nach Datum oder nach Untertitel anzeigen. So siehst du zum Beispiel auf der geografischen Übersicht genau, in welchen Ländern oder Städten deine Videos vermehrt konsumiert wurden. Auf der Weltkarte wird noch mal eine schöne ganzheitliche Übersicht dazu geboten (Abbildung 12.14). Dort sind die Länder blau hervorgehoben, bei denen die höchsten Messwerte entstehen – in unserem Beispiel Deutschland.

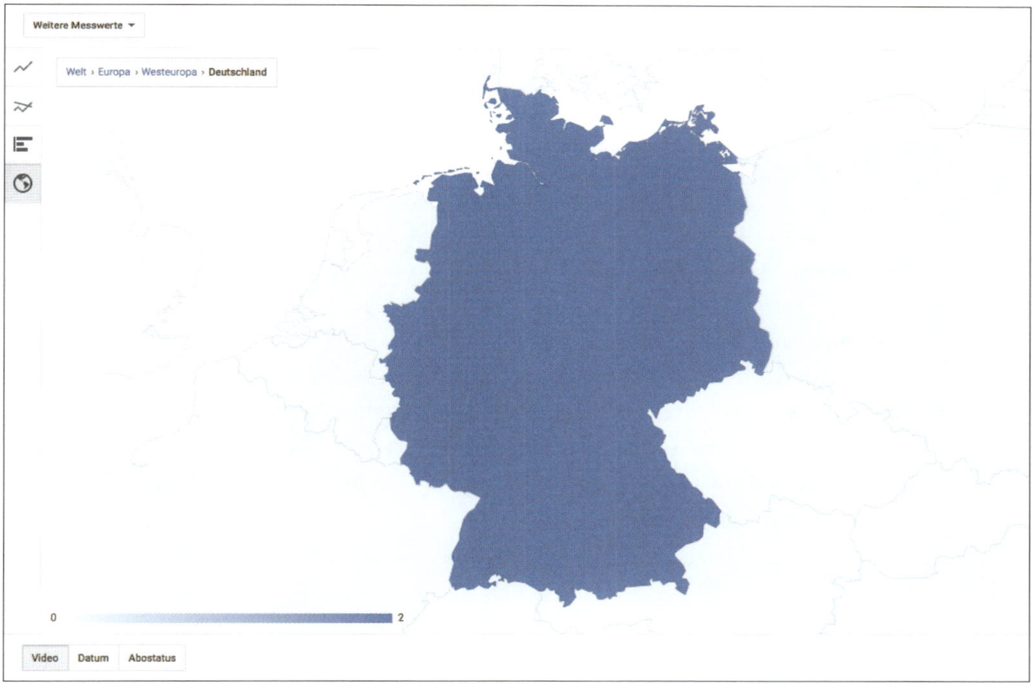

Abbildung 12.14 Eine Karte zeigt das Land mit den höchsten Messwerten.

Nutze die Aufrufzahlen, um ableiten zu können, ob du deine gewünschte Zielgruppe auch erreichst. Zeichnet sich hier der Trend ab, dass zum Beispiel immer eher internationale Zuschauer deine Videos anschauen, solltest du darüber nachdenken, englische Untertitel einzusetzen. Dadurch wird dein Video international verständlicher, und du gehst auf deine erweiterte Zielgruppe ein.

Tipp: Vergleiche deine Daten

Du kannst mit dem Feature VERGLEICHEN mehrere Messwerte oder Videos gegenüberstellen (Abbildung 12.15). Klicke dafür auf VERGLEICHEN bzw. WEITERE MESSWERTE und wähle zwei Werte oder zwei Videos aus, die du vergleichen möchtest. Rufst du zum Beispiel die Aufrufe in Verbindung mit der durchschnittlichen Wiedergabedauer auf, kannst du prüfen, ob das Verhältnis stimmt. Es kann ja sein, dass du sehr viele Zuschauer für ein Video über deine Social-Media-Aktivitäten angelockt hast, das Interesse dann beim Zuschauen jedoch gering war. Das ist dann der Fall, wenn die Aufrufzahl hoch und die Wiedergabedauer niedrig ist. Der entstandene Zuschaueransturm ist dabei vielleicht weniger wertvoll, als von dir gedacht. Das kann für dich zwei Dinge bedeuten: Dein nächstes Video muss spannender werden, oder du musst Zuschauer aus einer anderen Zielgruppe anlocken, die sich mehr für deine Themen interessieren.

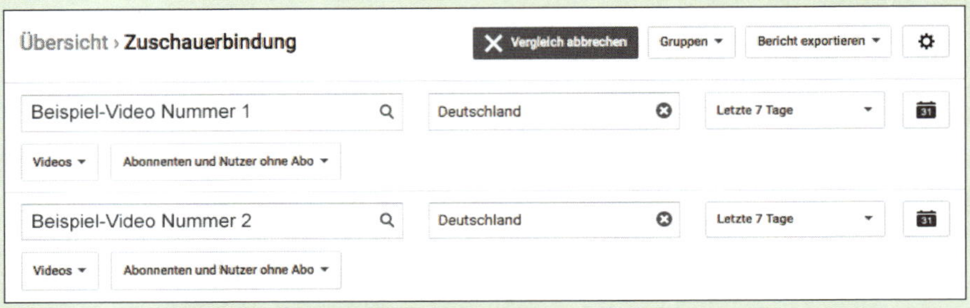

Abbildung 12.15 Den Vergleich zweier Videoclips anzeigen lassen

Wie stark sind deine Videoaufrufe eigentlich generell? Es gibt stärkere und schwächere Videoaufrufe. Es kommt darauf an, wie ein Aufruf entstanden ist, wo er stattfand und wie der Nutzer sich nach dem Aufruf verhalten hat. Das alles kannst du in sechs Unterpunkten unter dem Punkt BERICHTE ZUR WIEDERGABEZEIT ablesen. Die Zuschauerbindung (Abbildung 12.16) gibt dir hierbei Aufschluss darüber, wie lange dein Publikum drangeblieben ist.

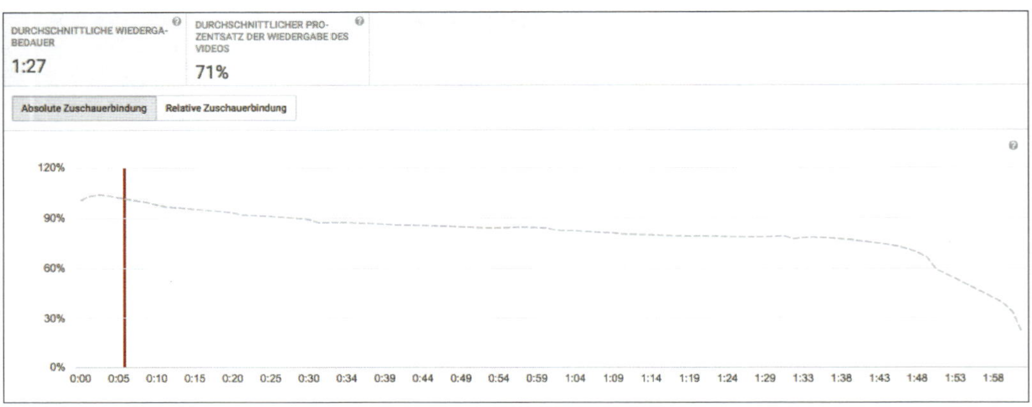

Abbildung 12.16 Zuschauerbindung bei einem Video

Hier siehst du, an welchen Stellen die Nutzer unter- oder überfordert waren. Das Feedback vom Publikum wird dir unverblümt präsentiert. Du kannst hier nämlich sekundengenau einsehen, wann Zuschauer die Wiedergabe eines Videos abgebrochen haben. Der durchschnittliche Prozentsatz der Wiedergabe eines Videos sollte möglichst in Richtung 100 % gehen. Das wäre perfekt. Realistisch betrachtet ist alles über 80 % schon sehr gut. Somit merkst du relativ schnell, wenn zum Beispiel schon das Video-Intro zu langatmig gestaltet wurde. Es ist ganz normal, dass die Kurve am Anfang durchschnittlich sehr hoch ist und dann etwas nach unten abflacht. Es darf aber natürlich nicht passieren, dass ab einem bestimmten Punkt die Absprungschwelle so groß ist, dass alle Nutzer das Video plötzlich verlassen. Wenn deine Fans deine Videos größtenteils bis zum Schluss anschauen, hast du schon ganz viel richtig gemacht.

Sollte die Rate nur bei 30 % liegen, musst du am besten Video für Video durchgehen und aus deinen Fehlern lernen. Woran liegt es? Gibt es Momente in deinen Clips, die Nutzer dazu anregen, wegzuklicken? Wenn ja, wo genau tauchen diese Momente auf? Das kannst du sehen, indem du ein bestimmtes Video auswählst und dir dann die prozentuale Wiedergabe anschaust. Dabei läuft dein Video unten parallel durch, und oberhalb siehst du in der Kurve, wie viele Nutzer nach und nach abgesprungen sind. Gibt es in der Kurve einige Stellen, an denen die Zuschauerzahl rapide absackt? Dann hast du dein Problem aufgedeckt! Schau dir genau an, was du in deinem Video an dieser Stelle gezeigt oder gesagt hast. Oft liegt es einfach an zu langen inhaltlichen Pausen im Video selbst. Verlierst du direkt zu Beginn viele Zuschauer, ist vielleicht dein Intro zu lang und nicht knackig genug.

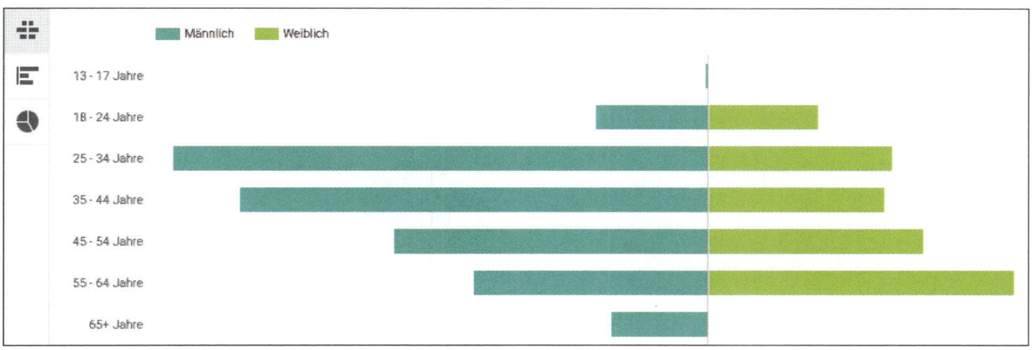

Abbildung 12.17 Vergleich der Geschlechter

Sprichst du eigentlich mehr weibliche oder männliche Zuschauer an? Wenn du dir nicht sicher bist, wen du aktuell mit deinen Videos erreichst, hilft dir ein Blick auf den Abschnitt DEMOGRAFIE (Abbildung 12.17). Dort findest du alle Daten zur Verteilung des Geschlechts und der Herkunft deiner Zuschauer. Sollten dich diese Zahle überraschen, hast du eventuell eine andere Zielgruppe erwartet. Das ist aber kein Problem, denn dafür gibt es YouTube Analytics. Du entdeckst dort wichtige Statistiken für dich und stellst daraufhin deinen Content um. Möchtest du mehr Frauen ansprechen, da du gerade verstärkt Männer erreichst? Dann beginne damit, bereits bei Farben, Emotionen und den Texten femininer zu werden.

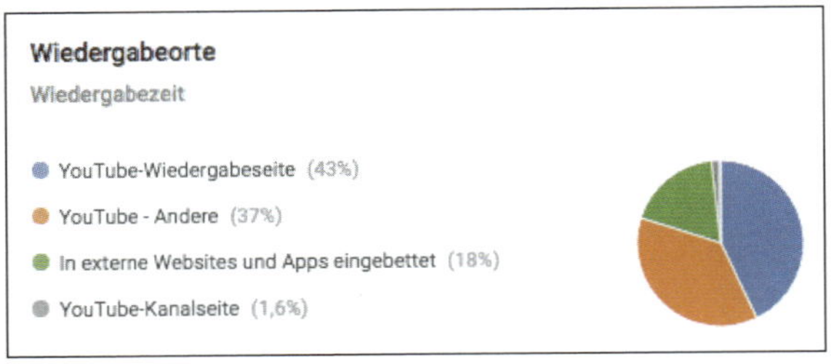

Abbildung 12.18 Orte der Wiedergabe deiner Videos

Die Wiedergabeorte geben dir auch noch Aufschluss darüber, wo deine Videos im Internet abgespielt wurden (Abbildung 12.18). Auf deinem Channel selbst? In externen Apps oder auf Websites eingebettet? Oder ganz klassisch auf der YouTube-Wiedergabeseite? All das erfährst du hier, sortiert nach den meisten Aufrufen. Gibt es eine große Menge Hits über externe Websites, klick diesen Bereich einmal an. Schon erfährst du, auf welchen Websites genau diese Aufrufe in eingebetteten Playern stattgefunden haben. Da du die Quellen jetzt kennst, kannst du diese weiter ausbauen. Vielleicht erhältst du dadurch auch mehr Ideen dazu, auf welchen Portalen, Websites, Blogs oder Foren du deine Videos zusätzlich veröffentlichen kannst? Nur wenn du deine Zahlen gekonnt auswertest und dich damit beschäftigst, kommst du langfristig weiter.

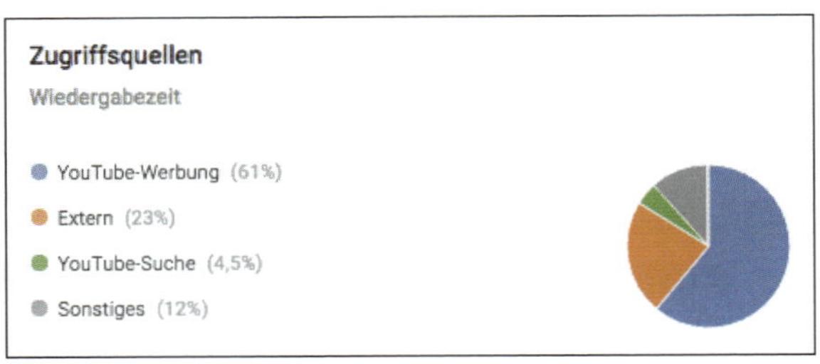

Abbildung 12.19 Übersicht über die Zugriffsquellen für deine Videos

Im Bereich Zugriffsquellen wird es noch etwas differenzierter (Abbildung 12.19). Hier kannst du nämlich sehen, wo deine Zuschauer auf deine Videos geklickt haben. Haben sie dein Video in einer Playlist gesehen, als Videovorschlag erhalten oder durch die Suche in Google oder YouTube aufgerufen? Dann solltest du hier jeweils nachschauen, in welchen Playlists du auftauchst und was die Leute so eingeben, um deine Videos in der Suche zu finden. Klicke einfach jede Zugriffsquelle an und schau dir die Details dazu an. So siehst du zum Beispiel nach dem Klick auf YOUTUBE-SUCHE alle Keywords, die Nutzer eingegeben haben, bevor sie eines deiner Videos gefunden und dadurch angeklickt haben. Das gibt dir ein gutes Gefühl dafür, wo du bereits stark aufgestellt bist und welche Suchbegriffe dir noch fehlen. Bei den externen Zugriffen siehst du alle Websites, über die User auf deine Videos gelangt sind. So kannst du zum Beispiel die Anzahl der Besuche, die über Facebook kamen, gezielt messen. Auf diese Weise hast du einen Anhaltspunkt dazu, wie viele deiner Promotions auf anderen Social-Media-Portalen wirklich etwas gebracht haben.

Tipp für mobile Statistiken

Möchtest du auch unterwegs deine Channel-Statistiken abrufen? Dann wirf doch mal einen Blick auf die App *YouTube Studio* (Abbildung 12.20). Dort kannst du über 50 detaillierte Statistiken einsehen. Zusätzlich gibt es dort auch die Details über die Zugriffsquellen für deine Videos. Die App von YouTube ist sowohl für iOS als auch für Android verfügbar. So kannst du auf deinem Handy auch zwischendurch oder auf Reisen stets kontrollieren, wie es um deine Videoperformance bestellt ist.

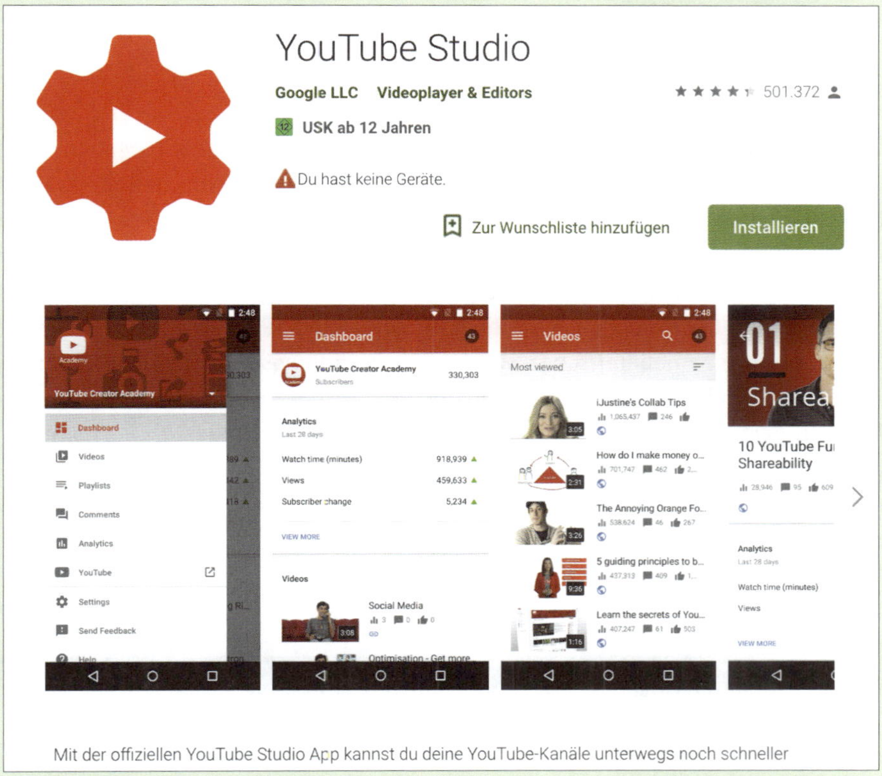

Abbildung 12.20 Mobiler Zugriff auf die Statistiken über die App »YouTube Studio«

Wenn du dich fragst, welche Abspielgeräte deine Zuschauer nutzen, schau einfach mal unter GERÄTE nach. Hier findest du eine Aufschlüsselung der Zugriffe über Computer, Handys und Tablets. Ja, auch Klicks über TV-Geräte und Spielekonsolen werden dir angezeigt. Es gibt immer mehr User, die auf ihren Smart-TVs die YouTube-App nutzen oder über den Browser einer Spielekonsole YouTube-Videos ansehen (Abbildung 12.21). Spätestens jetzt wird dir klar, warum du unbedingt Videos in HD hochladen solltest. Auf einem 40-Zoll-Fernseher sehen deine Clips dann gestochen scharf aus und werden hochauflösend dargestellt. Das ist eine Augenweide für dein Publikum und viel besser, als ein zu kleines und verpixeltes Video zu präsentieren.

Abbildung 12.21 Streamen von YouTube-Videos auf einem TV-Gerät

Werden deine Videos zum Beispiel vermehrt auf Computern wiedergegeben, weißt du, dass sich deine Zuschauer meistens an einem festen Platz befinden. Somit rücken deine Handlungsempfehlungen und Endcards mehr in den Fokus. Der Zuschauer hat Ruhe, Zeit und einen großen Bildschirm, um von dir abgeholt zu werden. Bei Nutzern, die gerade unterwegs sind, gibt es hingegen ganz andere Bedürfnisse. User, die über mobile Geräte deine Videos anschauen, sind aufgrund der oft geringeren Aufnahmebereitschaft weniger für Handlungsempfehlungen empfänglich. Schau daher nach, wo dein Publikum am liebsten deine Inhalte ansieht, und stell dich darauf ein. Ist deine mobile Zuschauerschaft besonders groß, solltest du darauf achten, keine zu kleinteiligen Informationen in deinen Videos zu zeigen. Auf einem kleinen Smartphone-Display könnte man diese dann eventuell nicht so gut erkennen. Setze in diesem Fall lieber weniger Texteinblendungen im Video ein oder gestalte die Schriftelemente möglichst groß und plakativ. Dann erkennt auch der User mit dem kleinsten Display, was in deinem Video los ist.

Tipp: Nutze unterschiedliche Diagrammstile bei der Analyse

Variiere in der Darstellung zwischen Balken-, Linear- und Säulendiagramm. Auch eine Weltkarte kannst du dir einblenden lassen. Somit wird die Ansicht für dich einfacher und eventuell auch logischer in der Darstellung. Durch den Klick auf die Diagrammsymbole in der jeweiligen Rubrik kannst du die Darstellung jederzeit ändern.

12.3 Messbare Nutzerinteraktionen prüfen

In den Berichten zu Interaktionen lernst du die Zahlen der positiven Bewertungen oder Abonnenten kennen, die du durch deine letzten Videos erreicht hast. Das User-Feedback, das du hier ablesen kannst, ist elementar wichtig und spiegelt deinen Erfolg wider. Bewerten die Nutzer positiv und verwöhnen dich mit vielen Abos, hast du einen guten Job gemacht. Vor allem eine große Menge an Interaktionen zeigt YouTube, dass du ein wertvoller Teil der Gemeinschaft bist. Die Plattform belohnt dich dann mit einer großen Sichtbarkeit und hohen Rankings. Animierst du zusätzlich dein Publikum zur Interaktion, zahlt sich das für dich aus (Abbildung 12.22).

Abbildung 12.22 Bewege deine Zuschauer zur Interaktion.

Als Erstes schaust du dir die Abonnentenzahlen mal genauer an (Abbildung 12.23). Hier siehst du immer die Netto-Summe, das heißt alle gewonnenen Abonnenten minus der verlorenen. Besonders starke Tage kannst du ebenso am Diagramm ablesen. So findest du heraus, wann deine Hochzeiten waren. Möchtest du genauer wissen, wie viele Views durch ein bestimmtes Video zustande kamen, kannst du dieses in der Suchleiste oben eingeben. Besonders spannend zu sehen ist, wie viele neue Abonnenten ein einziges Video dann wirklich geliefert hat. Hier liegt die Chance zur Optimierung klar auf der Hand: Sticht ein Video heraus, das für viele Abonnenten gesorgt hat, musst du mehr Videos dieser Machart veröffentlichen. Interessant ist zudem die Quelle, die dir anzeigt, wo die Nutzer zu Abonnenten geworden sind. Auf dem Kanal oder direkt bei einem Video auf der Wiedergabeseite? Das siehst du, einzeln aufgeschlüsselt, im Bereich QUELLE.

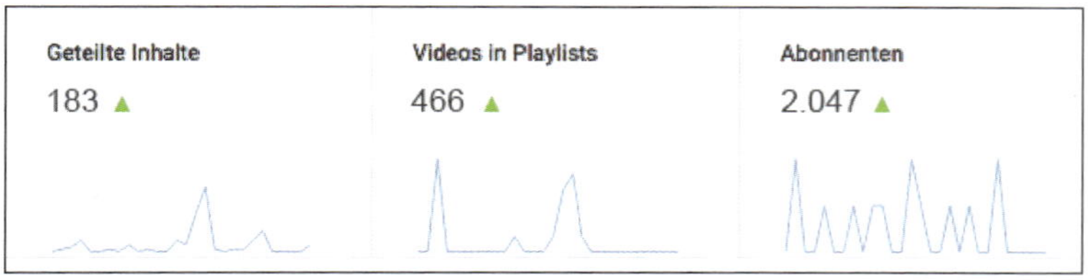

Abbildung 12.23 Interaktionen der User

Im nächsten Abschnitt folgen die positiven und negativen Bewertungen, also ob jemand »Daumen hoch« oder »Daumen runter« für dein Video hinterlassen hat. Hier werden die Bewertungen für alle deine Videos zusammengefasst. Dein Bestreben sollte es sein, dass du mehr positive als negative Bewertungen einsammelst. Falls du mal voll danebenhaust, wie es zum Beispiel Rebecca Black mit ihrem Hit »Friday« passiert ist, dann ist das zwar nicht schön, aber du wirst trotzdem bekannter. Die Faustregel lautet dann: Bad news are good news! Für YouTube ist es im Prinzip egal, wie dich die Zuschauer bewerten. Hauptsache, es wird über dich gesprochen, und du sorgst für Furore. Wie du das Ganze jetzt für dich auskostest, bleibt ganz dir überlassen. Die Entwicklung hat jedoch gezeigt, dass YouTuber, die polarisieren, oft zu den erfolgreicheren ihrer Gattung gehören. Durch den Vergleich mit anderen Messwerten, wie zum Beispiel der Abonnentenzahl, siehst du, ob negative Bewertungen womöglich auch in Verbindung mit verlorenen Abonnenten stehen könnten.

Im Register VIDEOS IN PLAYLISTS verbergen sich die Angaben dazu, wie viele Zuschauer deine Videos zum Beispiel in ihre Favoriten-Playlists aufgenommen haben. Ähnlich dem Bereich der Bewertungen ist dieser Bereich ebenfalls ein Messbarometer für die Nutzerstimmung. Finden viele deinen Clip gut, sahnst du hier auch viele Verlinkungen in fremden Playlists ab. Kontrolliere in der Tabelle, welche Videos von den Nutzern am häufigsten ihren Playlists hinzugefügt wurden. Die drei Videos, die ganz oben in der Tabelle stehen, solltest du zukünftig möglichst in ihrer Machart reproduzieren. Diese Clips bringen dich wirklich weiter.

Klick mal unter TEILEN auf WO WURDE GETEILT?. Dann siehst du, wo deine Videolinks überall eingesetzt wurden. Ob bei WhatsApp, beim Facebook Messenger oder auf Pinterest – überall tauchen deine Clips auf. Neben YouTube sind das die verlängerten Arme, die dir dabei helfen, eine größere Sichtbarkeit zu erzielen.

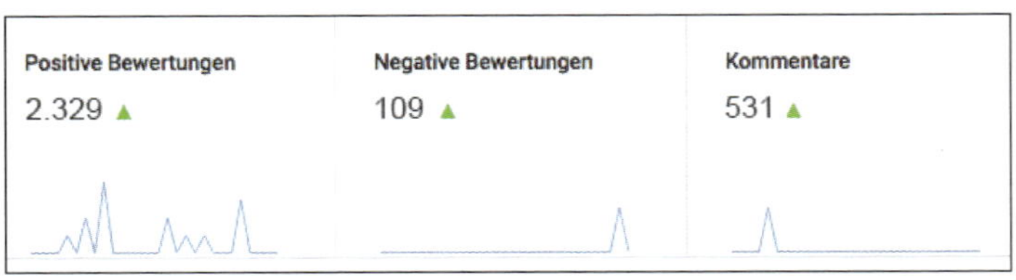

Abbildung 12.24 Positive/negative Bewertungen und Kommentare

In dem Bereich KOMMENTARE (Abbildung 12.24) siehst du nur eine Nummer: die nackte Zahl der Comments. Das ist jedoch etwas unpräzise. Daher solltest du genauer reinschauen und herausfinden: Wie hoch ist die inhaltliche Qualität der Kommentare? Klicke die am stärksten kommentierten Videos mal an und schau nach, was die hohe Beteiligung verursacht hat. Gab es Diskussionen unter deinem Video mit ausführlichen Antworten? Dann ist das super! Die Zuschauer sollen sich im Optimalfall austauschen, denn wir bewegen uns hier ja schließlich auf einem Social-Media-Netzwerk. Zusätzlich solltest du händisch prüfen, wie sich die Kommentare deiner Videos zusammensetzen. Es kann sein, dass hier Spam-Kommentare mitgezählt wurden, die du noch nicht gelöscht hast.

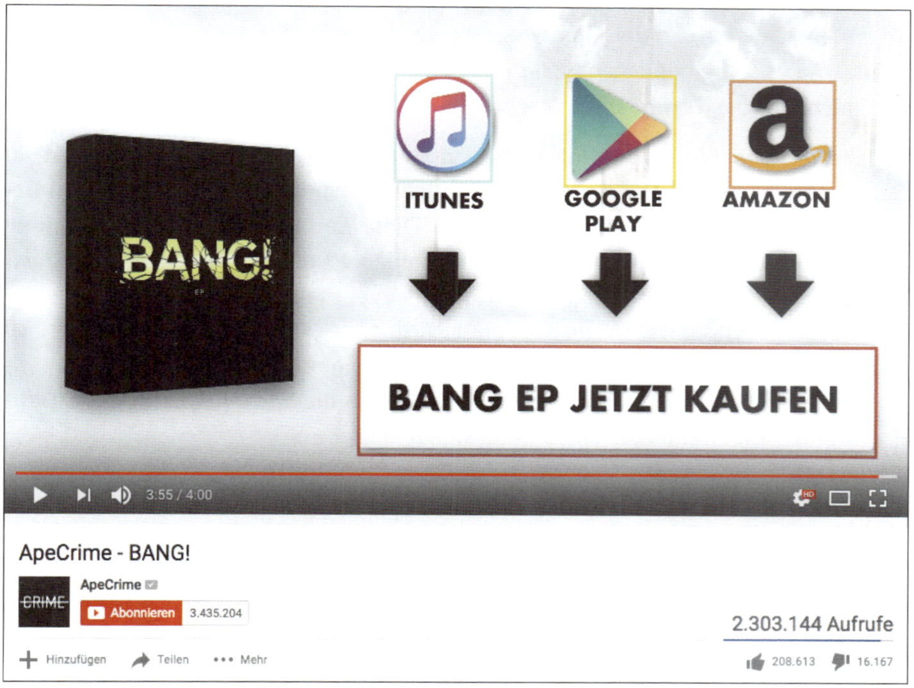

Abbildung 12.25 Schau dir an, wie oft deine Endcard-Links geklickt wurden (www.youtube.com/watch?v=3l5-hHj62mU).

Unter ANMERKUNGEN und INFOKARTEN verbergen sich die Kennzahlen für deine ausgehenden Links (Abbildung 12.25). Hast du eine Endcard an dein Video geschnitten, dann gehst du auf den Bereich ANMERKUNGEN. Dort erfährst du, welche Videos die meisten Klicks auf Anmerkungen und Endcard-Links bekommen haben. Zusätzlich siehst du auch, welche der eingesetzten Links innerhalb eines Videos am häufigsten angeklickt wurden. Dazu rufst du in der Übersicht einfach das entsprechende Video auf. Neben der reinen Klickanzahl zeigt dir die Klickrate, wie viel Prozent des Publikums überhaupt einen Link angeklickt haben. Jetzt solltest du überprüfen, ob deine Anmerkungen, die dir wichtig sind, auch wirklich angeklickt wurden, wie du es wolltest. Falls nicht, ist die Anmerkung vielleicht zu klein und unauffällig in deinem Video positioniert. Setze deinen Fokus auf die wichtigsten Endcard-Links, indem du der Schaltfläche durch Größe, Positionierung und Farbigkeit mehr Prägnanz und Kraft verleihst. Dann solltest du hier auch einen Anstieg der Klicks beobachten können.

Unter INFOKARTEN siehst du die Klicks auf alle eingesetzten Infokarten in deinen Videos. Genau wie bei den Anmerkungen wird der Klick auf die Infokarte selbst gemessen. Zusätzlich siehst du hier aber auch die Vorstufe davon: Wie viele Leute haben auf den Infokarten-Teaser geklickt? In der Übersichtstabelle kannst du dann noch mal genau pro eingesetzte Infokarte diese Werte im Detail einsehen. Das hilft dir, zu entscheiden, ob der Einsatz der Infokarte in einem Video sinnvoll war oder nicht. Und es sollte besser sinnvoll sein, da dies ja der Sinn der Endcard ist – vergiss also auch hier das Optimieren nicht!

Behalte die Berichte zu den Interaktionen immer im Auge, denn hier erhältst du direktes Nutzer-Feedback. Falls du ungeduldig bist, probiere mal den Bereich BERICHTE IN ECHTZEIT aus (Abbildung 12.26). Diese Seite wird alle zehn Sekunden automatisch aktualisiert und zeigt dir live Zahlen zu deinen Videoaufrufen. Zwar handelt es sich nur um geschätzte Aufrufe, da eventuell noch Fake-Klicks abgezogen werden und die Zahl dann korrigiert wird, aber es ist dennoch spannend. Zu sehen sind die Aufrufe der letzten 48 Stunden sowie die Hits der letzten 60 Minuten. In einem Säulendiagramm siehst du dann auch die Spitzen, die für das besonders starke Aufkommen an Videoklicks stehen.

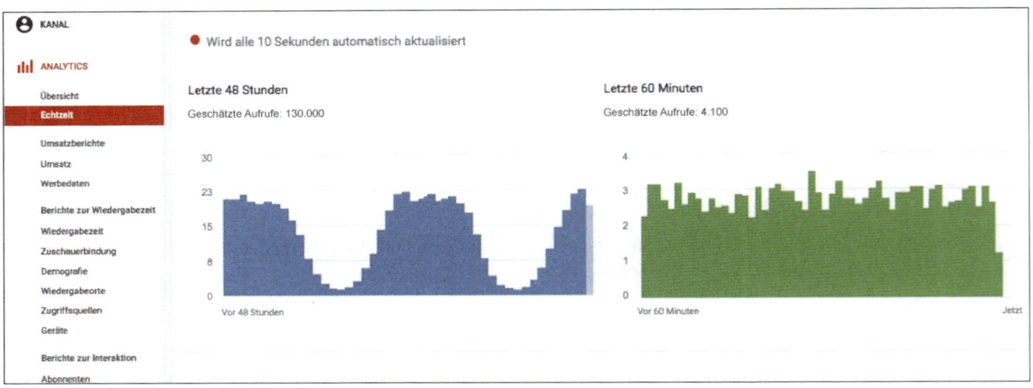

Abbildung 12.26 Echtzeitstatistiken

Das Plug-in *VidIQ* kann als Zusatz sehr hilfreich sein. Hier erhältst du einen Einblick als Quickview in die wichtigsten Kennzahlen (Abbildung 12.27). Das Besondere: Du kannst somit auch die Konkurrenz analysieren. Du siehst neben den Views die Shares und Likes auf Facebook für ein bestimmtes Video oder den geschätzten erzielten Umsatz des YouTubers mit diesem Clip. Installierst du das Plug-in im Chrome-Browser, siehst du zukünftig bei allen YouTube-Videos direkt die Datenanalysen. Voraussetzung dafür ist, dass du dir ein kostenfreies Benutzerkonto bei VidIQ unter der URL *http://app.vidiq.com/register* anlegst.

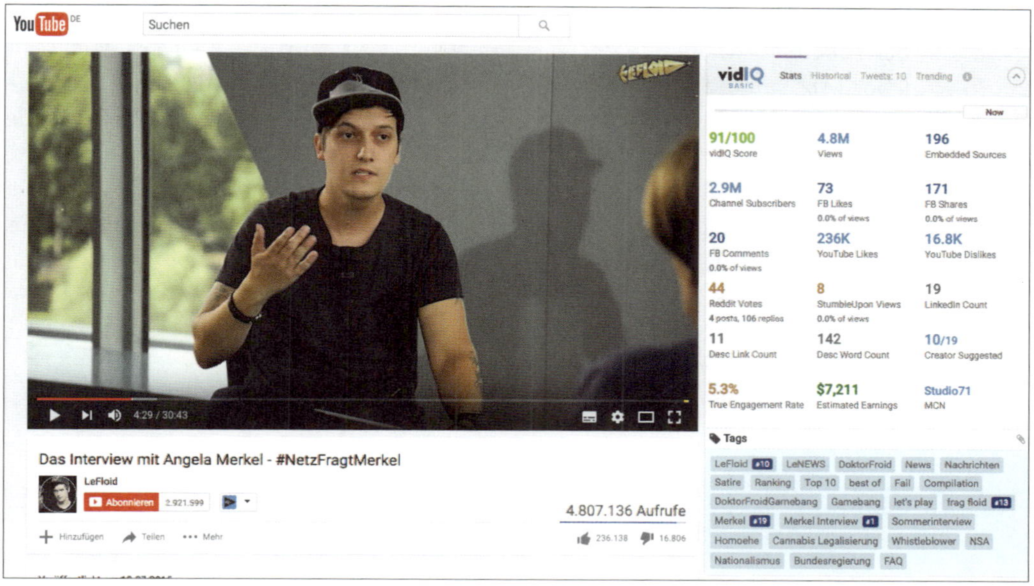

Abbildung 12.27 Plug-in »VidIQ« für den Chrome-Browser (https://chrome.google.com/webstore/detail/vidiq-vision-for-youtube/pachckjkecffpdphbpmfolblodfkgbhl?hl=de)

Trage dir am besten eine Erinnerung in deinen Kalender ein, damit du dir regelmäßig die Daten anschaust. Alle vier Wochen empfehle ich dir als maximalen Abstand zwischen deinen Checks. Erledigst du deine Hausaufgaben hier besonders gut, hast du zukünftig mehr Potenzial, um mit deinen Videos erfolgreich zu sein und deine Fanbase auszubauen. Von Zeit zu Zeit veröffentlicht YouTube hier neue Statistiken, die sich analysieren lassen. Eine Kennzeichnung mit dem Vermerk NEU zeigt dir dann an, welche Kennzahlen neu dazugekommen sind.

Abbildung 12.28 YouTube Analytics ist dein Testlabor.

Grundsätzlich kann man sagen, dass dir Erfolge und auch Misserfolge transparent bei YouTube Analytics angezeigt werden. Dabei ist YouTube Analytics dein Testlabor (Abbildung 12.28). Nur wenn du regelmäßig reinschaust, kannst du deine Videoinhalte verbessern. Konzentriere dich stets darauf, deine Topvideos frühzeitig zu erkennen. Die Erkenntnisse dazu, warum ausgerechnet diese Videos top sind, kannst du dann auf schwächere Videos übertragen. So wirst du nach und nach immer besser. Es spielen so viele Faktoren eine Rolle, die eine reine Bewertung aus dem Bauch heraus nicht zulassen. Daher solltest du die wichtigsten Parameter für den Gesamterfolg deines Channels *immer* im Auge behalten.

13 Dein individueller Masterplan!

Ein gut strukturierter Plan hilft dir, in der YouTube-Welt Fuß zu fassen. Dieses Buch wurde quasi wie ein Masterplan konzeptioniert. In jedem Kapitel lernst du aufeinander aufbauend Wissenswertes dazu. Wenn du alle Kapitel selbst umgesetzt hast, hast du alles gelernt, was ich dir auf deinem Weg zu einem erfolgreichen YouTuber mitgeben konnte.

Man muss wissen, wie man Videos gezielt für YouTube produziert, dessen Inhalte interessant gestaltet und somit die Zielgruppe richtig anspricht. Auch die Technik spielt eine große Rolle. Es geht mit der Wahl der Kamera los und reicht bis zum technisch optimierten Upload auf YouTube. Auch die Community möchte mit einbezogen werden. Ein guter YouTuber steht immer im Dialog mit dem Publikum und nie im Monolog. Fragen der Fans müssen beantwortet werden, und eine Verzahnung mit der Zielgruppe über weitere Social-Media-Kanäle ist Pflicht. Auch die Vernetzung mit anderen bekannten YouTubern als Multiplikatoren kann dienlich sein.

Aber jetzt kommt die Wahrheit: Für einen einzelnen Menschen, der Anfänger ist und täglich einem »normalen« Beruf nachgeht, ist dieser Berg an Aufgaben und dieser intensive Zeitplan eher realistisch für die Produktion von maximal einem Video pro Woche. Gut zu wissen! Wie viele Videos möchtest du denn gern hochladen, damit die Zuschauer dranbleiben? Wie viel Zeit brauchst du für Themenrecherche, Videovorbereitung, Dreh, Videoschnitt, Upload, Channel-Pflege und Nachbearbeitung? Diese Fragen sind der Anfang deines individuellen Masterplans, für den du dir dann Zeit in der Umsetzung nehmen musst.

Ich kann dir nur aus meiner Erfahrung Tipps geben und Tricks zeigen, aber den Weg musst du selbst gehen, damit du genau solche Fragen über dich selbst beantworten kannst. Dann erst kannst du deinen individuellen Masterplan erstellen und begreifst, was die Reduktion dieses komplexen Themas bedeutet. Ich helfe dir beim Treppensteigen – im wahrsten Sinne des Wortes –, nach oben zum großen Ziel: YouTube-Star. Im Grunde musst du lediglich jede Station dieses Buchs tatsächlich einmal mit deinen eigenen Videos gehen, dann hast du den gesamten Überblick über die Materie erlangt. Ich habe die Themenwelt dieses Buchs nämlich in drei grobe Themenblöcke eingeteilt (Abbildung 13.1). In den ersten drei Kapiteln geht es um den Inhalt deiner Videos und wie du es schaffst, eine Marke zu definieren und aufzubauen. Da geht es um das Herausarbeiten deiner Talente und das Finden des richtigen Themas. Dies ist quasi gleichzusetzen mit deiner »zweiten Geburt« als potenzieller Künstler oder zunächst erst mal als Vlogger. Nimm dir die Zeit, die du brauchst, um dich zu finden und auszuprobieren, das wird dich selbstsicherer machen, und du lernst dich besser kennen als jemals zuvor. Deine Person ist die Basis deines Erfolgs, deswegen ist dieser Schritt so wichtig, bevor man Videos professionell produziert. Wenn du hier zu einem Ergebnis kommst, hast du den Anfängerstatus erreicht, denn du weißt schon mal, wie man ein solches Projekt überhaupt angeht und die Zielgruppe dabei nicht aus den Augen verliert.

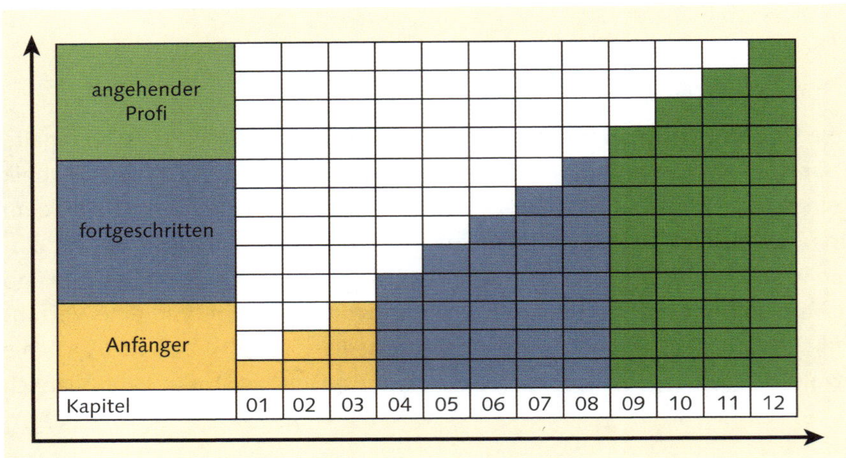

Abbildung 13.1 Stationen des Wissens in diesem Buch

Fortgeschrittenes Wissen hast du erlangt, wenn du Kapitel 4, »Mein erster eigener Channel!«, bis Kapitel 8, »Zeig es der Welt! – Der erste perfekte Video-Upload«, abgeschlossen hast, dann weißt du nämlich ganz genau, wie du deine Produktion durchziehen kannst und die Technik richtig anwendest. Du hast dann erfolgreich deinen ersten Channel aufgebaut, und zwar so, dass du deine Konkurrenz ausstichst, denn du hast ein schönes Zuhause für deine Videos und kannst nach außen hin mit deinem eigenen YouTube-Kosmos glänzen.

Du kannst jetzt Videos so effizient wie möglich produzieren nach dem Motto »einfach und cool«, ohne daraus eine Wissenschaft zu machen. Deine Videos sind dann so geschnitten, dass sich deine Nutzer nicht langweilen, dass Entertainment ausgelöst wird – und on top noch mit coolen Übergängen. Du hast gelernt, mit einfachen Mitteln große Wirkung zu erzielen! Und diese kannst du auch endlich verbreiten, da du Videos perfekt Keyword-optimiert hochladen kannst, anstatt nur auf den Upload-Button zu drücken. Du hast also verinnerlicht, deine Videos zu planen und zu produzieren, ohne dass dir deine ganzen Töpfe auf dem Herd anbrennen. Jetzt bist du ein fortgeschrittener YouTuber und weißt schon ganz gut, was du tust.

Aber du kannst dich nicht verbessern, wenn du deine Videos nicht perfekt nachbereitest und analysierst. Dieses Wissen habe ich dir in Kapitel 9, »Pimp deine Videos für mehr Reichweite«, bis Kapitel 12, »Durch Kontrolle der Zahlen dauerhaft erfolgreich sein«, vermittelt. Du musst die Potenziale, die dir YouTube bietet, auch wenn es ein starres Grundraster ist, komplett ausschöpfen, also versuchen, jede kleine Stellschraube richtig zu drehen, damit du perfekt aufgestellt bist. Und vergiss niemals deine Community! Die Fans sind dein Lebenselixier und wollen unterhalten werden. Du musst dich ganzheitlich im Netz aufstellen und die Masse dort erreichen, wo sie nach dir sucht.

Alle Social-Media-Kanäle müssen ebenso in deine Planung einfließen, und es muss sogar noch zusätzliches Material produziert werden, um Abwechslung auf allen Netzwerken zu bieten. Dann erst kannst du Geld verdienen und eines Tages YouTube-Partner werden. Wie du mit deinen Videos Geld verdienst, ob mit *Monetarisierung*, *Merchandise*, *Sponsoring* oder *Product-Placement*, ist im Grunde egal, Hauptsache, es passt zu dir und du kennst auch die rechtlichen Fallstricke dahinter.

Es bleibt dir also nichts anderes übrig, als dir richtig Mühe bei der Analyse und Auswertung deiner Videos zu geben, denn nur so kannst du besser werden und bist endlich angehender Profi im Bereich YouTube. Nun ist es auch nicht mehr verwunderlich für dich, dass virale Clips weit über eine Milliarde Aufrufe erzielen können – theoretisch! Mit einer cleveren Idee und geschickter Umsetzung gelangt ein Video schnell zu weltweiter Bekanntheit.

Und nun kommst du! Greif nach deinem YouTube-Stern und erfülle dir deinen lang ersehnten Traum! Ich drücke dir die Daumen und stehe dir in diesem Buch immer wieder gern zur Seite!

14 Immer up 2 date – die besten YouTube-Quellen im Internet

Bist du hier angekommen, hast du viel gelesen und hoffentlich auch viel gelernt. Du weißt nun bestens über YouTube Bescheid, doch die Plattform befindet sich stets im Wandel. Deshalb solltest du nun nicht aufhören, dich weiterhin mit den Hintergründen zu beschäftigen. Damit dir das gelingt, verraten wir dir zum Schluss noch die besten Quellen und Geheimtipps zum Thema YouTube!

Um als YouTuber auch langfristig Erfolg haben zu können, musst du dauerhaft am Ball bleiben. Regelmäßig kündigt YouTube neue Funktionen an, die dir dabei helfen können, deinen Kanal noch weiter voranzubringen. Weißt du zuerst darüber Bescheid, kannst du dir einen Vorteil verschaffen und womöglich deutlich mehr neue Zuschauer für dich gewinnen.

Damit du stets auf dem aktuellen Stand bleibst, reicht es aus, folgende Quellen im Blick zu behalten. YouTube-Mitarbeiter und Experten verraten dir an diesen Stellen im Internet alles über die aktuellen Neuerungen bei YouTube – so bist du stets top informiert!

14.1 YouTubes Blogs – Informationen aus erster Hand

Die erste Anlaufstelle sind natürlich die hauseigenen Blogs, auf denen YouTube alle großen Neuerungen mit einem eigenen Artikel ankündigt. Bei diesen Informationen aus erster Hand kannst du dir stets sicher sein, dass sie zu 100 % der Wahrheit entsprechen und alle wichtigen Details enthalten. Rund ein bis zweimal im Monat erscheinen hier neue Beiträge.

Als deutschsprachiger YouTuber solltest du stets das deutsche YouTube Creator Blog (Abbildung 14.1) im Blick behalten. Dort werden alle Informationen veröffentlicht, die für YouTuber im deutschsprachigen Raum von Bedeutung sind. Sobald beispielsweise neue Funktionen auch in Deutschland ausgerollt werden, erfährst du das hier.

Ist dir das aber nicht genug und willst du noch mehr wissen, kann sich auch ein Blick in das englische Official YouTube Blog lohnen. Da neue Funktionen häufig zuerst in den USA veröffentlicht werden, erfährst du dort bereits früher von ihnen. Außerdem veröffentlicht YouTube hier auch gelegentlich Pressemitteilungen, die oft interessante Statistiken zur Plattform enthalten.

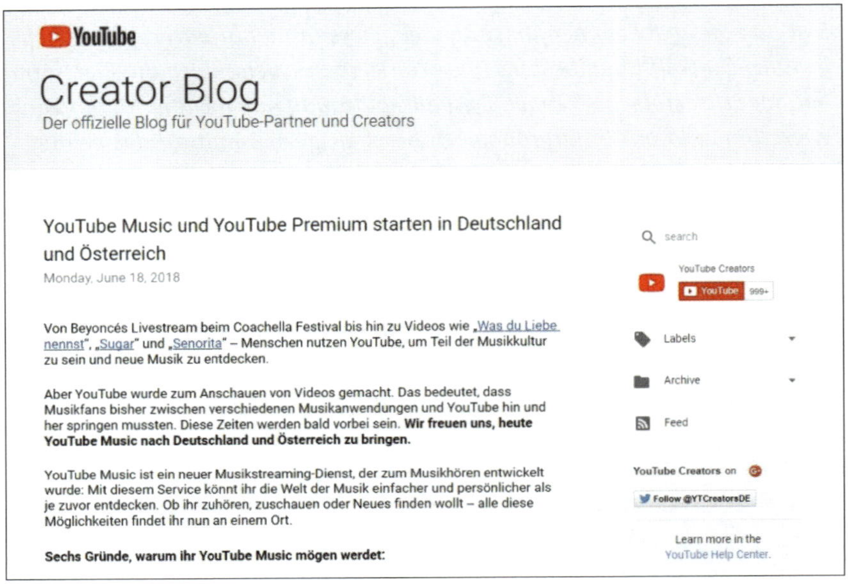

Abbildung 14.1 Alle Neuerungen bei YouTube findest du im deutschen Creator Blog (https://youtube-creators-de.googleblog.com/)

14.2 Tubesights, Tubefilter & Co. – News, Analysen und Tipps & Tricks

Doch nicht nur YouTube selbst berichtet über die Neuerungen auf der eigenen Plattform, auch unabhängige Blogs nehmen sich der Themen an und halten dich stets auf dem aktuellen Stand. Auf Webseiten wie Tubesights (Abbildung 14.2) erfährst du alles Wissenswerte rund um YouTube und darunter auch, welche neuen Funktionen gerade eingeführt werden.

Dabei stellen die YouTube-Experten die neuen Funktionen nicht nur vor, sondern geben dir gleich auch erste Tipps dazu, wie du sie einsetzen kannst, um deinen Kanal zu verbessern. Außerdem kannst du dich an ihrer Einschätzung orientieren, um zwischen wichtigen und für dich eher unwichtigen neuen Features zu unterscheiden. Denn nicht jede neue Funktion ist es wert, viel Zeit zu investieren, um sie direkt nach ihrem Start bereits zu verwenden!

In weiteren Artikeln stellen dir die unabhängigen YouTube-Blogs neue YouTube-Funktionen bereits vor, bevor sie überhaupt veröffentlicht wurden. Denn wie es für große Firmen üblich ist, entweichen auch bei YouTube gelegentlich ungewollt geheime Informationen, die letztendlich zu mehr oder weniger konkreten Gerüchten führen. Diese zu verfolgen, kann Spaß machen und stärkt dein Wissen über die Plattform nur noch mehr.

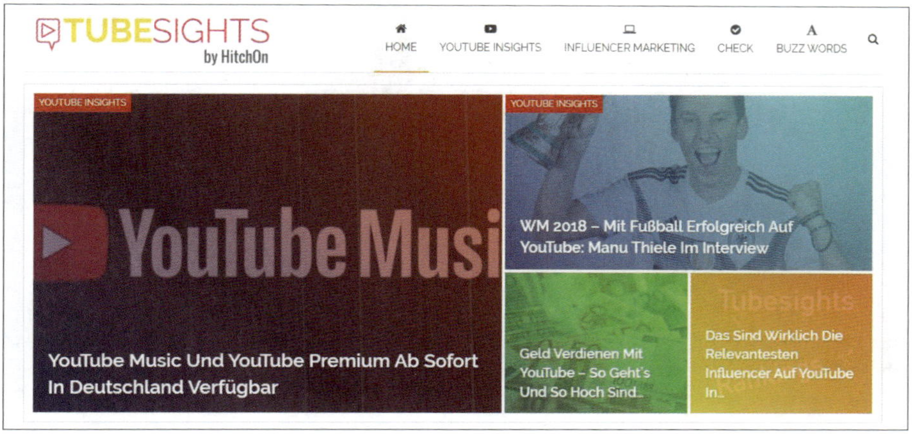

Abbildung 14.2 Infos über neue YouTube-Funktionen, Tutorials und Interviews findest du bei Tubesights (https://tubesights.de/).

Zu guter Letzt veröffentlichen die unabhängigen Blogs immer wieder auch interessante Interviews mit bekannten YouTube-Größen, von denen man als kleiner YouTuber durchaus noch etwas lernen kann. Den gleichen Effekt erzielen auch die zahlreichen Tutorials sowie Artikel mit Tipps & Tricks rund um verschiedene YouTube-Themen. Möchtest du dich beispielsweise noch einmal intensiver mit der Erstellung des perfekten Thumbnails oder der Funktionsweise des YouTube-Algorithmus beschäftigen, findest du in den unabhängigen Blogs verständliche und lehrreiche Artikel dazu.

Als deutschsprachiges Blog kann ich dir die bereits angesprochene Webseite Tubesights.de empfehlen. Hast du kein Problem damit, Artikel auf Englisch zu lesen, kannst du auch einmal einen Blick auf Tubefilter.com werfen.

14.3 Creator Insider – stets zuerst informiert!

Zu guter Letzt habe ich noch einen Geheimtipp für dich, der dir als aufstrebender YouTuber Zugang zu zahlreichen Hintergrundinformationen ermöglicht:

Der YouTube-Kanal Creator Insider (Abbildung 14.3) wird nämlich von YouTube-Mitarbeitern betrieben, die mehrmals pro Woche vor der Kamera über ihre Arbeit an der Plattform berichten. In den Videos erfährst du daher selbst von den kleinsten neuen Funktionen und sogar von Änderungen am YouTube-Algorithmus. Dieses neu gewonnene Wissen kannst du dann direkt verwenden, um deinen Kanal noch weiter zu optimieren und weitere Zuschauer zu gewinnen!

Abbildung 14.3 Auf dem YouTube-Kanal Creator Insider (www.youtube.com/channel/UCGg-UqjRgzhYDPJMr-9HXCg/) gewähren YouTube-Mitarbeiter unübertroffene Einblicke in die Funktionsweise der Videoplattform.

In regelmäßigen Abständen holt sich der Moderator Tom zudem Mitarbeiter aus verschiedenen anderen Bereichen bei YouTube auf die Couch und reicht Fragen aus der Community in einem Interview an sie weiter. Die Antworten verraten häufig bislang noch unbekannte Informationen zur Funktionsweise von YouTube, die oft auch eine praktische Relevanz besitzen. Beteiligst du dich in den Kommentaren der Videos und stellst dort die Fragen, die dir auf der Brust brennen, bekommst du zudem mit etwas Glück eine Antwort darauf.

Allgemein pflegt man bei Creator Insider nämlich einen engen Kontakt zur eigenen Community und holt sich gerne auch einmal deren Meinung zu geplanten YouTube-Features ein. Verfolgst du den Kanal regelmäßig und nimmst an den Diskussionen teil, kannst du auf diese Weise sogar die Zukunft von YouTube mitbestimmen!

Abgesehen davon, dass auch für diese Quelle gute Englischkenntnisse Pflicht sind, ist Creator Insider jedem YouTuber zu empfehlen, unabhängig von seiner Größe und Erfahrung. Wirklich jeder kann hier noch etwas lernen! Willst du das Maximum aus deinem eigenen YouTube-Kanal herausholen, solltest du den YouTube-Mitarbeitern definitiv ein Abo dalassen und dir die Videos regelmäßig ansehen. Aktuell handelt es sich hierbei nämlich um die wohl beste verfügbare Informationsquelle rund um YouTube-Themen!

A Was du rechtlich alles beachten musst

Jetzt geht's los! Stopp nein – hier noch sehr wichtige Tipps, die du unbedingt vor der Produktion bzw. Veröffentlichung deiner ersten Videos lesen solltest!

Niklas Plutte schreibt über Rechtsfragen, die YouTuber beachten müssen

Rechtsanwalt Niklas Plutte ist Fachanwalt für gewerblichen Rechtsschutz. Seine Mainzer Kanzlei berät seit zehn Jahren bundesweit sowie international Unternehmen in allen Fragen des Online-Rechts. Er ist Mitautor mehrerer Bücher (z. B. zu Online Marketing, Urheberrecht und Abmahnungen) sowie seit Jahren Speaker auf zahlreichen Konferenzen der Internetbranche. Seit Anfang 2018 ist Niklas Plutte außerdem Gründer und Geschäftsführer des Legal-Tech-Startups avalex, das automatisch rechtssichere Datenschutzerklärungen für Webseiten vertreibt.

A.1 Top 10 der Rechtsfallen für angehende YouTuber

Mit dem Button UPLOAD betrittst du automatisch die Welt, in der man salopp gesagt vor Gericht gezerrt werden kann. Es geht um Rechte, die entstehen oder verletzt werden können, um Schleichwerbung und grundsätzliche Regeln zu Inhalten, die auf YouTube gezeigt werden dürfen oder eben nicht. Auch auf die Frage, ab wann das, was du tust, als Job zu betrachten ist, geben wir dir Antwort. Dies ist also quasi ein abschließendes »Schutzengel-Kapitel« mit einigen Tipps auf deinem Flug nach ganz oben, damit du zwischendurch nicht tief fällst, weil du dich angreifbar gemacht hast. In diesem Sinne einen guten Flug!

1

Rundfunklizenz (Rundfunkstaatsvertrag)

»Dicker Mann ist jetzt Fernsehsender« betitelte der bekannte Let's-Player Erik **Gronkh** Range (ca. 5 Millionen Abonnenten) den Umstand, dass er nach einer Abmahnung der Landesmedienanstalt NRW seit Januar 2018 für seine Streaming-Kanäle eine Rundfunklizenz erwerben musste.

Eine Rundfunklizenz kostet zwischen 1.000 und 10.000 €. Sie ist notwendig, wenn bei einem YouTuber die folgenden Voraussetzungen gemeinsam vorliegen:

1. Es wird live gestreamt, oder der Upload der Videos erfolgt nach einem festen Muster (*Sendeplan*).
2. Die Videos erreichen regelmäßig *500 Views oder mehr*.
3. Die Videos sind *journalistisch gestaltet*.

Wie man sieht, sind die Hürden vergleichsweise niedrig. Deswegen erwischte es auch viele YouTuber, die damit nicht gerechnet hatten.

2 Urheberrechtlich geschützte Hintergrundmusik

Die YouTuberin Michelle Phan (knapp 9 Millionen Abos) unterlegte ihre Schminktipp-Tutorials mit Musik von Ultra Records. Als ihre Videos 2014 die 50-Millionen-Klickmarke erreichten, wurde sie vom Label in den USA verklagt.

Phan sollte pro verwendeten Track 150.000 € zahlen. Die YouTuberin erhob daraufhin Gegenklage. Ein Jahr später wurden beide Klagen zurückgezogen, weil man sich geeinigt hatte. Wie die Einigung aussah, bleibt zwar ein Geheimnis, dass Michelle Phan aber überhaupt auf Augenhöhe mit einem großen US-Label verhandeln konnte, hatte sie ihren vielen Fans zu verdanken.

3 Schleichwerbung

Uwe Schüder alias **Flying Uwe** (1,3 Millionen Abonnenten) musste ein Bußgeld in Höhe von 10.500 € an die Medienanstalt Hamburg/Schleswig-Holstein zahlen. Trotz mehrfacher Hinweise hatte er keine *Dauerwerbesendung*-Kennzeichnung in seine YouTube-Videos eingefügt, in denen er Produkte bewarb.

Flying Uwe übersah, dass die Pflicht zur Werbekennzeichnung auch für eigene Produkte gilt. Die beworbenen Artikel (Fitnesskleidung und Nahrungsergänzungsmittel) stammten von einem Unternehmen, das er selbst als Geschäftsführer leitet.

Doch auch für Telemedien gilt der Werbegrundsatz, dass Dauerwerbesendungen von Anfang an gekennzeichnet werden müssen, wenn es sich um fernsehähnliche Inhalte handelt.

Eine Anleitung dazu, wie du Werbung zu markieren hast, findest du in Abschnitt A.3.2.

4 Verbotene Inhalte auf YouTube

Valentin Matthias **Sarazar** Rahmel hat mehr als 2 Millionen Abonnenten und ist damit unter den Top 40 der deutschsprachigen YouTube-Kanäle. Normalerweise produziert er sehr erfolgreiche Let's Plays von angesagten Spielen. Bei dem PS2-Spiel »Fahrenheit« wurde ihm jedoch eine Pixel-Sex-Szene zum Verhängnis.

Aufgrund mehrerer Nutzermeldungen versah YouTube zwei seiner Videos mit sogenannten »Strikes«. Einen Strike bekommt man ansonsten hauptsächlich für Urheberrechtsverletzungen. Möglich ist dies aber auch bei Inhalten, die gegen die YouTube-Richtlinien verstoßen.

Wie man es vom Baseball kennt, ist nach drei Strikes Schluss. Sarazar legte daher eine Pause ein, bis das Problem behoben war. Hätte er einen weiteren Strike kassiert, wäre sein Kanal automatisch gesperrt worden. Einen YouTube-Kanal wiederherstellen zu lassen, ist sehr viel komplizierter, als gegen die ersten beiden Strikes vorzugehen.

5 Netzwerke und Manager

Fritz Wagner ist vielleicht selbst nicht so bekannt wie sein YouTube-Hit »Thüringer Klöße« (8 Millionen Klicks). Er hat aber dasselbe Problem wie z. B. Simon **Unge** Wiefels vor vier Jahren. Beide haben Verträge abgeschlossen, die sie eigentlich bei ihren Projekten unterstützen sollten. Beide waren aber unzufrieden und wollten sich von ihrem jeweiligen Vertragspartner lösen. Die Gegenpartei bestand jedoch darauf, dass die Verträge einzuhalten sind nach dem rechtlichen Grundsatz »pacta sunt servanda«.

Während Unge seine Kanäle mit 2 Millionen Abos (und mehr als 30 Millionen Klicks im Monat) aufgab und alles neu aufbaute, wird Wagner vor Gericht verklagt und versucht im Gegenzug, seinen Vertrag wegen Sittenwidrigkeit anzufechten. Sein Anwalt begründet dies damit, dass der Vertrag für den Künstler nicht »rentabel« sei. Inwieweit er Erfolg hat, bleibt abzuwarten. Die Fälle zeigen aber: Man muss sich seine Geschäftspartner gut aussuchen. Sind Verträge unterschrieben, kommt man nur schwer wieder davon los.

6 Geschmacklose Inhalte

Logan Paul hat 17 Millionen Abos und gehört seit Januar 2018 nicht mehr zu »Google Preferred«. Was war geschehen?

Paul hatte zuvor aus Japan berichtet, wo er an Silvester im berüchtigten Aokigahara-Wald war. Dieses Gebiet ist bekannt für seine zahlreichen Selbstmorde. Als die Crew den Wald durchforstete, fand sie eine Leiche, die an einem Baum hing, und filmte die Szenerie. Dass dieses Verhalten über alle Maßen pietätlos ist und die Menschenwürde (bzw. hier das »postmortale« Persönlichkeitsrecht) verletzt, muss nicht besonders erwähnt werden. YouTube sah das genauso und beendete nach einer Welle der Entrüstung prompt die Zusammenarbeit mit Logan Paul. Über Geschmack lässt sich nicht immer streiten.

7 Strafrechtliche Äußerungen

Der Schwede Felix Kjellberg hat mit 63 Millionen Abos den größten privaten Kanal auf YouTube. Nicht zuletzt durch sein forsches Auftreten und seine provokante Art schaffte **PewDiePie** es wie kein zweiter YouTuber, Aufmerksamkeit und Reichweite zu generieren. Dieses Verhalten wurde ihm jedoch zum Verhängnis, als er mehrfach über die Stränge schlug: Im Januar 2017 bezahlte er zwei Männer dafür, ein Schild mit der Aufschrift »Death to all Jews« hoch zu halten. Im September 2017 beschimpfte er im PC-Spiel Player's Unkown Battleground (PUBG) einen Kontrahenten als »Nigger« und »Asshole«.

Daraufhin zog YouTube die Reißleine und kündigte alle Verträge mit PewDiePie. Seinen Kanal gibt es zwar weiterhin, wäre dies in Deutschland geschehen, hätte er sich aber nach §§ 130, 185 StGB strafbar gemacht wegen Volksverhetzung und Beleidigung.

8 **Beleidigung**

YouTuber Rustem Ramaj alias **Leon Machère** (2 Millionen Abos) musste auf die harte Weise lernen, dass das Internet kein rechtsfreier Raum ist. Nachdem er auf Snapchat über ein Fantreffen berichtet hatte, bei dem er von der Polizei wegen einer nicht angemeldeten Versammlung auf ein Polizeirevier mitgenommen wurde, vergriff Ramaj sich im Ton und beleidigte die Beamten als »Scheißpolizisten«. Dies brachte ihm einen Strafbefehl von 32.500 € ein (130 Tagessätze à 250 €).

9 **Straftaten**

Noch härter erwischte es seinen Kollegen **ApoRed** (bürgerlicher Name: Ahmad Nadim Ahadi), der seine 2,3 Millionen Abonnenten regelmäßig mit Pranks unterhält. Dass es sich dabei nicht nur um Jungenstreiche handelte, stellte das Amtsgericht Hamburg im Oktober 2017 fest. Es verurteilte den YouTuber zu sieben Monaten Haft auf Bewährung und 200 Stunden Sozialarbeit. Ahadi hatte zuvor einen Bombenanschlag vor einer Hamburger Sparkasse vorgetäuscht und die Reaktionen der völlig verschreckten Passanten aufgenommen. Merke: Unterhaltung ist gut, aber nicht um jeden Preis!

10 **Meinungsfreiheit**

Der Spielekritiker Jim Sterling aus den USA mit knapp 700.000 Abonnenten wurde 2017 von Spieleentwickler »Digital Homicide« verklagt, weil er das Spiel »Slaughtering Grounds« als »Anwärter auf das schlechteste Spiel des Jahres 2014« bezeichnet hatte.

Zuvor war YouTube aufgefordert worden, das Video offline zu nehmen, was temporär auch geschehen war. Die Klage wurde jedoch vom Gericht abgelehnt.

Grund: Kritik eines Journalisten ist von der Meinungsfreiheit geschützt, solange sie sachlich und objektiv ist. Da keine Schmähung oder Beleidigung nachweisbar war, ging der Schadenersatzanspruch in Höhe von 10.000.000 US$ nicht durch.

A.2 Welche Rechte gebe ich ab, wenn ich ein Video auf YouTube hochlade?

Die Frage ist nicht so einfach zu beantworten, weil es verschiedene Konstellationen mit jeweils unterschiedlichen rechtlichen Ergebnissen gibt. So kannst du z. B. ein Video alleine oder mit mehreren zusammen erstellt/produziert haben. Möglicherweise musst du außerdem Rechte Dritter berücksichtigen (z. B. erkennbare Personen im Video, Hintergrundmusik von Künstlern, Fotos von Dritten usw.).

Wenn wir davon ausgehen, dass du ein Video allein erstellt hast und keine Rechte Dritter betroffen sind, stehen dir als Schöpfer des Videos prinzipiell erst einmal alle

Urheberrechte an dem Video zu. Das heißt, du darfst entscheiden, wer berechtigt ist, das Video zu kopieren, zu verbreiten, öffentlich zugänglich zu machen und so weiter.

Wenn du dein Video nun bei YouTube hochlädst, musst du gleichzeitig die *Nutzungsbedingungen* von YouTube akzeptieren (*www.youtube.com/t/terms*). In Ziffer 10 der Nutzungsbedingungen räumst du unter anderem *YouTube eine weltweite, nicht-exklusive und gebührenfreie Lizenz* an deinem Video ein.

Keine Sorge, YouTube will dir dadurch nicht das Urheberrecht an deinem Video wegnehmen. Das geht gar nicht, weil das Urheberrecht ein höchstpersönliches Recht ist, das nicht auf Dritte übertragen werden kann. Übertragen werden können nur sogenannte »Nutzungs- und Verwertungsrechte« am Video. Da die Rechteeinräumung im Fall von YouTube »nicht-exklusiv« ist, können sowohl YouTube als auch du mit dem Video machen, was ihr wollt. Nur dritte Personen müssen dich bzw. YouTube vorab um Erlaubnis fragen, ob sie das Video oder Ausschnitte daraus weiterverwerten dürfen.

> *Beispiel: »Eine YouTuberin lud ein Video von einem Polizeieinsatz hoch. Eine Tageszeitung entnahm aus dem Video vier Bilder und veröffentlichte die Fotos zusammen mit einem Bericht in ihrer Zeitung. Die YouTuberin beantragte daraufhin, der Tageszeitung die Vervielfältigung, Verbreitung oder sonstige Verwertung von Standbildern des Videos zu verbieten. Sie bekam vom Obersten Gerichtshof in Österreich Recht. Das reine Streaming des Videos wäre nach den Nutzungsbedingungen von YouTube erlaubt gewesen. Es fehlte aber an einer Erlaubnis durch die YouTuberin bzw. YouTube selbst zur Veröffentlichung der Standbilder in der Printpresse (OGH 20.05.2014, 4 Ob 82/14h).«*

Die oben genannten Lizenzen erlöschen, sobald das Video von der YouTube-Plattform gelöscht wird. Nur für die Nutzerkommentare gilt nach Ziffer 10.2. eine unbefristete und unwiderrufliche Lizenz zugunsten von YouTube.

A.3 Werbung auf YouTube

Auf YouTube verdienst du grundsätzlich Geld, indem du Videos hochlädst, diese viele Aufrufe bekommen und YouTube dafür einen Betrag X (entsprechend den Aufrufen) bezahlt.

Daneben gibt es aber noch die Möglichkeit, Werbung für andere Unternehmen in den Videos selbst zu machen. Meistens werden Unternehmen irgendwann auf dich aufmerksam, wenn du genügend Reichweite/Abonnementen hast, und bieten dir Geld dafür an, dass die eigenen Produkte beworben werden.

Jetzt musst du aufpassen, dass alles richtig gekennzeichnet ist, damit keine *Schleichwerbung* vorliegt.

A.3.1 Was ist Schleichwerbung?

Schleichwerbung ist Werbung für ein Produkt, ohne dass der Werbecharakter erkennbar wird, weil die Kennzeichnung fehlt.

Schleichwerbung wird gesetzlich in § 5a UWG geregelt (Gesetz gegen unlauteren Wettbewerb), aber auch in der AVMD-Richtlinie, dem »Europäischen Übereinkommen über das Grenzüberschreitende Fernsehen« und dem Rundfunkstaatsvertrag. Es geht hier um Irreführung durch Unterlassen. Man erzählt also keine Lügen, sondern lässt ein paar relevante Informationen weg.

A.3.2 Wie und wann muss ich Werbung kennzeichnen?

Wenn in einem Video mehrere Produkte vorkommen, muss man zwischen Produktplatzierung (Kennzeichnungspflicht!) und Produkthilfe/-beistellung (frei) unterscheiden.

Produktplatzierung ist grundsätzlich kennzeichnungspflichtig, damit der Zuschauer nicht unbewusst beeinflusst wird. Wenn du ein *Video mit mehreren Produkten* vorstellst, muss die Bezeichnung »Produktplatzierung« für drei Sekunden am Anfang *und* am Ende des Videos eingebunden werden. Dazwischen kannst du das Kennzeichen auf ein »P« (im Kreis) reduzieren.

Bei Sponsoring muss nach § 58 RStV nur am Anfang *oder* am Ende für einen kurzen Moment die Marke des Sponsors gezeigt werden.

Falls sich das gesamte Video nur mit *einem einzigen* Produkt beschäftigt, handelt es sich um eine *Dauerwerbesendung*, die auch so gekennzeichnet werden muss. Das Video muss aber mindestens 90 Sekunden lang sein. Sonst hast du einen sogenannten *Werbespot* produziert.

Für diesen gelten die Vorgaben des Rundfunkstaatsvertrags:

- maximal 12 Minuten (= 20 %) Spotwerbung pro Stunde
- maximal 15 % Spotwerbung pro Tag
- maximal 20 % Spotwerbung + DRTV-Spots pro Tag
- maximal 3 Stunden Infomercials pro Tag

Falls ein Markenprodukt rein zufällig (also ungeplant) in Videos auftaucht, weil du z. B. in deinem Zimmer oder in der Stadt filmst, muss hier nichts extra ausgezeichnet werden.

Das oben Gesagte gilt auch für alte Videos, weil diese noch im Internet abrufbar sind.

Das Thema ist recht kompliziert, deswegen haben wir für dich eine Infografik erstellt. In der Tabelle darunter findest du zu den einzelnen Varianten noch eine Erklärung.

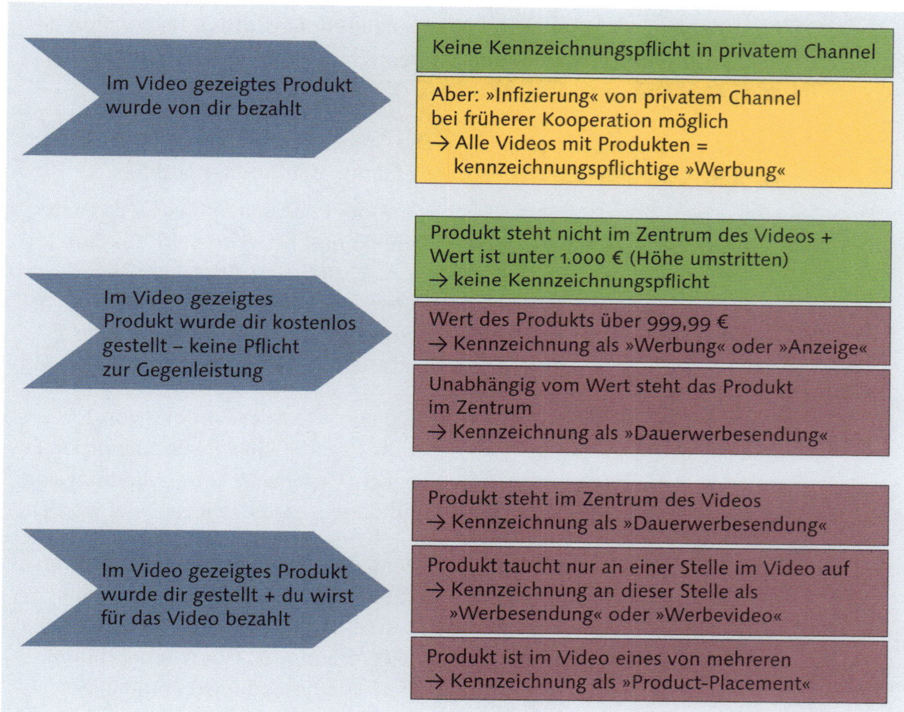

Abbildung A.1 Korrekte Kennzeichnung von Produktplatzierungen

Alle Beispiele beziehen sich auf den Fall, dass ein normales Video auf YouTube hochgeladen wurde (Mindestlänge: 90 Sekunden). Ansonsten würde der »Sonderfall« eines Werbespots vorliegen.

- Ein Werbespot liegt nach den deutschen Werberichtlinen vor, wenn das gesamte Video nicht länger als 89 Sekunden ist. In diesem Fall muss durch ein optisches Signal am Anfang (Werbelogo) nach Ziffer 3 Abs. 1 Nr. 2 WerbeRL die Werbung vom redaktionellen Inhalt getrennt werden. Dies ist für YouTube jedoch eher uninteressant.
- Generell gilt, dass ein Werbehinweis **am Anfang des Beitrags platziert werden muss.** Bei einem Video, bei dem das präsentierte Produkt die ganze Zeit im Mittelpunkt steht und kein Fall des Product-Placement vorliegt, sogar während der ganzen Zeit.

Nummer	Variante	Erklärung
1.1	Privater Channel	Die aktuell sichere Variante, um ein Produkt vorzustellen, ohne es kennzeichnen zu müssen (nach allen Meinungen).
1.2	Privater Channel – aber schon mindestens einmal für ein Produkt Werbung gemacht.	Aktuell sehr umstritten. Hierzu bitte das Vreni-Frost-Urteil und Infobox 2 lesen.
2.1	Produkt nicht im Zentrum + Wert liegt unter 1.000 €	Die Grenze von 1.000 € kommt aus der Definition der Produktionshilfe: »... Produktionshilfen mehr als 1 % der Produktionskosten oder 1000,- Euro ausmacht (Ziffer 1 Abs. 2 der gemeinsamen Werberichtlinien der Landesmedienanstalten bzw. jeweils Ziffer 9.1 der ARD- und ZDF-Werberichtlinie)«
2.2	Produkt hat einen Wert von über 999,99 €	Ab einem Wert des Produkts von 1.000 € ist die Bagatellschwelle überschritten. Es liegt ein Gegenwert für die Werbung vor, und diese muss gekennzeichnet werden.
2.3	Produkt steht im Zentrum – keine Pflicht zur Gegenleistung	Wenn das Produkt im Mittelpunkt des Videos steht, ist der Wert egal. Man muss in diesem Fall eine Kennzeichnung als »Werbung« (»Dauerwerbesendung« oder »Werbesendung«) vornehmen. Englisch Begriffe wie »powered by« sind eher unsicher und nicht zu empfehlen.
3.1	Produkt steht im Zentrum – Pflicht zur Gegenleistung besteht	Ein Video, das länger als 89 Sekunden ist und in dem ein einziges Produkt im Mittelpunkt steht, muss mit »Dauerwerbesendung« gekennzeichnet werden nach § 7 Abs. 5 RStV bzw. Ziffer 3 Abs. 3 Werbe RL. Alternativ geht auch eine ausführliche, mündliche Einleitung: »Ich präsentiere jetzt ein Produkt der Firma XY...«

Tabelle A.1 Maßnahmen zur Verhinderung von Schleichwerbung

Nummer	Variante	Erklärung
3.2	Produkt steht im Zentrum (an einer Stelle) – Pflicht zur Gegenleistung besteht	Falls das Produkt nur an einer Stelle vorkommt, kann die Kennzeichnung auf diese Stelle begrenzt werden, muss aber sehr deutlich sein. Möglich ist die Kennzeichnung an dieser einen Stelle mit »Werbesendung« oder »Werbevideo«.
3.3	Produkt ist eines von mehreren – Pflicht zur Gegenleistung besteht	Falls kein Fall des 3.2. vorliegt, reicht »Product-Placement« oder »Unterstützt durch Produktplatzierung« am Anfang und Ende für drei Sekunden und dazwischen verkürzt als »P«-Zeichen.

Tabelle A.1 Maßnahmen zur Verhinderung von Schleichwerbung (Forts.)

Influencer – besteht immer Kennzeichnungspflicht?!

Nach dem aktuellen »Vreni Frost Urteil« (LG Berlin, Urteil vom 24. Mai 2018, Az. 52 O 101/1) handelt es sich bei professionellen Influencern auch um Werbung, wenn das vorgestellte Produkt selbst gekauft wurde. »Die Antragsgegnerin kann sich aufgrund der **Anzahl ihrer Follower** und ihrer **erlangten Bekanntheit** nicht mit dem Hinweis auf eine zu Beginn ihrer Tätigkeit und möglicherweise auch heute noch teilweise vorhandene private Motivation gegen die Kennzeichnungspflicht ihres Instagram-Auftritts wehren.«

Da es keine feste Untergrenze für »Bekanntheit« gibt, ergibt sich aus dem Urteil der folgende Grundsatz: Sobald ihr euren Account einmal gewerblich genutzt hat, gibt es kein Zurück mehr!

Er ist dann infiziert. Viele Experten finden das zwar zu weitgehend, weil alles mit Werbung gekennzeichnet werden müsste, aber das hilft euch momentan nicht weiter.

Behaltet diese Entwicklung im Auge! Die *Beistellung von Produkten* ist kennzeichnungsfrei, wenn drei Punkte zusammen vorliegen:

- Man benötigt das Produkt, um das Video drehen zu können. Das sind meist praktische Gegenstände wie Autos, Kameras, Möbel usw.
- Der Wert des beigestellten Produkts muss unter 1.000 € liegen. Hier würden Autos schon wieder herausfallen. Aber auch für die neuesten Technikprodukte (Smartphones, Laptops usw.) wird es hier eng.
- Die Produkte müssen zurückhaltend und ihrem Zweck entsprechend eingesetzt werden und nicht darüber hinaus im Fokus stehen.

A.4 Gewerbeanmeldung Teil 1

Hier erklären wir dir die wichtigsten Dinge, die du zur Gewerbeanmeldung wissen muss.

A.4.1 Muss ich als YouTuber ein Gewerbe anmelden?

Ein Gewerbe ist jede erlaubte, selbstständige, nach außen erkennbare Tätigkeit, die planmäßig, für eine gewisse Dauer und zum Zwecke der Gewinnerzielung ausgeübt wird und kein freier Beruf ist.

Wir machen den Check für YouTuber:

1. **Ist YouTuben eine erlaubte Tätigkeit?**
   Ja, achte aber bitte auf den Inhalt (siehe Abschnitt A.1). Deine Videos dürfen nicht gegen Gesetze oder die guten Sitten verstoßen.
2. **Ist die Tätigkeit nach außen gerichtet?**
   Ja. Du speicherst deine Videos nicht nur auf der heimischen Festplatte, sondern veröffentlichst sie bei YouTube, das weltweit verfügbar ist.
3. **Üben YouTuber eine selbstständige Tätigkeit aus?**
   Das wird bei einem YouTuber normalerweise der Fall sein. Entscheidend ist, dass du nicht weisungsgebunden bist und die Inhalte deines Channels selbst bestimmt. Gegenstück wäre der Angestellte, der die Anweisungen seines Vorgesetzten zu befolgen hat.
4. **Übst du deine YouTuber-Tätigkeit planmäßig aus?**
   Es kommt bei der Planmäßigkeit nicht darauf an, dass man die nächsten 40 Jahre nur noch YouTube macht. Entscheidend ist, dass absichtlich wiederholt und regelmäßig Geschäfte getätigt werden.
5. **Besteht Gewinnerzielungsabsicht?**
   Ob und wie viel Geld du mit YouTube Geld verdienst, ist nicht entscheidend, sondern deine Absicht. Auch wenn du in den ersten Monaten nichts verdienst, handelst du gewerblich, wenn du das Ziel hast, mit YouTube Geld zu verdienen. Anders sieht es aus, wenn du deinen Channel als reines Hobby betreibst. Sei ehrlich zu dir selbst.

   Falls du hier nämlich schummelst, handelst du zwar nicht strafbar, aber es wird eine Geldbuße bis zu 1.000 € für diese Ordnungswidrigkeit fällig.
6. **Handelt es sich um einen freien Beruf?**
   Nein. Freie Berufe sind z. B. Anwälte, Ärzte, Architekten usw., aber keine YouTuber.

Wenn du die obigen Fragen abgesehen von Ziffer 6. für dich mit Ja beantwortest, betreibst du ein Gewerbe. In diesem Fall musst du im örtlichen Gewerbeamt deiner Gemeinde eine Gewerbeanmeldung einreichen. Die Anmeldung kostet zwischen 20 und 50 €. Deine Gewerbeanmeldung wird dann an das zuständige Finanzamt weitergeleitet. Von dort wirst du ein Schreiben mit einem Fragebogen »zur steuerlichen Erfassung« bekommen. Fülle ihn sorgsam aus, daraus ergibt sich nämlich deine Besteuerung.

A.5 Gewerbeanmeldung Teil 2

Und natürlich musst du auch in der Praxis einiges beachten.

A.5.1 Was muss ich ausfüllen?

Vor dir liegt ein Formular zur Gewerbeanmeldung. Die meisten Fragen sind einfach und betreffen deine persönlichen Lebensumstände.

Beim geschäftlichen Teil sind vor allem die Punkte *Gewinnermittlung* und *Umsatzsteuer* wichtig. Bei der Gewinnermittlung empfiehlt es sich, bei einem neu gegründeten Gewerbe die *Einnahmenüberschussrechnung* (bzw. *Einnahmen-Ausgaben-Rechnung*) zu wählen. Das Einkommensteuergesetz regelt, dass du den eigenen Gewinn als Überschuss der Betriebseinnahmen über die Betriebsausgaben ermitteln kannst. Das geht, wenn du unter »Umsatzsteuer« die *Kleinunternehmerregelung* wählst. Dein Umsatz darf dann aber maximal 17.500 € im Jahr (und im 2. Jahr 50.000 €) betragen. Diese Grenzen dürfte bei Beginn einer YouTuber-Karriere noch nicht überschritten werden.

A.5.2 Mache ich überhaupt Gewinn?

Vereinfacht gesagt, ist Gewinn das, was übrig bleibt, wenn du vom Umsatz die Ausgaben abziehst. Die Einnahmen müssen also größer als die Ausgaben sein. Bei YouTubern können sich Einnahmen z. B. aus Werbung, Affiliate-Provisionen oder Kooperationen mit Firmen ergeben.

A.5.3 Muss ich bei Gewinnen Steuern zahlen?

In Deutschland gilt für 2018 ein Grundfreibetrag in Höhe von 9.022 €. Darüber hinaus wird Einkommenssteuer fällig, abhängig von der Höhe deiner Einnahmen. Die Spanne liegt zwischen 0 % und 45 %. Zusätzlich fällt Gewerbesteuer an, deren Höhe jede Gemeinde selbst festlegt (aber erst ab 24.500 €).

Wichtig: Falls du die Kleinunternehmerregelung *nicht* gewählt hast, musst du Umsatzsteuer an den Staat abführen. Lege die Umsatzsteuer daher immer beiseite. Sonst ist man schnell verleitet, zu denken, dass man dieses Geld behalten darf.

A.5.4 Noch etwas?

Jedes Jahr musst du außerdem eine Steuererklärung machen. Seit Neuestem ist nicht mehr der 31. Mai, sondern der 31. Juli der späteste Abgabetermin einer Steuererklärung für das Vorjahr. Wer einen Steuerberater hat, muss sogar erst am Ende des Jahres (31.12.) seine Erklärung einreichen.

A.6 Übernahme fremder Videos, Musik und anderer Inhalte

Wie oben schon besprochen wurde, darf ein Dritter (Nutzer) nach den YouTube-Richtlinien Videos nur anschauen, aber nicht selbst weiterverwerten. Trotzdem geschieht es häufig, dass andere Nutzer viel geklickte Videos herunterladen und auf ihren eigenen Account wieder hochladen, um Reichweite zu generieren. Das nennt sich *Freebooting* und ist verboten.

A.6.1 Was ist Freebooting?

Freebooter heißt zu Deutsch »Freibeuter« und ist eine Umschreibung für einen Piraten, also jemanden, der etwas stiehlt und anderen Menschen dadurch schadet.

Freebooting umschreibt den Prozess, ein Video zu stehlen (durch Herunterladen) und dann meistens auf einer ganz anderen Seite wieder hochzuladen, weil es zu sehr auffallen würde, wenn dies auf der gleichen Webseite geschehen würde (also auch bei Facebook, Instagram, Twitter, Snapchat usw.).

A.6.2 Was ist an Freebooting verboten?

Nach deutschem Recht wird beim Freebooting eine Urheberrechtsverletzung begangen. Der Urheber hat gegen den »Freibeuter« Unterlassungs-, Beseitigungs- und Schadenersatzansprüche. Hosting-Plattformen wie YouTube handeln in diesen Fällen nach dem »notice-and-takedown« Grundsatz. Wird ein Video als Urheberrechtsverletzung gemeldet, löscht die Plattform es. Wird das Video jedoch nicht zeitnah gelöscht, kann der Urheber auch die Plattform verantwortlich machen und diese für ihre Untätigkeit kostenpflichtig abmahnen.

Index

I

J

K

L

M

N

O

P

Q

R

S

T

U

V

W

X

Y

Z

So wirst du als Influencer erfolgreich!

Be famous! So baust du dir eine Community im Social Web auf und wirst zum Influencer. Für alle Fotografen, Lifestyle-Blogger, Foodies, Fashionistas und Travel-Vlogger: Dieses Handbuch zeigt dir von der Erstellung des ersten Accounts bis zur Selbstständigkeit alle Schritte auf dem Weg zur erfolgreichen Social-Media-Präsenz. Ob YouTube, Facebook, Instagram oder Twitter: Finde deine Nische, begeistere deine Follower mit tollem Content und verdiene Geld mit Markenkooperationen.

280 Seiten, broschiert, in Farbe, 19,90 Euro, ISBN 978-3-8362-7055-7

www.rheinwerk-verlag.de/4909

Jetzt macht Videoschnitt wieder richtig Spaß!

Adobe Premiere Pro ist die Schnittlösung deiner Wahl? Dann lass dir in diesem Buch zeigen, wie du die Software sinnvoll einsetzt und komplett ausreizt. Es führt dich durch den gesamten Video-Workflow vom Import über Schnitt, Sound- und Effektbearbeitung bis zur perfekten Ausgabe für Web, Fernsehen und mobile Endgeräte. Zusätzlich erhältst du wichtige Hintergrundinfos zu Codecs und Formaten und lernst Premiere im Workflow mit den anderen Adobe-Programmen kennen. Und Cut!

522 Seiten, gebunden, in Farbe, 49,90 Euro, ISBN 978-3-8362-7036-6

www.rheinwerk-verlag.de/4902

Alles für deine erfolgreiche Videoproduktion

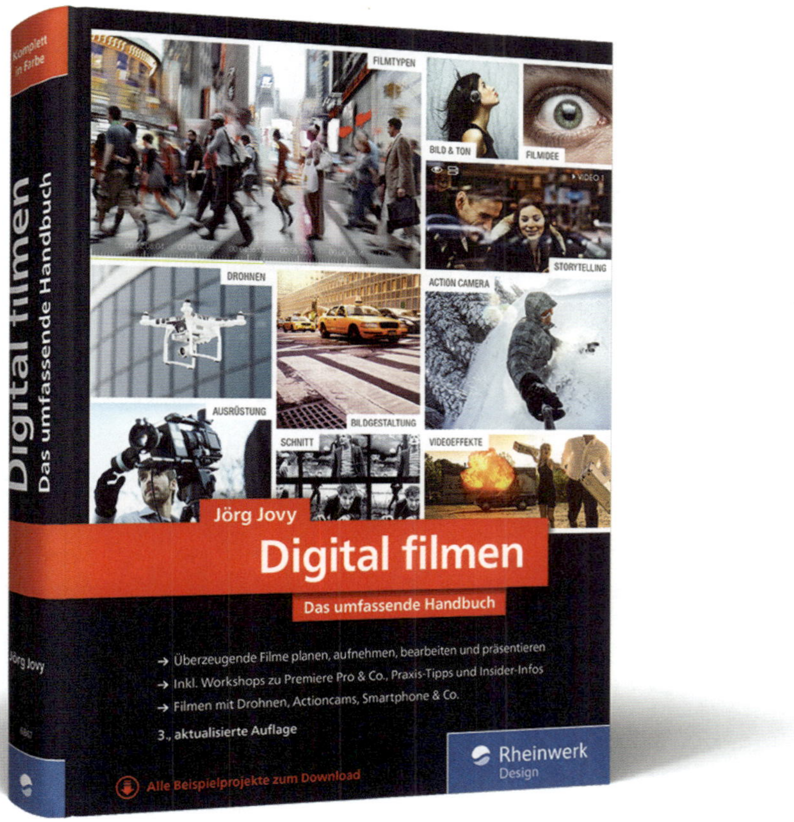

Das umfassende Handbuch zum Thema Video: Von den technischen Grundlagen bis zur Aufnahmepraxis, von der Storyline bis zum Videoschnitt lernst du alle Stationen des digitalen Videos kennen. Dabei beantwortet dieses Buch nicht nur technische Fragen, sondern geht auch ausführlich auf Rechtliches, Workflow, Drehbuchschreiben, Videoschnitt und die Vorführung des fertigen Films ein. Mit vielen Beispiel-Clips und Footage zum Download.

671 Seiten, gebunden, in Farbe, 39,90 Euro, ISBN 978-3-8362-6867-7

www.rheinwerk-verlag.de/4864

Gutes Storytelling für deine Content-Strategie

»Tell me!« ist ein Lesebuch. Und ein Geschichtenbuch. Geschichten rund ums Storytelling. Lehrreich, unterhaltsam, inspirierend. Schaue hinter die Kulissen der erfolgreichen Filmemacher und Geschichtenerzähler und erfahre, was eine gute Story ausmacht. Thomas Pyczak erklärt dir, was eine gute Geschichte braucht, um zu überzeugen – beim Schwank an der Kaffeetheke, beim Sales Pitch oder auch in deinem YouTube-Clip! Mit vielen anwendbaren Praxisbeispielen.

303 Seiten, broschiert, in Farbe, 24,90 Euro, ISBN 978-3-8362-6774-8

www.rheinwerk-verlag.de/4816

So schreibst du Texte, die wirken!

Gute Texte wecken im Leser Interesse, verführen ihn zum Verweilen und Weiterlesen. Sie werten Webseiten und Videobeschreibungen auf, machen Lust auf Produkte, geben Blogs die richtige Würze. Gute Texte sind Schatzinseln in einem Meer der Mittelmäßigkeit. Und das Beste: Gutes Texten kannst du lernen. Dieses Buch zeigt dir, mit welchen Textstrategien du im Content-Zeitalter überzeugst und deine Leser begeisterst. Dabei helfen Checklisten, Übungen und Schreibanleitungen für Headline, Teaser, Landingpage und andere Textsorten.

450 Seiten, gebunden, in Farbe, 39,90 Euro, ISBN 978-3-8362-6836-3

www.rheinwerk-verlag.de/4837

Der Podcast-Ratgeber: Begeistere deine Zuhörer!

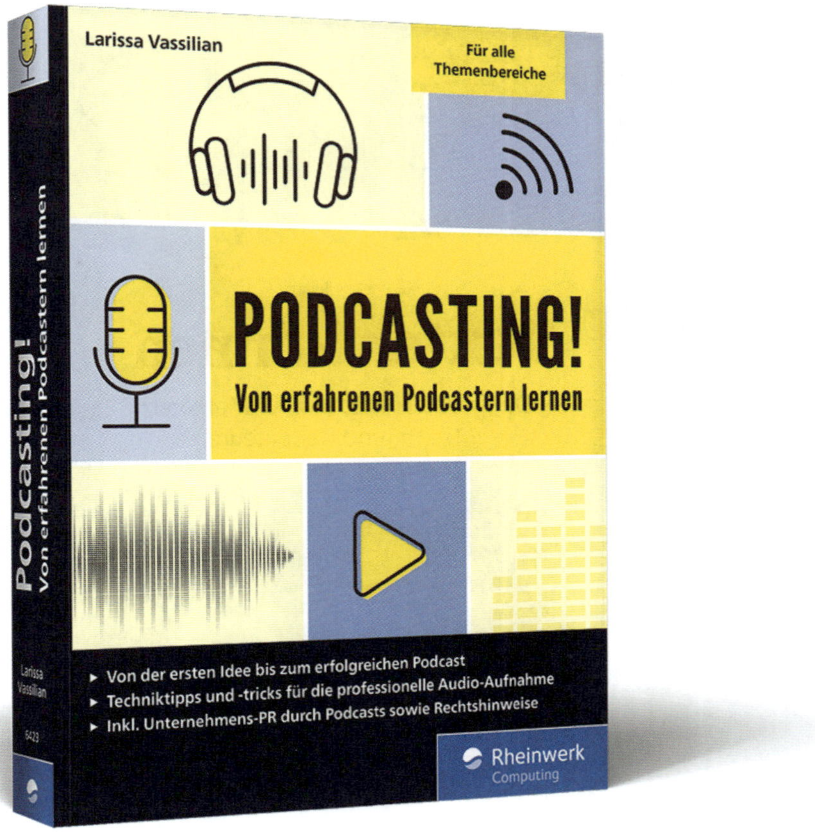

Ein Podcast ist die ideale Ergänzung zu deinem YouTube-Kanal. Du planst schon länger einen eigenen Podcast, denn du möchtest mit deinem Angebot noch mehr Menschen erreichen und begeistern? Jetzt stehst du am Anfang und fragst dich: Wie fange ich an? Was muss ich beachten? Larissa Vassilian kennt die Antworten und stellt dir alle Aspekte des Podcastings anschaulich vor. Lerne von der Formatfindung über Fragen der Produktion bis zur Veröffentlichung und Vermarktung alles, was wichtig ist.

424 Seiten, broschiert, in Farbe, 29,90 Euro, ISBN 978-3-8362-6423-5

www.rheinwerk-verlag.de/4688

Social Media Marketing für deine Content-Strategie

Social Media ist eine Kernkompetenz in Marketing und PR. Lerne, wie Facebook und soziale Netzwerke genau funktionieren und wie du Strategien für mobiles Marketing, Crowdsourcing und Social Commerce entwickelst. Dieser Bestseller hilft dir, den passenden Auftritt für dein Unternehmen aufzubauen, erfolgreiche Kampagnen durchzuführen und ausgefeilte Werbeformen richtig einzusetzen. Mit zahlreichen Beispielen aus der Praxis. Entwickle jetzt deine erfolgreiche Social-Media-Strategie!

555 Seiten, Klappbroschur, in Farbe, 34,90 Euro, ISBN 978-3-8362-6231-6

www.rheinwerk-verlag.de/4623

Umfassendes SEO-Wissen vom Feinsten

Wenn keiner deine Seiten und Inhalte findet, bleibt deine Arbeit ungenutzt, Texte werden nicht gelesen, deine Videos werden nicht geschaut. Setze auf das Wissen des SEO-Experten Sebastian Erlhofer und bringe deine Seiten ganz nach vorne. Lerne, Texte zu schreiben, die Google liebt – und deine Besucher auch. Mache dich mit professionellen SEO-Werkzeugen vertraut, prüfe deine Seiten auf Schwachstellen und erfahre, wie du SEO-Fehler sicher behebst.

1.070 Seiten, gebunden, 49,90 Euro, ISBN 978-3-8362-6250-7

www.rheinwerk-verlag.de/4629

So wird dein Content zum Erfolgsfaktor

Think Content! ist schon jetzt ein moderner Klassiker unter den Marketingbüchern. Denn für erfolgreiches Marketing benötigst du guten Content und das Wissen darüber, wie du Content-Strategien entwickelst, planst und umsetzt. Hier findest du neue praxisnahe Ideen und Anregungen – mit Lösungen für B2B und B2C. Das Buch bietet jede Menge Wissen für Content-Produzenten: Storytelling, Video, Audio, Sprachassistenten, User Generated Content sowie Live-Content. Der Leitfaden für deine Content-Strategie!

680 Seiten, broschiert, 34,90 Euro, ISBN 978-3-8362-4152-6

www.rheinwerk-verlag.de/4127

Online-Marketing

Bücher für deine Weiterbildung

Social Media, Content-Marketing, E-Commerce, SEO, Web Analytics, Storytelling – wir bieten zu allen Marketing-Disziplinen das fundierte Know-how der Branchenprofis.

Nimm deine Weiterbildung in die Hand!
Mit unseren Büchern sparst du dir teure Kurse. Oder verwende sie als wertvolle Ergänzung zu Seminar und Konferenz.

Hochwertiges Marketing-Wissen
Unsere Autoren zählen zu den führenden Marketing-Experten. Lerne von den Profis, wie du Kampagnen erfolgreich umsetzt.

Offline und online weiterbilden
Unsere Bücher gibt es in der Druckausgabe, als E-Book und als Online-Buch. Lerne jederzeit und überall im Browser.

www.rheinwerk-verlag.de/marketing